Christoph Martin Wieland

Sämtliche Werke - Neunzehnter Band

Geschichte der Abderiten, Teil 1

Christoph Martin Wieland

Sämtliche Werke - Neunzehnter Band
Geschichte der Abderiten, Teil 1

ISBN/EAN: 9783743654105

Hergestellt in Europa, USA, Kanada, Australien, Japan

Cover: Foto ©ninafisch / pixelio.de

Weitere Bücher finden Sie auf **www.hansebooks.com**

C. M. WIELANDS
SÄMMTLICHE WERKE

NEUNZEHNTER BAND.

GESCHICHTE DER ABDERITEN

ERSTER THEIL.

LEIPZIG
BEY GEORG JOACHIM GÖSCHEN. 1796.

VORBERICHT.

Diejenigen, denen etwann daran gelegen seyn möchte, sich der Wahrheit der bey dieser Geschichte zum Grunde liegenden Thatsachen und karakteristischen Züge zu vergewissern, können — wofern sie nicht Lust haben, solche in den Quellen selbst, nehmlich in den Werken eines Herodot, Diogenes Laerzius, Athenäus, Älian, Plutarch, Lucian, Paläfatus, Cicero, Horaz, Petron, Juvenal, Valerius, Gellius, Solinus, u. a.

anfzusuchen, — sich aus den Artikeln **Abdera** und **Demokritus** in dem Baylischen Wörterbuche überzeugen, daſs diese Abderiten nicht unter die **wahren Geschichten** im Geschmacke der **Lucianischen** gehören. Sowohl die **Abderiten**, als ihr gelehrter Mitbürger **Demokrit**, erscheinen hier in ihrem wahren Lichte: und wiewohl der Verfasser, bey Ausfüllung der Lücken, Aufklärung der dunkeln Stellen, Hebung der wirklichen und Vereinigung der scheinbaren Widersprüche, die man in den vorbemeldeten Schriftstellern findet, nach unbekannten Nachrichten gearbeitet zu haben scheint; so werden doch scharfsinnige Leser gewahr werden, daſs er in allem diesem einem Gewährsmanne gefolget ist, dessen Ansehen alle Äliane und Athenäen zu Boden wiegt, und gegen dessen einzelne Stimme das Zeugnifs einer ganzen Welt, und die Entscheidung aller Amfiktyonen, Areopagiten, Decemvirn, Centumvirn und Ducentumvirn, auch Doktoren, Magistern und Bakkalaureen, sammt und sonders ohne Wirkung ist, nehmlich der Natur selbst.

Sollte man dieses kleine Werk als einen, wiewohl geringen, Beytrag zur Geschichte des menschlichen Verstandes ansehen wollen: so läfst sichs der Verfasser sehr wohl gefallen; glaubt aber, dafs es auch unter diesem so vornehm klingenden Titel weder mehr noch weniger sey, als was alle Geschichtbücher seyn müssen, wenn sie nicht sogar unter die schöne Melusine herab sinken, und mit dem schalsten aller Mährchen der Dame D'Aulnoy in einerley Rubrik geworfen werden wollen.

Inhalt des Ersten Theils.

ERSTES BUCH.
Demokritus unter den Abderiten.

1. **Kapitel.** Vorläufige Nachrichten vom Ursprung der Stadt Abdera und dem Karakter ihrer Einwohner. Seite 3

2. **Kap.** Demokritus von Abdera. Ob und wie viel seine Vaterstadt berechtigt war, sich etwas auf ihn einzubilden? S. 14

3. **Kap.** Was Demokrit für ein Mann war. Seine Reisen. Er kommt nach Abdera zurück. Was er mitbringt, und wie er aufgenommen wird.

Ein Examen, das sie mit ihm vornehmen, welches zugleich eine Probe einer Abderitischen Konversazion ist. Seite 25

4. Kapitel. Das Examen wird fortgesetzt, und verwandelt sich in eine Disputazion über die Schönheit, wobey Demokriten sehr warm gemacht wird. S. 36

5. Kap. Unerwartete Auflösung des Knotens, mit einigen neuen Beyspielen von Abderitischem Witz. S. 54

6. Kap. Eine Gelegenheit für den Leser, um sein Gehirn aus der schaukelnden Bewegung des vorigen Kapitels wieder in Ruhe zu setzen. S. 63

7. Kap. Patriotismus der Abderiten. Ihre Vorneigung für Athen, als ihre Mutterstadt. Ein paar Proben von ihrem Atticismus, und von der unangenehmen Aufrichtigkeit des weisen Demokrit. S. 67

Inhalt.

8. Kapitel. Vorläufige Nachricht von dem Abderitischen Schauspielwesen. Demokrit wird genöthigt, seine Meinung davon zu sagen. Seite 74

9. Kap. Gute Gemüthsart der Abderiten, und wie sie sich an Demokrit wegen seiner Unhöflichkeit zu rächen wissen. Eine seiner Strafpredigten zur Probe. Die Abderiten machen ein Gesetz gegen alle Reisen, wodurch ein Abderitisches Mutterkind hätte klüger werden können. Merkwürdige Art, wie der Nomofylax Gryllus eine aus diesem Gesetz entstandene Schwierigkeit auflöst. S. 85

10. Kap. Demokrit zieht sich aufs Land zurück, und wird von den Abderiten fleifsig besucht. Allerley Raritäten, und eine Unterredung vom Schlaraffenlande der Sittenlehrer. S. 95

11. Kap. Etwas von den Abderitischen Filosofen, und wie Demokrit das Unglück hat, sich mit

ein paar wohlgemeinten Worten in sehr schlimmen Kredit zu setzen. Seite 115

12. Kapitel. Demokrit zieht sich weiter von Abdera zurück. Wie er sich in seiner Einsamkeit beschäftigt. Er kommt bey den Abderiten in den Verdacht daſs er Zauberkünste treibe. Ein Experiment, das er bey dieser Gelegenheit mit den Abderitischen Damen macht, und wie es abgelaufen. S. 129

13. Kap. Demokrit soll die Abderitinnen die Sprache der Vögel lehren. Im Vorbeygehen eine Probe, wie sie ihre Töchter bildeten. S. 148

ZWEYTES BUCH.

Hippokrates in Abdera.

1. Kapitel. Eine Abschweifung über den Karakter und die Filosofie des Demokritus, welche wir den Leser nicht zu überschlagen bitten. Seite 161

Inhals.

2. Kapitel. Demokrit wird eines schweren Verbrechens beschuldigt, und von einem seiner Verwandten damit entschuldigt, dafs er seines Verstandes nicht recht mächtig sey. Wie er das Ungewitter, welches ihm der Priester Strobylus zubereiten wollte, noch zu rechter Zeit ableitet. Seite 177

3. Kap. Eine kleine Abschweifung in die Regierungszeit Schach-Bahams des Weisen. Karakter des Rathsherrn Thrasyllus. S. 187

4. Kap. Kurze, doch hinlängliche, Nachrichten von den Abderitischen Sykofanten. Ein Fragment aus der Rede, worin Thrasyllus um die Bevogtung seines Vetters ansuchte. S. 193

5. Kap. Die Sache wird auf ein medicinisches Gutachten ausgestellt. Der Senat läfst ein Schreiben an den Hippokrates abgehen. Der Arzt kommt in Abdera an, erscheint vor Rath, wird vom Rathsherrn Thrasyllus zu einem

Gastgebote gebeten, und hat — lange Weile. Ein Beyspiel daſs ein Beutel voll Dariken nicht bey allen Leuten anschlägt. Seite 206

6. Kapitel. Hippokrates legt einen Besuch bey Demokriten ab. Geheimnachrichten von dem uralten Orden der Kosmopoliten. Seite 216

7. Kap. Hippokrates ertheilt den Abderiten seinen gutächtlichen Rath. Grofse und gefährliche Bewegungen, die darüber im Senat entstehen, und wie, zum Glück für das Abderitische Gemeinwesen, der Stundenrufer alles auf einmahl wieder in Ordnung bringt. S. 223

DRITTES BUCH.

Euripides unter den Abderiten.

1. Kapitel. Die Abderiten machen sich fertig in die Komödie zu gehen. Seite 241

Inhalt.

2. Kapitel. Nähere Nachrichten von dem Abderitischen Nazionaltheater. Geschmack der Abderiten. Karakter des Nomofylax Gryllus. Seite 248

3. Kap. Beyträge zur Abderitischen Litterargeschichte. Nachrichten von ihren ersten theatralischen Dichtern, Hyperbolus, Paraspasmus, Antifilus und Thlaps. S. 262

4. Kap. Merkwürdiges Beyspiel von der guten Staatswirthschaft der Abderiten. Beschluſs der Digression über ihr Theaterwesen. S. 274

5. Kap. Die Andromeda des Euripides wird aufgeführt. Groſser Sukzeſs des Nomofylax, und was die Sängerin Eukolpis dazu beygetragen. Ein paar Anmerkungen über die übrigen Schauspieler, die Köre und die Dekorazion. S. 280

6. Kap. Sonderbares Nachspiel, das die Abderiten mit einem unbekannten Fremden spielten, und

dessen höchst unvermuthete Entwickelung. Seite 202

7. Kapitel. Was den Euripides nach Abdera geführt hatte, nebst einigen Geheimnachrichten von dem Hofe zu Pella. S. 311

8. Kap. Wie sich Euripides mit den Abderiten benimmt. Sie machen einen Anschlag auf ihn, wobey sich ihre politische Betriebsamkeit in einem starken Lichte zeigt, und der ihnen um so gewisser gelingen muſs, weil alle Schwierigkeiten, die sie dabey sehen, bloſs eingebildet sind. S. 317

9. Kap. Euripides besieht die Stadt, wird mit em Priester Strobylus bekannt, und vernimmt von ihm die Geschichte der Latonenfrösche. Merkwürdiges Gespräch, welches bey dieser Gelegenheit zwischen Demokrit, dem Priester und dem Dichter vorfällt. S. 331

10. Kapitel. Der Senat zu Abdera giebt dem Euripides, ohne dafs er darum ansucht Erlaubnifs, eines seiner Stücke auf dem Abderitischen Theater aufzuführen. Kunstgriff, wodurch sich die Abderitische Kanzley in solchen Fällen zu helfen pflegte. Schlaues Betragen des Nomofylax. Merkwürdige Art der Abderiten, einem, der ihnen im Wege stand, allen Vorschub zu thun. Seite 343

11. Kap. Die Andromeda des Euripides wird endlich trotz aller Hindernisse von seinen eignen Schauspielern aufgeführt. Aufserordentliche Empfindsamkeit der Abderiten, mit einer Digression, welche unter die lehrreichsten in diesem ganzen Werke gehört, und folglich von gar keinem Nutzen seyn wird. S. 350

12. Kap. Wie ganz Abdera vor Bewunderung und Entzükken über die Andromeda des Euripides zu Narren wurde. Filosofisch-kritischer Versuch über diese seltsame Art von Frene-

sie, welche bey den Alten insgemein die Abderitische Krankheit genannt wird, — den Geschichtschreibern ergebenst zugeeignet. S. 357.

DIE ABDERITEN.

ERSTER THEIL.

DIE ABDERITEN.

ERSTES BUCH.

Demokritus unter den Abderiten.

1. Kapitel.

Vorläufige Nachrichten vom Ursprung der Stadt Abdera und dem Karakter ihrer Einwohner.

Das Alterthum der Stadt Abdera in Thracien verliert sich in der fabelhaften Heldenzeit. Auch kann es uns sehr gleichgültig seyn, ob sie ihren Nahmen von Abdera, einer Schwester des berüchtigten Diomedes, Königs der Bistonischen Thracier, — welcher ein so grofser Liebhaber von Pferden war, und deren so viele hielt, dafs er und sein Land endlich von seinen Pferden aufgefressen wurde, ¹) — oder von Abderus, einem Stallmeister dieses Königs, oder von einem andern Abderus, der ein Liebling des Herkules gewesen seyn soll, empfangen habe.

Abdera war, einige Jahrhunderte nach ihrer ersten Gründung, vor Alter wieder zusammengefallen: als Timesius von Klazomene, um die Zeit der ein und dreyfsigsten Olympiade, es unternahm, sie wieder aufzubauen. Die wilden Thracier, welche keine Städte in ihrer Nachbarschaft aufkommen lassen wollten, liefsen ihm nicht Zeit, die Früchte seiner Arbeit zu geniefsen. Sie trieben ihn wieder fort, und Abdera blieb unbewohnt und unvollendet, bis (ungefähr um das Ende der neun und funfzigsten Olympiade) die Einwohner der Ionischen Stadt Teos — weil sie keine Lust hatten, sich dem Eroberer Cyrus zu unterwerfen — zu Schiffe gingen, nach Thracien segelten, und, da sie in einer der fruchtbarsten Gegenden desselben dieses Abdera schon gebauet fanden, sich dessen als einer verlassenen und niemau-

1) Paläfatus in seinem Buche von Unglaublichen Dingen erklärt auf diese Weise die Fabel, dafs dieser Fürst seine Pferde mit Menschenfleisch gefüttert habe, und ihnen endlich selbst von Herkules zur Speise vorgeworfen worden sey.

den zugehörigen Sache bemächtigten; auch sich darin gegen die Thracischen Barbaren so gut behaupteten, daſs sie und ihre Nachkommen von nun an Abderiten hieſsen, und einen kleinen Freystaat ausmachten, der (wie die meisten Griechischen Städte) ein zweydeutiges Mittelding von Demokratie und Aristokratie war, und regiert wurde — wie kleine und groſse Republiken von jeher regiert worden sind.

„Wozu (rufen unsre Leser) diese Dedukzion des Ursprungs und der Schicksale der Stadt Abdera in Thracien? Was kümmert uns Abdera? Was liegt uns daran, zu wissen oder nicht zu wissen, wann, wie, wo, warum, von wem, und zu was Ende eine Stadt, welche längst nicht mehr in der Welt ist, erbaut worden seyn mag?"

Geduld! günstige Leser, Geduld, bis wir, eh' ich weiter forterzähle, über unsre Bedingungen einig sind. Verhüte der Himmel, daſs man euch zumuthen sollte die Abderiten zu lesen, wenn ihr gerade was nöthigeres zu thun oder was besseres zu lesen habt! — „Ich muſs auf eine Predigt studieren. — Ich habe Kranke zu besuchen. — Ich hab' ein

Gutachten, einen Bescheid, eine Leuterung, einen unterthänigsten Bericht zu machen. — Ich muſs recensieren. — Mir fehlen noch sechzehn Bogen an den vier Alfabeten, die ich meinem Verleger binnen acht Tagen liefern muſs. — Ich hab' ein Joch Ochsen gekauft. — Ich hab' ein Weib genommen. —" In Gottes Nahmen! Studiert, besucht, referiert, recensiert, übersetzt, kauft und freyet! — Beschäftigte Leser sind selten gute Leser. Bald gefällt ihnen alles, bald nichts; bald verstehen sie uns halb, bald gar nicht, bald (was noch schlimmer ist) unrecht. Wer mit Vergnügen und Nutzen lesen will, muſs gerade sonst nichts andres zu thun noch zu denken haben. Und wenn ihr euch in diesem Falle befindet: warum solltet ihr nicht zwey oder drey Minuten daran wenden wollen, etwas zu wissen, was einem Salmasius, einem Bayle, — und, um aufrichtig zu seyn, mir selbst (weil mir nicht zu rechter Zeit einfiel, den Artikel Abdera im Bayle nachzuschlagen) eben so viele Stunden gekostet hat? Würdet ihr mir doch geduldig zugehört haben, wenn ich euch die Historie vom König in Böhmenland, der sieben Schlösser hatte, zu erzählen angefangen hätte.

Die Abderiten also, hätten (dem zu Folge, was bereits von ihnen gemeldet worden ist) ein so feines, lebhaftes, witziges und kluges Völkchen seyn sollen, als jemahls eines unter der Sonne gelebt hat.

„Und warum dieſs?"

Diese Frage wird uns vermuthlich nicht von den gelehrten unter unsern Lesern gemacht. Aber, wer wollte auch Bücher schreiben, wenn alle Leser so gelehrt wären als der Autor? Die Frage warum dieſs? ist allemahl eine sehr vernünftige Frage. Sie verdient, wo die Rede von menschlichen Dingen ist, (mit den göttlichen ists ein anderes) allemahl eine Antwort; und wehe dem, der verlegen oder beschämt oder ungehalten wird, wenn er sich auf warum dieſs? vernehmen lassen soll! Wir unsers Orts würden die Antwort ungefordert gegeben haben, wenn die Leser nicht so hastig gewesen wären. Hier ist sie!

Teos war eine Athenische Kolonie, von den zwölfen oder dreyzehn eine, welche unter Anführung des Neleus, Kodrus Sohns, in Ionien gepflanzt wurden.

Die Athener waren von jeher ein muntres und geistreiches Volk, und sind es noch, wie man sagt. Athener, nach Ionien versetzt, gewannen unter dem schönen Himmel, der dieses von der Natur verzärtelte Land umfliefst, wie Burgunder Reben durch Verpflanzung aufs Vorgebirge der guten Hoffnung. Vor allen andern Völkern des Erdbodens waren die Ionischen Griechen die Günstlinge der Musen. Homer selbst war, der gröfsten Wahrscheinlichkeit nach, ein Ionier. Die erotischen Gesänge, die Milesischen Fabeln (die Vorbilder unsrer Novellen und Romane) erkennen Ionien für ihr Vaterland. Der Horaz der Griechen, Alkäos, die glühende Saffo, Anakreon, der Sänger — Aspasia, die Lehrerin — Appelles, der Mahler der Grazien, waren aus Ionien; Anakreon war sogar ein geborner Tejer. Dieser letzte mochte etwa ein Jüngling von achtzehn Jahren seyn, (wenn anders Barnes recht gerechnet hat) als seine Mitbürger nach Abdera zogen. Er zog mit ihnen; und zum Beweise, dafs er seine den Liebesgöttern geweihte Leier nicht zurück gelassen, sang er dort das Lied an ein Thracisches Mädchen, (in Barnesens Ausgabe das ein und sechzigste) worin ein gewisser wilder Thracischer Ton gegen die Ionische Grazie, die seinen Liedern eigen ist, auf eine ganz besondere Art absticht.

Wer sollte nun nicht denken, die Tejer — in ihrem ersten Ursprung Athener — so lange Zeit in Ionien einheimisch — Mitbürger eines Anakreons — sollten auch in Thracien den Karakter eines geistreichen Volkes behauptet haben? Allein (was auch die Ursache davon gewesen seyn mag) das Gegentheil ist aufser Zweifel. Kaum wurden die Tejer zu Abderiten, so schlugen sie aus der Art. Nicht dafs sie ihre vormahlige Lebhaftigkeit ganz verloren und sich in Schöpse verwandelt hätten, wie Juvenal sie ungerechter Weise beschuldigt. Ihre Lebhaftigkeit nahm nur eine wunderliche Wendung; denn ihre Einbildung gewann einen so grofsen Vorsprung über ihre Vernunft, dafs es dieser niemahls wieder möglich war, sie einzuhohlen. Es mangelte den Abderiten nie an Einfällen: aber selten pafsten ihre Einfälle auf die Gelegenheit wo sie angebracht wurden; oder kamen erst wenn die Gelegenheit vorbey war. Sie sprachen viel, aber immer ohne sich einen Augenblick zu bedenken was sie sagen wollten, oder wie sie es sagen wollten. Die natürliche Folge hiervon war, dafs sie selten den Mund aufthaten, ohne etwas albernes zu sagen. Zum Unglück erstreckte sich diese schlimme Gewohnheit auch auf ihre Handlungen; denn gemeiniglich schlossen sie den Käfig erst, wenn der Vogel entflogen war. Dies zog ihnen den Vorwurf der Unbesonnenheit zu; aber die Erfahrung bewies, daſs es ihnen nicht besser ging wenn sie sich besannen. Machten sie (welches sich ziemlich oft zutrug) irgend einen sehr dummen Streich, so kam es immer daher, weil sie es gar zu gut machen wollten; und wenn sie in den Angelegenheiten ihres gemeinen Wesens recht lange und ernstliche Berathschlagungen hielten, so konnte man sicher darauf rechnen, daſs sie unter allen möglichen Entschlieſsungen die schlechteste ergreifen würden.

Sie wurden endlich zum Sprichwort unter den Griechen. Ein Abderitischer Einfall, ein Abderitenstückchen, war bey diesen ungefähr, was bey uns ein Schildbürger - oder bey den Helveziern ein Lalleburgerstreich ist; und die guten Abderiten ermangelten nicht, die Spötter und Lacher reichlich mit sinnreichen Zügen dieser Art zu versehen. Für itzt mögen davon nur ein paar Beyspiele zur Probe dienen.

Einsmahls fiel ihnen ein, daſs eine Stadt wie Abdera billig auch einen schönen Brunnen

haben müsse. Er sollte in die Mitte ihres
grofsen Marktplatzes gesetzt werden, und
zu Bestreitung der Kosten wurde eine neue
Auflage gemacht. Sie liefsen einen berühmten Bildhauer von Athen kommen, um eine
Gruppe von Statuen zu verfertigen, welche
den Gott des Meeres auf einem von vier
Seepferden gezogenen Wagen, mit Nymfen,
Tritonen und Delfinen umgeben, vorstellte.
Die Seepferde und Delfinen sollten eine Menge
Wassers aus ihren Nasen hervor spritzen.
Aber wie alles fertig stand, fand sich dafs
kaum Wasser genug da war, um die Nase
eines einzigen Delfins zu befeuchten; und als
man das Werk spielen liefs, sah es nicht
anders aus, als ob alle diese Seepferde und
Delfinen den Schnuppen hätten. Um nicht
ausgelacht zu werden, liefsen sie also die
ganze Gruppe in den Tempel des Neptuns
bringen; und so oft man sie einem Fremden
wies, bedauerte der Küster sehr ernsthaft im
Nahmen der löblichen Stadt Abdera, dafs ein
so herrliches Kunstwerk aus Kargheit der
Natur unbrauchbar bleiben müsse.

Ein andermal erhandelten sie eine sehr schöne
Venus von Elfenbein, die man unter die Meisterstücke des Praxiteles zählte. Sie war ungefähr
fünf Fufs hoch, und sollte auf einen Altar der

Liebesgöttin gestellt werden. Als sie angelangt war, gerieth ganz Abdera in Entzücken über die Schönheit ihrer Venus; denn die Abderiten gaben sich für feine Kenner und schwärmerische Liebhaber der Künste aus. „Sie ist zu schön, (riefen sie einhellig) um auf einem niedrigen Platze zu stehen; ein Meisterstück, das der Stadt so viel Ehre macht und so viel Geld gekostet hat, kann nicht zu hoch aufgestellt werden: sie muſs das Erste seyn, was den Fremden beym Eintritt in Abdera in die Augen fällt." Diesem glücklichen Gedanken zu Folge stellten sie das kleine niedliche Bild auf einen Obelisk von achtzig Fuſs; und wiewohl es nun unmöglich war zu erkennen, ob es eine Venus oder eine Austernymfe vorstellen sollte, so nöthigten sie doch alle Fremden zu gestehen, daſs man nichts vollkommneres sehen könne.

Uns dünkt, diese Beyspiele beweisen schon hinlänglich, daſs man den Abderiten kein Unrecht that, wenn man sie für warme Köpfe hielt. Aber wir zweifeln ob sich ein Zug denken läſst, der ihren Karakter stärker zeichnen könnte als dieser; daſs sie (nach dem Zeugnisse des Justinus) die Frösche in und um ihre Stadt dergestalt überhand nehmen liefsen, dafs sie endlich selbst genöthiget wurden, ihren quäkenden Mitbürgern Platz zu machen, und, bis zu Austrag der Sache, sich unter dem Schutze des Königs Kassander von Macedonien an einen dritten Ort zu begeben.

Diefs Unglück befiel die Abderiten nicht ungewarnt. Ein weiser Mann, der sich unter ihnen befand, sagte ihnen lange zuvor, dafs es endlich so kommen würde. Der Fehler lag in der That blofs an den Mitteln, wodurch sie dem Übel steuern wollten; wiewohl sie nie dazu gebracht werden konnten diefs einzusehen. Was ihnen gleichwohl die Augen hätte öffnen sollen, war: dafs sie kaum etliche Monate von Abdera weggezogen waren, als eine Menge von Krannichen aus der Gegend von Geranien ankam, und ihnen alle ihre Frösche so rein wegputzte, dafs eine Meile rings um Abdera nicht Einer übrig blieb, der dem wieder kommenden Frühling *Brekekek Koax Koax* entgegen gesungen hätte.

2. Kapitel.

Demokritus von Abdera. Ob und wie viel seine Vaterstadt berechtigt war, sich etwas auf ihn einzubilden?

Keine Luft ist so dick, kein Volk so dumm, kein Ort so unberühmt, dafs nicht zuweilen ein grofser Mann daraus hervor gehen sollte, sagt Juvenal. Pindar und Epaminondas wurden in Böotien geboren, Aristoteles zu Stagira, Cicero zu Arpinum, Virgil im Dörfchen Andes bey Mantua, Albertus Magnus zu Lauingen, Martin Luther zu Eisleben, Sixtus der Fünfte im Dorfe Montalto in der Mark Ankona, und einer der besten Könige, die jemahls gewesen sind, zu Pau in Bearn. Was Wunder, wenn auch Abdera, zufälliger Weise, die Ehre hatte, dafs der gröfste Naturforscher des Alterthums, Demokritus, in ihren Mauern das Leben empfing!

Ich sehe nicht, wie ein Ort sich eines solchen Umstandes bedienen kann, um Ansprüche an den Ruhm eines grofsen Mannes zu machen. Wer geboren werden soll, muſs irgendwo geboren werden: das übrige nimmt die Natur auf sich; und ich zweifle sehr, ob, auſser dem Lykurgus, ein Gesetzgeber gewesen, der seine Fürsorge bis auf den *Homunculus* ausgedehnt, und alle mögliche Vorkehrungen getroffen hätte, damit dem Staate wohl organisierte, schöne und seelenvolle Kinder geliefert würden. Wir müssen gestehen, in dieser Rücksicht hatte Sparta einiges Recht, sich mit den Vorzügen seiner Bürger Ehre zu machen. Aber in Abdera (wie beynahe in der ganzen Welt) lieſs man den Zufall und den Genius walten,

— *natale comes qui temperat astrum;*

und wenn ein Protagoras 2) oder Demokritus aus ihrem Mittel entsprang, so war die gute Stadt Abdera gewiſs eben so unschuldig daran, als Lykurgus und seine Gesetze, wenn in Sprata ein Dummkopf oder eine Memme geboren wurde.

Diese Nachlässigkeit, wiewohl sie eine dem Staat äuſserst angelegne Sache betrifft,

---

2) Ein berühmter Sofist von Abdera (etwas älter als Demokritus) welchen Cicero dem Hippias, Prodikus, Gorgias, und also den gröſsten Männern seiner Profession an die Seite setzt.

möchte noch immer hingehen. Die Natur, wenn man sie nur ungestört arbeiten läst, macht meistens alle weitere Fürsorge für das Gerathen ihrer Werke überflüssig. Aber wiewohl sie selten vergifst, ihr Lieblingswerk mit allen den Fähigkeiten auszurüsten, durch welche ein vollkommner Mensch ausgebildet werden könnte: so ist doch eben diese Ausbildung das, was sie der Kunst überläfst; und es bleibt also jedem Staate noch Gelegenheit genug übrig, sich ein Recht an die Vorzüge und Verdienste seiner Mitbürger zu erwerben.

Allein auch hierin liefsen die Abderiten sehr viel an ihrer Klugheit zu vermissen übrig; und man hätte schwerlich einen Ort finden können, wo für die Bildung des innern Gefühls, des Verstandes und des Herzens der künftigen Bürger weniger gesorgt worden wäre.

Die Bildung des Geschmacks, d. i. eines feinen, richtigen und gelehrten Gefühls alles Schönen, ist die beste Grundlage zu jener berühmten Sokratischen Kalokagathie oder innerlichen Schönheit und Güte der Seele, welche den liebenswürdigen, edelmüthigen, wohlthätigen und glücklichen Menschen macht. Und nichts ist geschickter, dieses richtige Gefühl des Schönen in uns zu bilden, als — wenn alles, was wir von Kindheit an sehen und hören, schön ist. In einer Stadt, wo die Künste der Musen in der gröfsten Vollkommenheit getrieben werden, in einer mit Meisterstücken der bildenden Künste angefüllten Stadt, in einem Athen geboren zu seyn, ist daher allerdings kein geringer Vortheil; und wenn die Athener zu Platons und Menanders Zeiten mehr Geschmack hatten als tausend andere Völker, so hatten sie es unstreitig ihrem Vaterlande zu danken.

Abdera führte in einem Griechischen Sprichworte (über dessen Verstand die Gelehrten, nach ihrer Gewohnheit, nicht einig sind) den Beynahmen, womit Florenz unter den Italiänischen Städten prangt — die Schöne. Wir haben schon bemerkt, dafs die Abderiten Enthusiasten der schönen Künste waren; und in der That, zur Zeit ihres gröfsten Flors, das ist, eben damahls, da sie auf einige Zeit den Fröschen Platz machen mufsten, war ihre Stadt voll prächtiger Gebäude, reich an Mahlereyen und Bildsäulen, mit einem schönen Theater und Musiksahl (Ωδειον) versehen, kurz, ein zweytes Athen — blofs den Geschmack ausgenommen. Denn zum Unglück erstreckte sich die wunderliche Laune, von welcher wir oben gesprochen haben, auch auf ihre Begriffe vom Schönen und Anständigen. Latona, die Schutzgöttin ihrer Stadt, hatte den schlechtesten Tempel; Jason, der Anführer der Argonauten, hingegen (dessen goldenes Vlies sie zu besitzen vorgaben) den prächtigsten. Ihr Rathhaus sah wie ein Magazin aus, und unmittelbar vor dem Sable, wo die Angelegenheiten des Staats erwogen wurden, hatten alle Kräuter - Obst - und Eyerweiber von Abdera ihre Niederlage. Hingegen ruhte das Gymnasium, worin sich ihre Jugend im Ringen und Fechten übte, auf einer dreyfachen Säulenreihe. Der Fechtsahl war mit lauter Schildereyen von Berathschlagungen und mit Statuen in ruhigen oder tiefsinnigen Stellungen ausgezieret. 3) Dafür aber stellte das Rathhaus den Vätern des Vaterlandes eine desto reitzendere Augenweide dar. Denn wohin sie in dem Sahl ihrer gewöhnlichen Sitzungen ihre Augen warfen, glänzten ihnen schöne nackende Kämpfer, oder badende Dia-

---

3) Was hier von den Abderiten gesagt wird, erzählen andre alte Schriftsteller von der Stadt Alabandus. S. *Coel. Rhodog. Lect. Ant. L. XXVI. Cap.* 25.

nen und schlafende Bacchanten entgegen; und Venus mit ihrem Buhler, im Netze Vulkans allen Einwohnern des Olymps zur Schau ausgestellt, (ein grofses Stück, welches dem Sitze des Archons gegenüber hing) wurde den Fremden mit einem Triumfe gezeigt, der den ernsten Focion selbst genöthiget hätte, zum ersten Mahl in seinem Leben zu lachen. Der König Lysimachus (sagten sie) habe ihnen sechs Städte und ein Gebiet von vielen Meilen dafür angeboten: aber sie hätten sich nicht entschliefsen können, ein so herrliches Stück hinzugeben, zumahl da es — gerade die Höhe und Breite habe, um eine ganze Seite der Rathsstube einzunehmen; und überdiefs habe einer ihrer Kunstrichter in einem weitläuftigen, mit grofser Gelehrsamkeit angefüllten Werke die Beziehung des allegorischen Sinnes dieser Schilderey auf den Platz, wo sie stehe, sehr scharfsinnig dargethan.

Wir würden nicht fertig werden, wenn wir alle Unschicklichkeiten, wovon diese wundervolle Republik wimmelte, berühren wollten. Aber noch eine können wir nicht vorbey gehen, weil sie einen wesentlichen Zug ihrer Verfassung betrifft, und keinen geringen Einflufs auf den Karakter der Abderiten hatte. In den ältesten Zeiten der Stadt war, vermutblich einem Orfischen Institut zu Folge, der Nomofylax oder Beschirmer der Gesetze (eine der obersten Magistratspersonen) zugleich Vorsänger bey den gottesdienstlichen Chören und Oberaufseher über das Musikwesen. Diefs hatte damahls seinen guten Grund. Allein mit der Länge der Zeit ändern sich die Gründe der Gesetze; diese werden alsdann durch buchstäbliche Erfüllung lächerlich, und müssen also nach den veränderten Umständen umgegossen werden. Aber eine solche Betrachtung kam nicht in Abderitische Köpfe. Es hatte sich öfters zugetragen, dafs ein Nomofylax erwählt wurde, der zwar die Gesetze ganz leidlich beschirmte, aber entweder schlecht sang, oder gar nichts von der Musik verstand. Was hatten die Abderiten zu thun? Nach häufigen Berathschlagungen machten sie endlich die Verordnung: Der beste Sänger aus Abdera sollte hinfür allezeit auch Nomofylax seyn; und dabey blieb es so lange Abdera stand. Dafs der Nomofylax und der Vorsänger zwey verschiedene Personen seyn könnten, war in zwanzig öffentlichen Berathschlagungen keiner Seele eingefallen.

Es ist leicht zu erachten, dafs die Musik bey so bewandten Sachen, zu Abdera in grofser Achtung stehen mufste. Alles in dieser Stadt war musikalisch; alles sang, flötete und leierte. Ihre Sittenlehre und Politik, ihre Theologie und Kosmologie, war auf musikalische Grundsätze gebaut; ja, ihre Arzte heilten sogar die Krankheiten durch Tonarten und Melodien. So weit scheint ihnen, was die Spekulazion betrifft, das Ansehen der gröfsten Weisen des Altertbums, eines Orfeus, Pythagoras und Plato, zu Statten zu kommen. Aber in der Ausübung entfernten sie sich desto weiter von der Strenge dieser Filosofen. Plato verweist alle sanften und weichlichen Tonarten aus seiner Republik; die Musik soll seinen Bürgern weder Freude noch Traurigkeit einflöfsen; er verbannt mit den Ionischen und Lydischen Harmonien alle Trink - und Liebeslieder; ja die Instrumente selbst scheinen ihm so wenig gleichgültig, dafs er vielmehr die vielsaitigen und die Lydische Flöte als gefährliche Werkzeuge der Üppigkeit ausmustert, und seinen Bürgern nur die Leier und die Cither, so wie den Hirten und dem Landvolke nur die Rohrpfeife, gestattet. So streng filosofierten die Abderiten nicht. Keine Tonart, kein Instrument war bey ihnen ausgeschlossen, und — einem sehr wahren, aber sehr oft von ihnen mifsverstandenen Grundsatze zu Folge — behaupteten sie: dafs man alle

ernsthaften Dinge lustig, und alle lustigen
ernsthaft behandeln müsse. Die Ausdehnung dieser Maxime auf die Musik brachte
bey ihnen die widersinnigsten Wirkungen
hervor. Ihre gottesdienstlichen Gesänge klangen wie Gassenlieder; allein dafür konnte
man nichts feierlichers hören, als die Melodie
ihrer Tänze. Die Musik zu einem Trauerspiele war gemeiniglich komisch; hingegen
klangen ihre Kriegslieder so schwermüthig,
dafs sie sich nur für Leute schickten die an
den Galgen gehen. Ein Leierspieler wurde
in Abdera nur dann für vertrefflich gehalten,
wenn er die Saiten so zu rühren wufste,
dafs man eine Flöte zu hören glaubte; und
eine Sängerin mufste, um bewundert zu werden, gurgeln und trillern wie eine
Nachtigall. Die Abderiten hatten keinen
Begriff davon, dafs die Musik nur in so fern
Musik ist, als sie das Herz rührt; sie waren
über und über glücklich, wenn nur ihre
Ohren gekitzelt, oder wenigstens mit nichts
sagenden, aber vollen und abwechselnden
Harmonien gestopft wurden. Diese Widersinnigkeit erstreckte sich über alle Gegenstände des Geschmacks; oder, richtiger zu
reden, mit aller ihrer Schwärmerey für die
Künste hatten die Abderiten gar keinen Geschmack; und es ahndete ihnen nicht ein-

mahl, dafs das Schöne aus einem höhern Grunde schön sey, **als weil es ihnen so beliebte.**

Indessen konnte gleichwohl Natur, Zufall und gutes Glück mit zusammen gesetzten Kräften einmal so viel zuwege bringen, dafs ein geborner Abderit **Menschenverstand** bekam. Aber wenigstens mufs man gestehen, wenn sich so etwas begab, so hatte Abdera nichts dabey geholfen. Denn ein Abderit war ordentlicher Weise nur in so fern klug als er **kein Abderit war;** — ein Umstand, der uns ohne Mühe begreifen läfst, warum die Abderiten immer von demjenigen unter ihren Mitbürgern, der ihnen in den Augen der Welt am meisten Ehre machte, am wenigsten hielten. Diefs war keine ihrer gewöhnlichen Widersinnigkeiten. Sie hatten eine Ursache dazu, die so natürlich ist, dafs es unbillig wäre, sie ihnen zum Vorwurf zu machen.

Diese Ursache war nicht, (wie einige sich einbilden) weil sie z B. den Naturforscher **Demokrit** — lange zuvor eh' er ein grofser Mann war — mit dem Kreisel spielen, oder auf einem Grasplatze Burzelbäume machen gesehen hatten —

Auch nicht, weil sie aus Neid oder Eifersucht nicht leiden konnten, daſs einer aus ihrem Mittel klüger seyn sollte als sie. Denn — bey der untrüglichen Aufschrift der Pforte des Delfischen Tempels! — dieſs zu denken hatte kein einziger Abderit Weisheit genug, oder er würde von dem Augenblick an **kein Abderit** mehr gewesen seyn.

Der wahre Grund, meine Freunde, warum die Abderiten aus ihrem Mitbürger **Demokrit** nicht viel machten, war dieser: weil sie ihn für — keinen weisen Mann hielten.

„Warum das nicht?"

Weil sie nicht **konnten**.

„Und **warum** konnten sie nicht?"

Weil sie sich alsdann selbst für Dummköpfe hätten halten müssen. Und dieſs zu thun waren sie gleichwohl nicht widersinnig genug.

Auch hätten sie eben so leicht auf dem Kopfe tanzen, oder den Mond mit den Zähnen fassen, oder den Zirkel quadrieren können, als einen Menschen, der in allem ihr Gegenfüſsler war, für einen weisen Mann halten. Dieſs folgt aus einer Eigenschaft der menschlichen Natur, die schon zu Adams Zeiten bemerkt worden seyn mufs, und gleichwohl, da Helvézius daraus folgerte — was daraus folgt, vielen ganz neu vorkam; die seit dieser Zeit niemanden mehr neu ist, und dennoch im Leben — alle Augenblicke vergessen wird.

3. Kapitel.

Was Demokrit für ein Mann war. Seine Reisen. Er kommt nach Abdera zurück. Was er mitbringt, und wie er aufgenommen wird. Ein Examen, das sie mit ihm vornehmen, welches zugleich eine Probe einer Abderitischen Konversazion ist.

Demokrit — ich denke nicht, dafs es Sie gereuen wird, den Mann näher kennen zu lernen —

Demokrit war ungefähr zwanzig Jahre alt, als er seinen Vater, einen der reichsten Bürger von Abdera, beerbte. Anstatt nun darauf zu denken, wie er seinen Reichthum erhalten oder vermehren, oder auf die angenehmste oder lächerlichste Art durchbringen wollte, entschloſs sich der junge Mensch, solchen zum Mittel — der Vervollkommnung seiner Seele zu machen.

„Aber was sagten die Abderiten zum Entschlusse des jungen Demokrit?"

Die guten Leute hatten sich nie träumen lassen, daſs die Seele ein anderes Interesse habe, als der Magen, der Bauch und die übrigen integranten Theile des sichtbaren Menschen. Also mag ihnen freylich diese Grille ihres Landsmannes wunderlich genug vorgekommen seyn. Allein, dieſs war nun gerade was er sich am wenigsten anfechten lieſs. Er ging seinen Weg fort, und brachte viele Jahre mit gelehrten Reisen durch alle festen Länder und Inseln zu, die man damahls bereisen konnte. Denn wer zu seiner Zeit weise werden wollte, muſste mit eignen Augen sehen. Es gab noch keine Buchdruckereyen, keine Journale, Bibliotheken, Magazine, Encyklopädien, Realwörterbücher, Allmanache, und wie alle die Werkzeuge beifsen, mit deren Hülfe man itzt, ohe zu wissen wie, ein Filosof, ein Naturkündiger, ein Kunstrichter, ein Autor, ein Alleswisser wird. Damahls war die Weisheit so theuer, und noch theurer als — die schöne Lais. Nicht jedermann konnte nach Korinth reisen. Die Anzahl der Weisen war sehr klein; aber die es waren, waren es auch desto mehr.

Demokrit reisete nicht blofs um der Menschen Sitten und Verfassungen zu beschauen, wie Ulysses; nicht blofs um Priester und Geisterseher aufzusuchen, wie Apollonius; oder um Tempel, Statuen, Gemählde und Alterthümer zu begucken, wie Pausanias; oder um Pflanzen und Thiere abzuzeichnen und unter Klassen zu bringen, wie Doktor Solander: sondern er reisete, um Natur und Kunst in allen ihren Wirkungen und Ursachen, den Menschen in seiner Naktheit und in allen seinen Einkleidungen und Verkleidungen, roh und bearbeitet, bemahlt und unbemahlt, ganz und verstümmelt, und die übrigen Dinge in allen ihren Beziehungen auf den Menschen, kennen zu lernen. Die Raupen in Äthiopien (sagte Demokrit) sind freylich nur — Raupen. Was ist eine Raupe, um das erste, angelegenste, einzige Studium eines Menschen zu seyn? Aber, da wir nun einmahl in Äthiopien sind, so sehen wir uns immer, nebenher, auch nach den Äthiopischen Raupen um. Es giebt eine Raupe im Lande der Seren, welche Millionen Menschen kleidet und nährt; wer weiſs ob es nicht auch am Niger nützliche Raupen giebt?

Mit dieser Art zu denken hatte Demokrit auf seinen Reisen einen Schatz von Wissenschaft gesammelt, der in seinen Augen alles Gold in den Schatzkammern der Könige von Indien und alle Perlen an den Hälsen und Armen ihrer Weiber werth war. Er kannte von der Ceder Libanons bis zum Schimmel eines Arkadischen Käses eine Menge von Bäumen, Stauden, Kräutern, Gräsern und Moosen; nicht etwa bloſs nach ihrer Gestalt und nach ihren Nahmen, Geschlechtern und Arten; er kannte auch ihre Eigenschaften, Kräfte und Tugenden. Aber, was er tausendmahl höher schätzte als alle seine übrigen Kenntnisse, er hatte allenthalben, wo er es der Mühe werth fand sich aufzuhalten, die Weisesten und die Besten kennen gelernt. Es hatte sich bald gezeigt, daſs er ihres Geschlechts war. Sie waren also seine Freunde geworden, hatten sich ihm mitgetheilt, und ihm dadurch die Mühe erspart, eignen Fleiſses, Jahre lang und vielleicht doch vergebens, zu suchen, was sie mit Aufwand und Mühe, oder auch wohl nur glücklicher Weise, schon gefunden hatten.

Bereichert mit allen diesen Schätzen des
Geistes und Herzens kam Demokrit, nach
einer Reise von zwanzig Jahren, zu den Abderiten zurück, die seiner beynahe vergessen
hatten. Er war ein feiner stattlicher Mann;
höflich und abgeschliffen, wie ein Mann, der
mit mancherley Arten von Erdensöhnen umzugehen gelernt hat, zu seyn pflegt; ziemlich
braungelb von Farbe; kam von den Enden
der Welt, und hatte ein ausgestopftes Krokodill, einen lebendigen Affen, und viele andere
sonderbare Sachen mitgebracht. Die Abderiten sprachen etliche Tage von nichts anderm,
als von ihrem Mitbürger Demokrit, der wieder gekommen war und Affen und Krokodille
mitgebracht hatte. Allein in kurzer Zeit
zeigte sichs, daß sie sich in ihrer Meinung
von einem so weit gereisten Manne sehr
verrechnet hatten.

Demokrit war von den wackern Männern, denen er indessen die Besorgung seiner Güter anvertraut hatte, um die Hälfte
betrogen worden, und gleichwohl unterschrieb er ihre Rechnungen ohne Widerrede.
Natürlicher Weise muste dieſs der guten
Meinung von seinem Verstande den ersten
Stoſs geben. Die Advocaten und Richter
wenigstens, die sich zu einem einträglichen

Prozesse Hoffnung gemacht hatten, merkten mit einem bedeutenden Achselzucken an, daſs es bedenklich seyn würde, einem Manne, der seinem eigenen Hause so schlecht vorstehe, das gemeine Wesen anzuvertrauen. Indessen zweifelten die Abderiten nicht, daſs er sich nun unter die Mitwerber um ihre vornehmsten Ehrenämter stellen würde. Sie berechneten schon, wie hoch sie ihm ihre Stimme verkaufen wollten; gaben ihm eine Tochter, Enkelin, Schwester, Nichte, Base, Schwägerin zur Ehe; überschlugen die Vortheile, die sie zur Erhaltung dieser oder jener Absicht von seinem Ansehen ziehen wollten, wenn er einmahl Archon oder Priester der Latona seyn würde, u. s. w. Aber Demokrit erklärte sich, daſs er weder ein Rathsherr von Abdera noch der Ehegemahl einer Abderitin seyn wolle, und vereitelte dadurch abermahl alle ihre Anschläge. Nun hoffte man wenigstens durch seinen Umgang in etwas entschädiget zu werden. Ein Mann, welcher Affen, Krokodille und zahme Drachen von seinen Reisen mitgebracht hatte, muſste eine ungeheure Menge Wunderdinge zu erzählen haben. Man erwartete, daſs er von zwölf Ellen langen Riesen und von sechs Daumen hohen Zwergen, von Menschen mit Hunds- und Eselsköpfen, von Meerfrauen mit grünen Haaren, von weifsen Negern, und blauen Centauren sprechen würde. Aber Demokrit log so wenig, und in der That weniger, als ob er nie über den Thracischen Bosporus gekommen wäre.

Man fragte ihn, ob er im Lande der Garamanten keine Leute ohne Kopf angetroffen habe, welche die Augen, die Nase und den Mund auf der Brust trügen? und ein Abderitischer Gelehrter (der, ohne jemahls aus den Mauern seiner Stadt gekommen zu seyn, sich die Miene gab, als ob kein Winkel des Erdbodens wäre den er nicht durchkrochen hätte) bewies ihm in grofser Gesellschaft, dafs er entweder nie in Äthiopien gewesen sey, oder dort nothwendig mit den Agriofagen, deren König nur Ein Auge über der Nase hat, mit den Sambern, die allezeit einen Hund zu ihrem König erwählen, und mit den Artabatiten, die auf allen Vieren gehen, Bekanntschaft gemacht haben müsse. Und wofern Sie bis in den äufsersten Theil des abendländischen Äthiopiens eingedrungen sind, (fuhr der gelehrte Mann fort) so bin ich gewifs, dafs Sie ein Volk ohne Nasen angetroffen haben, und ein anderes, wo die Leute einen so kleinen

Mund führen, daſs sie ihre Suppe durch Strohhalmen einschlürfen müssen. 4)

Demokrit betheuerte beym Kastor und Pollux, daſs er sich nicht erinnere diese Ehre gehabt zu haben.

Wenigstens, sagte jener, haben Sie in Indien Menschen angetroffen, die nur ein einziges Bein auf die Welt bringen, aber dem ungeachtet wegen der aufserordentlichen Breite ihres Fuſses so geschwind auf dem Boden fortrutschen, daſs man ihnen zu Pferde kaum nachkommen kann. 5) Und was sagten Sie dazu, wie Sie an der Quelle des Ganges ein Volk antrafen, das ohne alle andre Nahrung vom bloſsen Geruche wilder Äpfel lebt? 6)

O erzähleln Sie uns doch, riefen die schönen Abderitinnen, erzählen Sie doch, Herr

---

4) Solinus, C. XXX. auch Plinius, Mela, und andere Alte und Neuere, welche uns alle die Wundermenschen, von denen hier die Rede ist, für wirkliche Geschöpfe Gottes zu geben kein Bedenken tragen.

5) Solinus aus dem Ktesias.

6) Ebenderselbe.

Demokrit! Was müſsten Sie uns nicht erzählen können, wenn Sie nur wollten!

Demokrit schwor vergebens, daſs er von allen diesen Wundermenschen in Äthiopien und Indien nichts gesehen noch gehört habe.

Aber was haben Sie denn gesehen, fragte ein runder dicker Mann, der zwar weder einäugig war wie die Agriofagen, noch eine Hundsschnautze hatte wie die Cymolgen, noch die Augen auf den Schultern trug wie die Omofthalmen, noch vom bloſsen Geruche lebte wie die Paradiesvögel, aber doch gewiſs nicht mehr Gehirn in seinem groſsen Schädel trug als ein Mexikanischer Kolibri, ohne darum weniger ein Rathsherr von Abdera zu seyn — Aber was haben Sie denn gesehen, sagte Wanst, Sie, der zwanzig Jahre in der Welt herum gefahren ist, wenn Sie nichts von allem dem gesehen haben, was man in fernen Landen wunderbares sehen kann?

Wunderbares? versetzte Demokrit lächelnd. Ich hatte so viel mit Betrachtung des Natürlichen zu thun, daſs ich fürs Wunderbare keine Zeit übrig behielt.

Nun, das gesteh' ich, erwiederte Wanst: das verlohnt sich auch der Mühe, alle Meere zu durchfahren und über alle Berge zu steigen, um nichts zu sehen als was man zu Hause eben so gut sehen konnte!

Demokrit zankte sich nicht gern mit den Leuten um ihre Meinungen, am allerwenigsten mit Abderiten; und gleichwohl wollt' er auch nicht, daſs es aussehen sollte als ob er gar nichts sagen könne. Er suchte unter den schönen Abderitinnen, die in der Gesellschaft waren, eine aus, an die er das richten könnte was er sagen wollte; und er fand eine mit zwey grofsen Junoischen Augen, die ihn, trotz seiner fysiognomischen Kenntnisse, verführten, ihrer Eigenthümerin etwas mehr Verstand oder Empfindung zuzutrauen als den übrigen. Was wollten Sie, sagte er zu ihr, daſs ich, zum Beyspiel, mit einer Schönen, welche die Augen auf der Stirn oder am Ellbogen trüge, hätte anfangen sollen? Oder was würde mirs nun helfen, wenn ich noch so gelehrt in der Kunst wäre, das Herz einer — Menschenfresserin zu rühren? Ich habe mich immer zu wohl dabey befunden, mich der sanften Gewalt von zwey schönen Augen, die an ihrem natürlichen Platze stehen, zu überlassen, um jemahls in Versuchung zu kommen, das grofse Stierauge auf der Stirn einer Cyklopin zärtlich zu sehen.

Die Schöne mit den grofsen Augen, zweifelhaft was sie aus dieser Anrede machen sollte, guckte dem Manne, der so sprach, mit stummer Verwunderung in den Mund, lächelte ihm ihre schönen Zähne vor, und sah sich zur rechten und linken Seite um, als ob sie den Verstand seiner Rede suchen wollte.

Die übrigen Abderitinnen hatten zwar eben so wenig davon begriffen: weil sie aber aus dem Umstande, dafs er sich gerade an die Grofsäugige gewendet hatte, schlossen, er habe ihr etwas schönes gesagt, so sahen sie einander jede mit einer eignen Grimasse an. Diese rümpfte eine kleine Stumpfnase, jene zog den Mund in die Länge, eine dritte spitzte den ihrigen, eine vierte rifs ein Paar kleine Augen auf, eine fünfte brüstete sich mit zurück gezogenem Kopfe, u. s. w.

Demokrit sah es, erinnerte sich dafs er in Abdera war — und schwieg.

---

4. Kapitel.

Das Examen wird fortgesetzt, und verwandelt sich in eine Disputazion über die Schönheit, wobey Demokriten sehr warm gemacht wird.

Schweigen — ist zuweilen eine Kunst; aber doch nie eine so grofse, als uns gewisse Leute glauben machen wollen, die dann am klügsten sind wenn sie schweigen.

Wenn ein weiser Mann sieht dafs er es mit Kindern zu thun hat, warum sollt' er sich zu weise dünken, nach ihrer Art mit ihnen zu reden?

Ich bin zwar (sagte Demokrit zu seiner neugierigen Gesellschaft) aufrichtig genug gewesen, zugestehen, dafs ich von allem, was man will dafs ich gesehen haben sollte, nichts gesehen habe; aber bilden Sie Sich darum nicht ein, dafs mir auf so vielen Reisen zu Wasser und zu Lande gar nichts aufgestofsen sey, das Ihre Neubegierde befriedigen könnte. Glauben Sie mir, es sind Dinge darunter, die Ihnen vielleicht noch wunderbarer vorkommen würken, als diejenigen wovon die Rede war.

Bey diesen Worten rückten die schönen Abderitinnen näher und spitzten Mund und Ohren. Das ist doch ein Wort von einem gereisten Manne, rief der kurze dicke Rathsherr. Des Gelehrten Stirn entrunzelte sich durch die Hoffnung, daſs er etwas zu tadeln und zu verbessern bekommen würde, Demokrit möchte auch sagen was er wollte.

Ich befand mich einst in einem Lande, fing unser Mann an, wo es mir so wohl gefiel, daſs ich in den ersten drey oder vier Tagen, die ich darin zubrachte, unsterblich zu seyn wünschte, um ewig darin zu leben.

„Ich bin nie aus Abdera gekommen, sagte der Rathsmann; aber ich dachte immer, daſs es keinen Ort in der Welt gäbe, wo es mir besser gefallen könnte als in Abdera. Auch geht es mir gerade wie Ihnen mit dem Lande, wo es Ihnen so wohl gefiel; ich wollte mit Freuden auf die ganze übrige Welt Verzicht thun, wenn ich nur ewig in Abdera leben könnte! — Aber warum gefiel es Ihnen nur drey Tage lang so wohl in dem Lande?"

Sie werden es gleich hören. Stellen Sie Sich ein unermeſsliches Land vor, dem die angenehmste Abwechslung von Bergen, Thälern, Wäldern, Hügeln und Auen unter der Herrschaft eines ewigen Frühlings und Herbstes, allenthalben wohin man sieht, das Ansehen des herrlichsten Lustgartens giebt: alles angebaut und bewässert, alles blühend und fruchtbar; allenthalben ein ewiges Grün, und immer frische Schatten und Wälder von den schönsten Fruchtbäumen, Datteln, Feigen, Zitronen, Granaten, die ohne Pflege, wie in Thracien die Eicheln, wachsen; Haine von Myrten und Schasmin; Amors und Cytheräens Lieblingsblume nicht auf Hecken, wie bey uns, sondern in dichten Büscheln auf grofsen Bäumen wachsend, und voll aufgeblüht wie die Busen meiner schönen Mitbürgerinnen —

(Diefs hatte Demokrit nicht gut gemacht; und es kann künftigen Erzählern zur Warnung dienen, dafs man sich vorher wohl in seiner Gesellschaft umsehen mufs, ehe man Komplimente dieser Art wagt, so verbindlich sie auch an sich selbst klingen mögen. Die Schönen hielten die Hände vor die Augen und erxötheten. Denn zum Unglück war unter den Anwesenden keine, die dem schmeichelhaften Gleichnifs Ehre gemacht hätte; wiewohl sie nicht ermangelten sich aufzublähen so gut sie konnten.)

— und diese reitzenden Haine, fuhr er fort, vom lieblichen Gesang unzähliger Arten von Vögeln belebt, und mit tausend bunten Papagayen erfüllt, deren Farben im Sonnenglanz die Augen blenden. Welch ein Land! Ich begriff nicht, warum die Göttin der Liebe das felsige Cythere zu ihrem Wohnsitz erwählt hatte, da ein Land wie dieses in der Welt war. Wo hätten die Grazien angenehmer tanzen können, als am Rande von Bächen und Quellen, wo, zwischen kurzen dichtem Gras vom lebhaftesten Grün, Lilien und Hyacinthen, und zehen tausend noch schönere Blumen, die in unsrer Sprache ohne Nahmen sind, freywillig hervor blühen, und die Luft mit wollüstigen Wohlgerüchen erfüllen?

Die schönen Abderitinnen waren, wie leicht zu erachten, mit einer nicht weniger lebhaften Einbildungskraft ausgestattet als die Abderiten; und das Gemählde, das ihnen Demokrit, ohne dabey an arges zu denken, vorstellte, war mehr als ihre kleinen Seelchen aushalten konnten. Einige seufzten laut vor Behäglichkeit; andre sahen aus, als ob sie die wollüstigen Gerüche, die in ihrer Fantasie dufteten, mit Mund und Nase einschlürfen wollten; die schöne Juno sank mit dem

Kopf auf ein Polster des Kanapees zurück, schloſs ihre groſsen Augen halb, und befand sich unvermerkt am blumigen Rand einer dieser schönen Quellen, von Rosen- und Zitronenbäumen umschattet, aus deren Zweigen Wolken von ambrosischen Düften auf sie herab wallten. In einer sanften Betäubung von süſsen Empfindungen begann sie eben einzuschlummern: als sie einen Jüngling, schön wie Bacchus und dringend wie Amor, zu ihren Füſsen liegen sah. Sie richtete sich auf, ihn desto besser betrachten zu können, und sah ihn so schön, so zärtlich, daſs die Worte, womit sie seine Verwegenheit bestrafen wollte, auf ihren Lippen erstarben. Kaum hatte sie —

Und wie meinen Sie (fuhr Demokrit fort) daſs dieses zauberische Land heiſst, von dessen Schönheiten alles, was ich davon sagen könnte, Ihnen kaum den Schatten eines Begriffs geben würde? Es ist eben dieses Äthiopien, welches mein gelehrter Freund hier mit Ungeheuern von Menschen bevölkert, die eines so schönen Vaterlandes ganz unwürdig sind. Aber eine Sache, die er mir für wahr nachsagen kann, ist: daſs es in ganz Äthiopien und Libyen (wiewohl diese Nahmen eine Menge verschiedener Völker um-

fassen). keinen Menschen giebt, der seine
Nase nicht eben da trüge wo wir, nicht
eben so viel Augen und Ohren hätte als wir,
und kurz —

Ein grofser Seufzer von derjenigen Art,
wodurch sich ein von Schmerz oder Vergnügen geprefstes Herz Luft zu machen sucht, hob in diesem Augenblicke den Busen der schönen Abderitin, welche, während Demokrit in seiner Rede fortfuhr, in dem Traumgesichte, worin wir sie zu belauschen Bedenken trugen, (wie es scheint) auf einen Umstand gekommen war, an welchem ihr Herz auf die eine oder andre Art sehr lebhaft Antheil nahm. Da die übrigen Anwesenden nicht wissen konnten, dafs die gute Dame einige hundert Meilen weit von Abdera unter einem Äthiopischen Rosenbaum, in einem Meere der süfsesten Wohlgerüche schwamm, tausend neue Vögel das Glück der Liebe singen hörte, tausend bunte Papagayen vor ihren Augen herum flattern sah, und zum Überflufs einen Jüngling mit gelben Locken und Korallenlippen zu ihren Füfsen liegen hatte — so war es natürlich, dafs man den besagten Seufzer mit einem allgemeinen Erstaunen empfing. Man begriff nichts davon, dafs die letzten Worte Demokrits die

Ursache einer solchen Wirkung gewesen seyn könnten. Was fehlt Ihnen, Lysandra? riefen die Abderitinnen aus Einem Munde, indem sie sich sehr besorgt um sie stellten. Die schöne Lysandra, die in diesem Augenblicke wieder gewahr wurde, wo sie war, erröthete, und versicherte daſs es nichts sey. Demokrit, der nun zu merken anfing was es war, versicherte, daſs ein paar Züge frische Luft alles wieder gut machen würden; aber in seinem Herzen beschloſs er, künftig seine Gemählde nur mit Einer Farbe zu mahlen, wie die Mahler in Thracien. Gerechte Götter! dacht' er, was für eine Einbildungskraft diese Abderitinnen haben!

Nun, meine schönen Neugierigen, fuhr er fort, was meinen Sie, von welcher Farbe die Einwohner eines so schönen Landes sind?

„Von welcher Farbe? — Warum sollten sie eine andre Farbe haben als die übrigen Menschen? Sagten Sie uns nicht, daſs sie die Nase mitten im Gesichte trügen, und in allem Menschen wären wie wir Griechen?"

Menschen, ohne Zweifel; aber sollten sie darum weniger Menschen seyn, wenn sie schwarz oder olivenfarb wären?

„Was meinen Sie damit?"

Ich meine, daſs die schönsten unter den Äthiopischen Nazionen (nehmlich diejenigen, die nach unserm Maſsstabe die schönsten, das ist, uns die ähnlichsten sind.) durchaus olivenfarb wie die Ägypter, und diejenigen, welche tiefer im festen Lande und in den mittäglichsten Gegenden wohnen, vom Kopf bis zur Fuſssohle so schwarz und noch ein wenig schwärzer sind als die Raben zu Abdera.

„Was Sie sagen! — Und erschrecken die Leute nicht vor einander, wenn sie sich ansehen?"

Erschrecken? Warum dieſs? Sie gefallen sich sehr mit ihrer Rabenschwärze, und finden daſs nichts schöner seyn könne.

„O das ist lustig! — riefen die Abderitinnen. — Schwarz am ganzen Leibe, als ob sie mit Pech überzogen wären, sich von Schönheit träumen zu lassen! Was das für ein dummes Volk seyn muſs! Haben sie denn keine Mahler, die ihnen den Apollo, den Bacchus, die Göttin der Liebe und die Grazien mahlen? Oder könnten sie nicht schon von Homer lernen, daſs Juno weiſse Arme, Thetis Silberfüſse, und Aurora Rosenfinger hat?"

Ach, erwiederte Demokrit, die guten Leute haben keinen Homer; oder wenn sie einen haben, so dürfen wir uns darauf verlassen, daſs seine Juno kohlschwarze Arme hat. Von Mahlern habe ich in Äthiopien nichts gehört. Aber ich sah ein Mädchen, dessen Schönheit unter seinen Landsleuten beynahe eben so viel Unheil anrichtete, als die Tochter der Leda unter den Griechen und Trojanern; und diese Afrikanische Helena war schwärzer als Ebenholz.

„O beschreiben Sie uns doch dieſs Ungeheuer von Schönheit!" — riefen die Abderitinnen, die, aus dem natürlichsten Grunde von der Welt, an dieser Unterredung unendlich viel Vergnügen fanden.

Sie werden Mühe haben Sich einen Begriff davon zu machen. Stellen Sie Sich das völlige Gegentheil des Griechischen Ideals der Schönheit vor: die Gröſse einer Grazie und die Fülle einer Demeter; schwarze Haare, aber nicht in langen wallenden Lokken um die Schultern flieſsend, sondern kurz und von Natur kraus wie Schafwolle. Die Stirne breit und stark gewölbt; die Nase aufgestülpt, und in der Mitte des Knorpels flach gedrückt; die Wangen rund wie die Bakken eines Trompeters, der Mund grofs —

Filinna lächelte, um zu zeigen, wie klein der ihrige sey.

Die Lippen sehr dick und aufgeworfen, und zwey Reihen von Zähnen wie Perlenschnuren —

Die Schönen lachten insgesammt, wiewohl sie keine andre Ursache dazu haben konnten, als ihre eignen Zähne zu weisen; denn was war sonst hier zu lachen?

„Aber ihre Augen?" fragte Lysandra. —

O was die betrifft, die waren so klein und so wasserfarbig, dafs ich lange nicht von mir erhalten konnte, sie schön zu finden —

„Demokrit ist für Homers Kuhaugen, wie es scheint," sagte Myris, indem sie einen höhnischen Seitenblick auf die Schöne mit den grofsen Augen warf.

In der That, (versetzte Demokrit, mit einer Miene, woraus ein Tauber geschlossen hätte daſs er ihr die gröſste Schmeicheley sage) schöne Augen müſsten sehr groſs seyn, wenn ich sie zu groſs finden sollte; und häſsliche können, däucht mich, nie zu klein seyn.

Die schöne Lysandra warf einen triumfierenden Blick auf ihre Schwestern, und schüttete dann eine ganze Glorie von Zufriedenheit aus ihren groſsen Augen auf den glücklichen Demokrit herab.

„Darf man wissen, was Sie unter schönen Augen verstehen?" — fragte die kleine Myris, indem sich ihre Nase merklich spitzte.

Ein Blick der schönen Lysandra schien ihm zu sagen: Sie werden nicht verlegen seyn die Antwort auf diese Frage zu finden.

Ich verstehe darunter Augen, in denen sich eine schöne Seele mahlt, sagte Demokrit.

Lysandra sah albern aus, wie eine Person, der man etwas unerwartetes gesagt hat, und die keine Antwort darauf finden kann. — „Eine schöne Seele!" — dachten die Abderitinnen alle zugleich. — „Was für wunderliche Dinge der Mann aus fernen Landen mitgebracht hat! Eine schöne Seele! Diefs ist noch über seine Affen und Papagayen!"

„Aber mit allen diesen Subtilitäten, sagte der dicke Rathsherr, kommen wir von der Hauptsache ab. Mir däucht, die Rede war von der schönen Helena aus Äthiopien, und ich möchte doch wohl hören, was die ehrlichen Leute so schönes an ihr finden konnten."

Alles, antwortete Demokrit.

„So müssen sie gar keinen Begriff von Schönheit haben," sagte der Gelehrte.

Um Vergebung, erwiederte der Erzähler; weil diese Äthiopische Helena der Gegenstand aller Wünsche war, so läfst sich sicher schliefsen, dafs sie der Idee von Schönheit glich, die jeder in seiner Einbildung fand.

„Sie sind aus der Schule des Parmenides?" sagte der Gelehrte, indem er sich in eine streitbare Positur setzte. 7)

7) Parmenides von Elea wird für den Erfinder der Lehre von den Ideen oder wesentli-

Ich bin nichts — als ich selbst; welches sehr wenig ist, erwiederte Demokrit halb erschrocken. Wenn Sie dem Wort Idee gram sind, so erlauben Sie mir mich anders auszudrücken. Die schöne Gulleru — so nannte man die Schwarze, von der wir reden —

Gulleru? riefen die Abderitinnen, indem sie in ein Gelächter ausbrachen, das kein Ende nehmen wollte; Gulleru! welch ein Nahme! — und wie ging es mit ihrer schönen Gulleru? fragte die spitznäsige Myris mit einem Blick und in einem Tone, der noch dreymahl spitziger als ihre Nase war.

Wenn Sie mir jemahls die Ehre erweisen mich zu besuchen, antwortete der gereiste Mann, mit der ungezwungensten Höflichkeit, so sollen Sie erfahren, wie es mit der schönen Gulleru gegangen ist. Jetzt muſs ich diesem Herrn mein Versprechen halten. Die Gestalt der schönen Gulleru also —

chen Urbildern gehalten, welche Plato in sein System aufgenommen, und sich so eigen gemacht hat, daſs man sie gewöhnlich nach seinem Nahmen zu nennen pflegt.

(Der schönen Gulleru, wiederholten die Abderitinnen und lachten von neuem, aber ohne dafs Demokrit sich diefsmahl unterbrechen liefs.)

— flöfste zu ihrem Unglück den Jünglingen ihres Landes die stärkste Leidenschaft ein. Diefs scheint zu beweisen, dafs man sie schön gefunden habe; und ohne Zweifel lag der Grund, wefswegen man sie schön fand, in allem dem, warum man sie nicht für häfslich hielt. Diese Äthiopier fanden also einen Unterschied zwischen dem was ihnen schön und was ihnen nicht schön vorkam; und wenn zehn verschiedene Äthiopier in ihrem Urtheile von dieser Helena übereinstimmten, so kam es vermuthlich daher, weil sie einerley Begriff oder Modell von Schönheit und Häfslichkeit hatten.

„Diefs folgt nicht! sagte der Abderitische Gelehrte. Konnte nicht unter zehn jeder etwas anderes an ihr liebenswürdig finden?"

Der Fall ist nicht unmöglich; aber er beweist nichts gegen mich. Gesetzt, der eine hätte ihre kleinen Augen, ein anderer ihre schwellenden Lippen, ein dritter ihre großen Ohren bewundernswürdig gefunden: so setzt auch dieß immer eine Vergleichung zwischen ihr und andern Äthiopischen Schönen voraus. Die übrigen hatten Augen, Ohren und Lippen sowohl wie Gulleru. Wenn man also die ihrigen schöner fand, so mußte man ein gewisses Modell der Schönheit haben, mit welchem man zum Beyspiel ihre Augen und andre Augen verglich; und dieß ist alles, was ich mit meinem Ideal sagen wollte.

„Indessen (erwiederte der Gelehrte) werden Sie doch nicht behaupten wollen, daß diese Gulleru schlechterdings die Schönste unter allen schwarzen Mädchen vor ihr, neben ihr und nach ihr gewesen sey? Ich meine, die Schönste in Vergleichung mit dem Modelle, wovon Sie sagten."

Ich wüßte nicht, warum ich dieß behaupten sollte, versetzte Demokrit.

„Es konnte also eine geben, die zum Beyspiel noch kleinere Augen, noch dickere Lippen, noch größere Ohren hatte?"

Möglicher Weise, so viel ich weiß.

„Und in Absicht dieser letztern gilt ohne Zweifel die nehmliche Voraussetzung, und so ins unendliche. Die Äthiopier hatten also kein Modell der Schönheit; man müfste denn sagen, dafs sich unendlich kleine Augen, unendlich dicke Lippen, unendlich grofse Ohren denken lassen?"

Wie subtil die Abderitischen Gelehrten sind! dachte Demokrit. Wenn ich eingestand, sagte er, dafs es ein schwarzes Mädchen geben könne, welche kleinere Augen oder dikkere Lippen hätte als Gulleru, so sagte ich damit noch nicht, dafs dieses schwarze Mädcken den Äthiopiern darum schöner hätte vorkommen müssen als Gulleru. Das Schöne hat nothwendig ein bestimmtes Mafs, und was über solches ausschweift, entfernt sich eben so davon, wie das, was unter ihm bleibt. Wer wird daraus, dafs die Griechen in die Gröfse der Augen und in die Kleinheit des Mundes ein Stück der vollkommenen Schönheit setzen, den Schlufs ziehen: eine Frau, deren Augäpfel einen Daumen im Durchschnitt hielten, oder deren Mund so klein wäre, dafs man Mühe hätte einen Strohhalm hinein zu bringen, müfste von den Griechen für. desto schöner gehalten werden?

Der Abderit war geschlagen, wie man sieht, und fühlte dafs ers war. Aber ein

Abderitischer Gelehrter hätte sich eher erdrosseln lassen, als so was einzugestehen. Waren nicht Filinnen und Lysandren, und ein kurzer dicker Rathsherr da, an deren Meinung von seinem Verstand ihm gelegen war? Und wie wenig kostete es ihm, Abderiten und Abderitinnen auf seine Seite zu bringen! — In der That wuſste er nicht sogleich, was er sagen sollte. Aber in fester Zuversicht, daſs ihm wohl noch was einfallen werde, antwortete er indessen durch ein höhnisches Lächeln; welches zugleich andeutete, daſs er die Gründe seines Gegners verachte, und daſs er im Begriff sey den entscheidenden Streich zu führen. „Ists möglich, rief er endlich in einem Ton, als ob dieſs die Antwort auf Demokrits letzte Rede sey, 8) können Sie die Liebe zum Paradoxen so weit treiben, im Angesicht dieser Schönen zu behaupten, daſs ein Geschöpf, wie Sie uns diese Gulleru beschrieben haben, eine **Venus** sey?"

Sie scheinen vergessen zu haben, versetzte **Demokrit** sehr gelassen, daſs die Rede nicht von mir und dieser Schönen, sondern von

---

8) Ein sehr gewöhnlicher Griff der Abderitischen Gelehrten und Kunstrichter.

Äthiopiern war. Ich behauptete nichts;
ich erzählte nur was ich gesehen hatte. Ich
beschrieb Ihnen eine Schönheit nach Äthiopi-
schem Geschmack. Es ist nicht meine
Schuld, wenn die Griechische Häfslichkeit in
Äthiopien Schönheit ist. Auch seh' ich nicht,
was mich berechtigen könnte, zwischen den
Griechen und Äthiopiern zu entscheiden. Ich
vermuthe es könnte seyn dafs beide Recht
hätten.

Ein lautes Gelächter, dergleichen man auf-
schlägt wenn jemand etwas unbegreiflich Un-
gereimtes gesagt hat, wieherte dem Filosofen
aus allen anwesenden Hälsen entgegen.

„Lafs hören, lafs doch hören, rief der
dicke Rathsherr indem er seinen Wanst
mit beiden Händen hielt, was unser Landsmann sagen kann, um zu beweisen dafs beide
Recht haben! Ich höre für mein Leben gern
so was behaupten. Wofür hätte man auch
sonst euch gelehrte Herren? — Die Erde
ist rund; der Schnee ist schwarz;
der Mond ist zehnmahl so grofs als
der ganze Peloponnes; Achilles
kann keine Schnecke im Laufen ein-
hohlen. — Nicht wahr, Herr Antistrep-

siades? — Nicht wahr, Herr Demokrit? — Sie sehen, dafs ich auch ein wenig in Ihren Mysterien eingeweiht bin. Ha, ha, ha!"

Die sämmtlichen Abderiten und Abderitinnen erleichterten sympathetischer Weise ihre Lungen abermahls, und Herr Antistrepsiades, der einen Anschlag auf die Abendmahlzeit des jovialischen Rathsherrn gemacht hatte, unterstützte gefällig das allgemeine Gelächter mit lautem Händeklatschen.

5. Kapitel.

Unerwartete Auflösung des Knotens, mit einigen neuen Beyspielen von Abderitischen Witz.

Demokrit war in der Laune, sich mit seinen Abderiten und den Abderiten mit sich Kurzweile zu machen. Zu weise, ihnen irgend eine von ihren Nazional- oder Individual-Unarten übel zu nehmen, konnt' er es sehr wohl leiden, dafs sie ihn für einen überklugen

Mann ansahen, der seinen Abderitischen Mutterwitz auf seiner langen Wanderschaft verdünstet hätte, und nun zu nichts gut wäre, als ihnen mit seinen Einfällen und Grillen etwas zu lachen zu geben. Er fuhr also, nachdem sich das Gelächter über den witzigen Einfall des dicken Rathsherrn endlich gelegt hatte, mit seinem gewöhnlichen Flegma fort, wo ihn der kleine joviališche Mann unterbrochen hatte:

Sagt' ich nicht, wenn die Griechische Häſslichkeit in Athiopien Schönheit sey, so könnte wohl seyn daſs beide Theile Recht hätten?

„Ja, ja, das sagten Sie, und ein Mann steht für sein Wort."

Wenn ich es gesagt habe, so muſs ichs wohl behaupten; das versteht sich, Herr Antistrepsiades.

„Wenn Sie können."

Bin ich etwan nicht auch ein **Abderit**? Und zudem brauch' ich hier nur die **Hälfte** meines Satzes zu beweisen, um das Ganze bewiesen zu haben: denn daſs die Griechen Recht haben, darf nicht erst bewiesen werden; diefs ist eine Sache, die in allen Griechischen Köpfen schon längst ausgemacht ist. Aber dafs die Äthiopier auch Recht haben, da liegt die Schwierigkeit! — Wenn ich mit Sofismen fechten, oder mich begnügen wollte meine Gegner stumm zu machen, ohne sie zu überzeugen, so würd' ich, als Anwalt der Äthiopischen Venus, die ganze Streitfrage dem innern Gefühl zu entscheiden überlassen. Warum, würd' ich sagen, nennen die Menschen diese oder jene Figur, diese oder jene Farbe, schön? — Weil sie ihnen gefällt. — Gut; aber warum gefällt sie ihnen? — Weil sie ihnen angenehm ist. — Und warum ist sie ihnen angenehm? — O mein Herr, würde ich sagen, Sie müssen endlich aufhören zu fragen, oder — ich höre auf zu antworten. Ein Ding ist uns angenehm, weil es — einen Eindruck auf uns macht der uns angenehm ist. Ich fordre alle Ihre Grübler heraus, einen bessern Grund anzugeben. Nun würd' es lächerlich seyn, einem Menschen abstreiten zu wollen, dafs ihm angenehm sey was ihm angenehm ist; oder ihm zu beweisen, er habe Unrecht sich wohlgefallen zu lassen, was einen wohlgefallenden Eindruck auf ihn macht. Wenn also die Figur einer Gulleru seinen Augen wohl thut, so gefällt sie ihm, und wenn sie ihm gefällt, so nennt er sie schön, oder es müfste gar kein solches Wort in seiner Sprache seyn.

„Und wenn — und wenn ein Wahnwitziger Pferdeäpfel für Pfirschen äfse?" sagte Antistrepsiades.

„Pferdeäpfel für Pfirschen! — Gut gesagt, bey meiner Ehre! gut gesagt, rief der Rathsherr. Knacken Sie das auf, Herr Demokrit!" —

„Fi, Fi, doch, Demokrit, lispelte die schöne Myris, indem sie die Hand vor die Nase hielt; wer wird auch von Pferdeäpfeln reden? Schonen Sie wenigstens unsrer Nasen!"

Jedermann sieht, dafs sich die schöne Myris mit diesem Verweise an den witzigen Antistrepsiades hätte wenden sollen, der die Pferdeäpfel zuerst aufgetragen hatte, und an den Rathsherrn, der Demokriten gar zumuthete sie aufzuknacken. Aber es war nun einmahl darauf abgesehen, den gereisten Mann lächerlich zu machen. Der Instinkt vertrat bey den sämmtlichen Anwesenden hierin die Stelle einer Verabredung, und Myris konnte diese schöne Gelegenheit zu einem Stich, der die Lacher auf ihre Seite brachte, unmöglich entwischen lassen. Denn gerade der Umstand, dafs Demokrit, der ohnehin an den Äpfeln des Antistrepsiades genug zu schlucken hatte, noch obendrein einen Verweis defswegen erhielt, kam den Abderiten und Abderitinnen so lustig vor, dafs sie alle zugleich zu lachen anfingen, und sich völlig so geberdeten, als ob der Filosof nun aufs Haupt geschlagen sey und gar nicht wieder aufstehen könne.

Zu viel ist zu viel. Der gute Demokrit hatte zwar in zwanzig Jahren viel erwandert: aber seitdem er aus Abdera gegangen war, war ihm kein zweytes Abdera aufgestofsen; und nun, da er wieder drin war, zweifelte er zuweilen auf einen oder zwey Augenblicke, ob er irgendwo sey? Wie war es möglich, mit solchen Leuten fertig zu werden?

„Nun, Vetter? — sagte der Rathsherr, kannst du die Pferdeäpfel des Antistrepsiades nicht hinunter kriegen? Ha, ha, ha!"

Dieser Einfall war zu Abderitisch, um die Zärtlichkeit der sämmtlichen gebogenen, stumpfen, viereckigen und spitzigen Nasen in der Gesellschaft nicht zu überwältigen.

Die Damen kicherten ein zirpendes Hi, hi, hi, in das dumpfe donnernde Ha, ha, ha, der Mannspersonen.

Sie haben gewonnen, rief Demokrit; und zum Zeichen dafs ich mein Gewehr mit guter Art strecke, sollen Sie sehen, ob ich die Ehre verdiene Ihr Landsmann und Vetter zu seyn. Und nun fing er an, mit einer Geschicklichkeit worin ihm kein Abderit gleich kam, von der untersten Note, stufenweise *crescendo*, bis zum *Unisono* mit dem Hi, hi, hi, der schönen Abderitinnen, ein Gelächter aufzuschlagen, dergleichen, so lange Abdera auf Thracischem Boden stand, nie erhört worden war.

Anfangs machten die Damen Miene als ob sie Widerstand thun wollten; aber es war keine Möglichkeit gegen das verzweifelte *Crescendo* auszuhalten. Sie wurden endlich davon wie von einem reißendem Strom ergriffen; und da die Gewalt der Ansteckung noch dazu schlug, so kam es bald so weit, dafs die Sache ernsthaft wurde. Die Frauenzimmer baten mit weinenden Augen um Barmherzigkeit. Aber Demokrit hatte keine Ohren, und das Gelächter nahm überhand. Endlich liefs er sich, wie es schien, bewegen, ihnen einen Stillstand zu bewilligen; allein in der That bloſs, damit sie die Peinigung, die er ihnen zugedacht hatte, desto länger aushalten könnten. Denn kaum waren sie wieder ein wenig zu Athem gekommen, so fing er die nehmliche Tonleiter, eine Terze höher, noch einmahl zu durchlaufen an, aber mit so vielen eingemischten Trillern und Ruladen, daſs sogar die runzligen Beysitzer des Höllengerichts, Minos, Aakus und Rhadamanthus, in ihrem höllenrichterlichen Ornat, aus der Fassung dadurch gekommen wären.

Zum Unglück hatten zwey oder drey von unsern Schönen nicht daran gedacht, ihre Personen gegen alle mögliche Folgen einer so heftigen Leibesübung in Sicherheit zu setzen. Scham und Natur kämpften auf Leben und Tod in den armen Mädchen. Vergebens flehsen sie den unerbittlichen Demokrit mit Mund und Augen um Gnade an; vergebens forderten sie ihre vom Lachen gänzlich erschlafften Sehnen zu einer letzten Austrengung auf. Die tyrannische Natur siegte, und in einem Augenblicke sahe man den Sahl, wo sich die Gesellschaft befand, u**** W***** g****.

Der Schrecken über eine so unversehene Naturerscheinung (die desto wunderbarer war,

da das allgemeine Auffahren und Erstaunen
der schönen Abderitinnen zu beweisen schien,
daſs es eine Wirkung ohne Ursache
sey) unterbrach die Lacher auf etliche Augenblicke, um sogleich mit verdoppelter Gewalt
wieder los zu drücken. Natürlicher Weise gaben sich die erleichterten Schönen alle Mühe,
den besondern Antheil, den sie an dieser Begebenheit hatten, durch Grimaſsen von Erstaunen und Ekel zu verbergen, und den
Verdacht auf ihre schuldlosen Nachbarinnen
fallen zu machen, welche durch unzeitige,
aber unfreywillige Schamröthe den unverdienten Argwohn mehr als zu viel bestärkten. Der
lächerliche Zank, der sich darüber unter ihnen
erhob; Demokrit und Antistrepsiades, die sich
boshafter Weise ins Mittel schlugen, und durch
ironische Trostgründe den Zorn derjenigen, die
sich unschuldig wuſsten, noch mehr aufreitzten; und mitten unter ihnen allen der kleine
dicke Rathsherr, der unter berstendem Gelächter einmahl über das andre ausrief, daſs er
nicht die Hälfte von Thracien um
diesen Abend nehmen wollte: alles
dieſs zusammen machte eine Scene, die des
Griffels eines Hogarth würdig gewesen
wäre, wenn es damahls schon einen Hogarth
gegeben hätte.

Wir können nicht sagen, wie lange sie gedauert haben mag: denn es ist eine von den Tugenden der Abderiten, **dafs sie nicht aufhören können.** Aber Demokrit, bey dem alles seine Zeit hatte, glaubte, dafs eine Komödie, die kein Ende nimmt, die langweiligste unter allen Kurzweiligen sey, — eine Wahrheit, von welcher wir (im Vorbeygehn gesagt) alle unsre Dramenschreiber und Schauspielvorsteher überzeugen zu können wünschen möchten — er packte also alle die schönen Sachen, die er zur Rechtfertigung der Äthiopischen Venus hätte sagen können, wofern er es mit vernünftigen Geschöpfen zu thun gehabt hätte, ganz gelassen zusammen, wünschte den Abderiten und Abderitinnen — was sie nicht hatten, und ging nach Hause, nicht ohne Verwunderung über **die gute Gesellschaft,** die man anzutreffen Gefahr lief, wenn man — einen Rathtsherrn von Abdera besuchte.

6. Kapitel.

Eine Gelegenheit für den Leser, um sein Gehirn aus der schaukelnden Bewegung des vorigen Kapitels wieder in Ruhe zu setzen.

Gute, kunstlose, sanftherzige Gulleru, — sagte Demokrit, da er nach Hause gekommen war, zu einer wohlgepflegten krauslokkigen Schwarzen, die ihm mit offnen Ármen entgegen eilte — komm an meinen Busen, ehrliche Gulleru! Zwar bist du schwarz wie die Göttin der Nacht; dein Haar ist wollicht und deine Nase platt; deine Augen sind klein, deine Ohren grofs, und deine Lippen gleichen einer aufgeborstnen Nelke. Aber dein Herz ist rein und aufrichtig und fröhlich, und fühlt mit der ganzen Natur. Du denkst nie arges, sagst nie was albernes, quälst weder andre noch dich selbst, und thust nichts was du nicht gestehen darfst. Deine Seele ist ohne falsch, wie dein Gesicht ohne Schminke. Du kennst weder Neid noch

Schadenfreude; und nie hat sich deine ehrliche platte Nase gerümpft, um eines deiner Nebengeschöpfe zu höhnen oder in Verlegenheit zu setzen. Unbesorgt, ob du gefällst oder nicht gefällst, lebst du, in deine Unschuld eingehüllt, im Frieden mit dir selbst und der ganzen Natur; immer geschickt Freude zu geben und zu empfangen, und werth, daſs das Herz eines Mannes an deinem Busen ruhe! Gute, sanftherzige Gulleru! Ich könnte dir einen andern Nahmen geben; einen schönen, klangreichen, Griechischen Nahmen, auf a n e oder i d e, arion oder erion: aber dein Nahme ist schön genug, weil er dein ist; und ich bin nicht Demokrit, oder die Zeit soll noch kommen, wo jedes ehrliche gute Herz dem Nahmen Gulleru entgegen schlagen soll!

Gulleru begriff nicht allzu wohl, was Demokrit mit dieser empfindsamen Anrede haben wollte; aber sie sah, daſs es eine Ergieſsung seines Herzens war, und so verstand sie gerade so viel davon, als sie vonnöthen hatte.

„War diese Gulleru seine Frau?"

Nein.

„Seine Beyschläferin?"

Nein.

„Seine Sklavin?"

Nach ihrem Anzug zu schliefsen, nein.

„Wie war sie denn angezogen?"

So gut, dafs sie ein Ehrenfräulein der Königin von Saba hätte vorstellen können. Schnüre von grofsen feinen Perlen zwischen den Locken und um Hals und Arme; ein Gewand voll schön gebrochner Falten, von dünnen feuerfarbnem Atlafs mit Streifen von welcher Farbe Sie wollen, unter ihrem Busen von einem reich gestickten Gürtel zusammen gehalten, den eine Agraffe von Smaragden schlofs; und — was weifs ich alles —

„Der Anzug war reich genug."

— Wenigstens können Sie mir glauben, dafs, so wie sie war, kein Prinz von Senegal, Angola, Gambia, Kongo und Loango sie ungestraft angesehen hätte.

„Aber — "

Ich sehe wohl, daſs Sie noch nicht am Ende Ihrer Fragen sind. — Wer war denn diese Gulleru? War es eben die, von welcher vorhin gesprochen wurde? Wie kam Demokrit zu ihr? Auf welchem Fuſs lebte sie in seinem Hause? — Ich gesteh' es, dieſs sind sehr billige Fragen; aber sie zu beantworten, seh' ich vor der Hand keine Möglichkeit. Denken Sie nicht, daſs ich hier den Verschwiegenen machen wolle, oder daſs ein besonderes Geheimniſs unter der Sache stecke. Die Ursache, warum ich sie nicht beantworten kann, ist die allereinfachste von der Welt. Tausend Schriftsteller befinden sich tausendmahl in dem nehmlichen Falle: nur ist unter tausend kaum Einer aufrichtig genug, in solchen Fällen die wahre Ursache zu bekennen. Soll ich Ihnen die meinige sagen? Sie werden gestehen, daſs sie über alle Einwendung ist. Denn, kurz und gut, — ich weiſs selbst kein Wort von allem dem, was Sie von mir wissen wollen; und da ich nicht die Geschichte der schönen Gulleru schreibe, so begreifen Sie, daſs ich in Absicht auf diese Dame zu nichts verbunden bin. Sollte sich (was ich nicht vorher sehen kann) etwa in der Folge Gelegenheit finden, von Demokrit oder von ihr selbst etwas näheres zu erkun-

digen: so verlassen Sie Sich darauf, daſs
Sie alles von Wort zu Wort erfahren
sollen.

7. Kapitel.

Patriotismus der Abderiten. Ihre Vorneigung für
Athen, als ihre Mutterstadt. Ein paar Proben von
ihrem Atticismus, und von der unangenehmen Aufrichtigkeit des weisen Demokrit.

Demokrit hatte noch keinen Monat unter
den Abderiten gelebt, als er ihnen, und
zuweilen auch sie ihm schon so unerträglich
waren, als Menschen einander seyn müssen,
die mit ihren Begriffen und Neigungen alle
Augenblicke wider einander stofsen.

Die Abderiten hegten von sich selbst und
von ihrer Stadt und Republick eine ganz aufserordentliche Meinung. Ihre Unwissenheit alles
dessen, was aufserhalb ihres Gebiets in der
Welt merkwürdiges seyn oder geschehen
möchte, war zugleich eine Ursache und eine
Frucht dieses lächerlichen Dünkels. Daher

kam es denn durch eine sehr natürliche
Folge, daſs sie sich gar keine Vorstellung
machen konnten, wie etwas recht oder anständig oder gut seyn könnte, wenn es anders als zu Abdera war, oder wenn man zu
Abdera gar nichts davon wuſste. Ein Begriff, der ihren Begriffen widersprach, eine
Gewohnheit, die von den ihrigen abging,
eine Art zu denken oder etwas ins Auge zu
fassen, die ihnen fremd war, hieſs ihnen,
ohne weitere Untersuchung, ungereimt und
belachenswerth. Die Natur selbst schrumpfte
für sie in den engen Kreis ihrer eigenen Thä-
tigkeit zusammen; und wiewohl sie es nicht
so weit trieben, sich, wie die Japaner, einzubilden, auſser Abdera wohnten lauter Teu-
fel, Gespenster und Ungeheuer, so sahen sie
doch wenigstens den Rest des Erdbodens und
seiner Bewohner als einen ihrer Aufmerksamkeit unwürdigen Gegenstand an; und wenn
sie zufälliger Weise Gelegenheit bekamen etwas fremdes zu sehen oder zu hören, so wuſsten sie nichts damit zu machen, als sich darüber aufzuhalten, und sich selbst Glück zu
wünschen, daſs sie nicht wären wie andre
Leute. Dieſs ging so weit, daſs sie denjenigen für keinen guten Bürger hielten,
der an einem andern Orte bessere Einrichtungen
oder Gebräuche wahrgenommen hatte als zu

Hause. Wer das Glück haben wollte ihnen zu gefallen, mufste schlechterdings so reden und thun, als ob die Stadt und Republik Abdera, mit allen ihren zugehörigen Stücken, Eigenschaften und Zufälligkeiten, ganz und gar untadelig und das Ideal aller Republiken gewesen wäre.

Von dieser Verachtung gegen alles, als nicht Abderitisch hiefs, war die Stadt Athen allein ausgenommen; aber auch diese vermuthlich nur defswegen, weil die Abderiten, als ehmahlige Tejer, ihr die Ehre erwiesen, sie für ihre Mutterstadt anzusehen. Sie waren stolz darauf, für das Thracische Athen gehalten zu werden; und wiewohl ihnen dieser Nahme nie anders als spottweise gegeben wurde, so hörten sie doch keine Schmeicheley lieber als diese. Sie bemühten sich, die Athener in allen Stücken zu kopieren, und kopjerten sie genau — wie der Affe den Menschen. Wenn sie, um lebhaft und geistreich zu seyn, alle Augenblicke ins Possierliche fielen; wichtige Dinge leichtsinnig, und Kindereien ernsthaft behandelten; das Volk oder ihren Rath um jeder Kleinigkeit willen zwanzigmahl versammelten, um lange, alberne Reden für und wider über Sachen zu halten, die ein Mann von alltäglichem Menschenverstand in einer Viertelstunde besser als sie entschieden hätte; wenn sie unaufhörlich mit Projekten von Verschönerung und Vergrößerung schwanger gingen, und, so oft sie etwas unternahmen, immer erst mitten im Werke ausrechneten, daß es über ihre Kräfte gehe; wenn sie ihre halb Thracische Sprache mit Attischen Redensarten spickten; ohne den mindesten Geschmack eine ungeheure Leidenschaft für die Künste affektierten, und immer von Mahlerey und Statuen und Musik und Rednern und Dichtern schwatzten, ohne jemahls einen Mahler, Bildhauer, Redner oder Dichter, der des Nahmens werth war, gehabt zu haben; wenn sie Tempel bauten die wie Bäder, und Bäder die wie Tempel aussahen; wenn sie die Geschichte von Vulkans Netz in ihre Rathsstube, und den großen Rath der Griechen über die Zurückgabe der schönen Chryseis in ihre Akademie mahlen ließen, wenn sie in Lustspiele gingen, wo man sie zu weinen, und in Trauerspiele, wo man sie zu lachen machte; und in zwanzig ähnlichen Dingen glaubten die guten Leute Athener zu seyn, und waren — Abderiten.

Wie erhaben der Schwung in diesem kleinen Gedicht ist, das Fysignatus auf meine Wachtel gemacht hat! sagte eine

Abderitin. — Sehen Sie, sprach der erste Archon von Abdera, die Faſsade von diesem Gebäude, welches wir zu unserm Zeughause bestimmt haben? Sie ist von dem besten Parischen Marmor. Gestehen Sie, daſs Sie nie ein Werk von gröſserm Geschmack gesehen haben!

Es mag der Republik schönes Geld kosten, antwortete Demokrit.

Was der Republik Ehre macht, kostet nie zu viel, erwiederte der Archon, der in diesem Augenblick den zweyten Perikles in sich fühlte. Ich weiſs, Sie sind ein Kenner, Demokrit; denn Sie haben immer an allem etwas auszusetzen. Ich bitte Sie, finden Sie mir einen Fehler an dieser Faſsade?

Tausend Drachmen für einen Fehler, Herr Demokrit, rief ein junger Herr, der die Ehre hatte ein Neffe des Archon zu seyn, und vor kurzem von Athen zurück gekommen war, wo er sich aus einem Abderitischen Bengel für die Hälfte seines Erbgutes zu einem Attischen Gecken ausgebildet hatte.

Die Faſsade ist schön, sagte Demokrit ganz bescheiden; so schön, daſs sie es auch zu Athen oder Korinth oder Syrakus seyn würde. Ich sehe, wenns erlaubt ist so was zu sagen, nur Einen Fehler an diesem prächtigen Gebäude.

„Einen Fehler?" — sprach der Archon, mit einer Miene, die sich nur ein Abderit, der ein Archon war, geben konnte.

Einen Fehler! Einen Fehler! wiederhohlte der junge Geck, indem er ein lautes Gelüchter aufschlug.

„Darf man fragen, Demokrit, wie Ihr Fehler heifst?"

Eine Kleinigkeit, versetzte dieser; nichts als dafs man eine so schöne Fafsade — nicht sehen kann.

„Nicht sehen kann? Und wie so?"

Ie, beym Anubis! wwie wollen Sie dafs man sie vor allen den alten übel gebauten Häusern und Scheunen sehen soll, die hier ringsum zwischen die Augen der Leute und Ihre Fafsade hingesetzt sind?

„Diese Häuser standen lang' ehe Sie und ich geboren wurden," sagte der Archon.

Dergleichen Dialogen gab es, so lange Demokrit unter ihnen lebte, alle Tage, Stunden und Augenblicke.

„Wie finden Sie diesen Purpur, Demokrit? Sie sind zu Tyrus gewesen, nicht wahr?"

Ich wohl, Madam, aber dieser Purpur nicht; diefs ist Kokzinum, das Ihnen die Syrakuser aus Sardinien bringen und für Tyrischen Purpur bezahlen lassen.

„Aber wenigstens werden Sie doch diesen Schleier für Indischen Byssus von der feinsten Art gelten lassen?"

Von der feinsten Art, schöne Atalanta, die man in Memfis und Pelusium verarbeiten läfst.

Nun hatte sich der ehrliche Mann zwey Feindinnen in Einer Minute gemacht. Konnte aber auch was ärgerlicher seyn als eine solche Aufrichtigkeit?

---

8. Kapitel.

Vorläufige Nachricht von dem Abderitischen Schauspielwesen. Demokrit wird genöthigt, seine Meinung davon zu sagen.

Die Abderiten wußten sich sehr viel mit ihrem Theater. Ihre Schauspieler waren gemeine Bürger von Abdera, die entweder von ihrem Handwerke nicht leben konnten, oder zu faul waren eines zu lernen. Sie hatten keinen gelehrten Begriff von der Kunst, aber eine desto größere Meinung von ihrer eignen Geschicklichkeit; und wirklich konnt' es ihnen an Anlage nicht fehlen, da die Abderiten überhaupt geborne Gaukler, Spaßmacher und Puntomimen waren, an denen immer jedes Glied ihres Leibes mit reden half, so wenig auch das, was sie sagten, zu bedeuten haben mochte.

Sie besaßen auch einen eignen Schauspieldichter, Hyperbolus genannt, der (wenn man ihnen glaubte) ihre Schaubühne so weit gebracht hatte, daſs sie der Athenischen wenig nachgab. Er war im Komischen so stark als im Tragischen, und machte überdieſs die possierlichsten Satyrenspiele 9) von der Welt, worin er seine eignen Tragödien so schnakisch parodierte, daſs man sich, wie die Abderiten sagten, darüber bucklig lachen muſste. Ihrem Urtheile nach vereinigte er in seiner Tragödie den hohen Schwung und die mächtige Einbildungskraft des Äschylus mit der Beredsamkeit und dem Pathos des Euripides, so wie in seinen Lustspielen des Aristofanes Laune und muthwilligen Witz mit dem feinsten Geschmack und der Eleganz des Agathon. Die Behendigkeit, womit er von seinen Werken entbunden wurde, war das Talent, worauf er sich am meisten zu gute that. Er lieferte jeden Monat seine Tragödie, mit einem kleinen Possenspielchen zur Zugabe. Meine beste Komödie, sprach er, hat mir nicht mehr als vierzehn Tage gekos-

9) Griechische Possenspiele, die mit der *Opera buffa* der Wälschen einige Ähnlichkeit hatten, und wovon uns der Cyklops des Euripides, das einzige übrig gebliebene Stück dieser Art, einen Begriff giebt.

tet, und gleichwohl spielt, sie ihre vier bis fünf Stunden wohl gezählt.

Da sey uns der Himmel gnädig! dachte Demokrit.

Nun drangen die Abderiten immer von allen Seiten in ihn, seine Meinung von ihrem Theater zu sagen; und so ungern er sich mit ihnen über ihren Geschmack in Wortwechsel einliefs, so konnt' er doch auch nicht von sich erhalten, ihnen zu schmeicheln, wenn sie ihm sein Urtheil mit gesammter Hand abnöthigten.

„Wie gefällt Ihnen diese neue Tragödie?"

Das Sujet ist glücklich gewählt. Was müfste der Autor auch seyn, der einen solchen Stoff ganz zu Grunde richten sollte?

„Fanden Sie sie nicht sehr rührend?"

Ein Stück könnte in einigen Stellen sehr rührend und doch ein sehr elendes Stück seyn, sagte Demokrit. Ich kenne einen Bildhauer von Sicyon, der die Wuth hat, lauter Liebesgöttinnen zu schnitzen. Diese sehen überhaupt sehr gemeinen Dirnen gleich; aber sie haben alle die schönsten Beine von der Welt. Das ganze Geheimnifs von der Sache ist, dafs der Mann seine Frau zum Modelle nimmt, die, zum Glück für seine Venusbilder, wenigstens sehr schöne Beine vorzuweisen hat. So kann dem schlechtesten Dichter zuweilen eine rührende Stelle gelingen, wenn es sich gerade zutrifft, daſs er verliebt ist, oder einen Freund verlor, oder daſs ihm sonst ein Zufall zustieſs, der sein Herz in eine Fassung setzt, die es ihm leicht macht, sich an den Platz der Person, die er reden lassen soll, zu stellen.

„Sie finden also die Hekuba unsers Dichters nicht vortrefflich?"

Ich finde, daſs der Mann vielleicht sein Bestes gethan hat. Aber die vielen, bald dem Äschylus, bald dem Sofokles, bald dem Euripides ausgerupften Federn, womit er seine Blöſse zu decken sucht, und die ihm vielleicht in den Augen mancher Zuhörer, denen jene Dichter nicht so gegenwärtig sind als mir, Ehre machen, schaden ihm in den meinigen. Eine Krähe, wie sie von Gott erschaffen ist, dünkt mich so noch immer schöner, als wenn sie sich mit Pfauen- und Fasanenfedern ausputzt. Überhaupt fordre ich von dem Verfasser eines Trauerspiels mit gleichem Rechte, daſs er mir für meinen Beyfall ein vortreffliches Trauerspiel, als von meinem Schuster, daſs er mir für mein Geld ein Paar gute Stiefeln liefere: und wiewohl ich gern gestehe, daſs es schwerer ist ein gutes Trauerspiel als gute Stiefeln zu machen; so bin ich darum nicht weniger berechtiget, von jedem Trauerspiele zu verlangen, daſs es alle Eigenschaften habe die zu einem guten Trauerspiel, als von einem Stiefel, daſs er alles habe was zu einem guten Stiefel gehört.

„Und was gehört denn, Ihrer Meinung nach, zu einem wohl gestiefelten Trauerspiele?" — fragte ein junger Abderitischer Patricius, herzlich über den guten Einfall lachend, der ihm, seiner Meinung nach, entfahren war.

Demokrit unterhielt sich über diesen Gegenstand mit einem kleinen Kreise von Personen die ihm zuzuhören schienen, und fuhr, ohne auf die Frage des witzigen jungen Herrn Acht zu haben, fort. „Die wahren Regeln der Kunstwerke, sprach er, können nie willkührlich seyn. Ich fordre nichts von einen Trauerspiele, als was Sofokles von den seinigen fordert; und dieſs ist weder mehr noch weniger, als die Natur und

Absicht der Sache mit sich bringt. Einen einfachen wohl durchdachten Plan, worin der Dichter alles vorausgesehen, alles vorbereitet, alles natürlich zusammen gefügt, alles auf Einen Punkt geführt hat: worin jeder Theil ein unentbehrliches Glied, und das Ganze ein wohl organisierter, schöner, frey und edel sich bewegender Körper ist! Keine langweilige Exposizion, keine Episoden, keine Scenen zum Ausfüllen, keine Reden deren Ende man mit Ungeduld herbey gähnt, keine Handlungen die nicht zum Hauptzwecke arbeiten! Interessante, aus der Natur genommene Karaktere, veredelt, aber so, daſs man die Menschheit in ihnen nie verkenne; keine übermenschliche Tugenden, keine Ungeheuer von Bosheit! Personen, die immer ihren eigenen Individual-Begriffen und Empfindungen gemäſs reden und handeln; immer so, daſs man fühlt, nach allen ihren vorhergehenden und gegenwärtigen Umständen und Bestimmungen müssen sie im gegebenen Falle so reden, so handeln, oder aufhören zu seyn was sie sind.

„Ich fordre, daſs der Dichter nicht nur die menschliche Natur kenne, in so fern sie das Modell aller seiner Nachbildungen ist; ich fordre, daſs er auch auf die Zuschauer

Rücksicht nehme, und genau wisse durch welche Wege man sich ihres Herzens Meister macht: daſs er jeden starken Schlag, den er auf solches thun will, unvermerkt vorbereite; daſs er wisse wenn es genug ist, und, eh' er uns durch einerley Eindrücke ermüdet, oder einen Affekt bis zu dem Grade, wo er peinigend zu werden anfängt, in uns erregt, dem Herzen kleine Ruhepunkte zur Erhohlung gönne, und die Regungen, die er uns mittheilt, ohne Nachtheil der Hauptwirkung zu vermannigfaltigen wisse.

„Ich fordre von ihm eine schöne und ohne Ängstlichkeit mit äuſserstem Fleiſse polierte Sprache; einen immer warmen kräftigen Ausdruck, einfach und erhaben, ohne jemahls zu schwellen noch zu sinken, stark und nervig, ohne rauh und steif zu werden, glänzend, ohne zu blenden; wahre Heldensprache, die immer der lebende Ausdruck einer groſsen Seele und unmittelbar vom gegenwärtigen Gefühl eingegeben ist, nie zu viel nie zu wenig sagt, und, gleich einem dem Körper angegoſsnen Gewand, immer den eigenthümlichen Geist des Redenden durchscheinen läſst.

„Ich fordre, daſs derjenige, der sich unterwindet Helden reden zu lassen, selbst eine grofse Seele habe; und indem er durch die Allgewalt der Begeisterung in seinen Helden verwandelt worden ist, alles, was er ihm in den Mund legt, in seinem eignen Herzen finde. Ich fordre —

„O Herr Demokrit, — riefen die Abderiten, die sich nicht länger zu halten wufsten — Sie können, da Sie nun einmahl im Fordern sind, alles fordern was Ihnen beliebt. In Abdera läfst man sich mit wenigerm abfinden. Wir sind zufrieden, wenn uns ein Dichter rührt. Der Mann, der uns lachen oder weinen macht, ist in unsern Augen ein göttlicher Mann, mag er es doch anfangen wie er selbst will. Diefs ist s e i n e Sache, nicht die unsrige! Hyperbolus gefällt uns, rührt uns, macht uns Spafs; und gesetzt auch, dafs er uns mitunter gähnen machte, so bleibt er doch immer ein grofser Dichter! Brauchen wir eines weitern Beweises?"

Die Schwarzen an der Goldküste, sagte Demokrit, tanzen mit Entzücken zum Getöse eines armseligen Schaf-Fells und etlicher Bleche, die sie gegen einander schlagen. Gebt ihnen noch ein paar Kuhschellen und eine Sackpfeife dazu, so glauben sie in Elysium zu seyn. Wie viel Witz brauchte eure Amme, um euch, da ihr noch Kinder waret, durch ihre Erzählungen zu rühren? Das albernste Mährchen, in einem kläglichen Tone hergeleiert, war dazu gut genug. Folgt aber daraus, daſs die Musik der Schwarzen vortrefflich, oder ein Ammenmährchen gleich ein herrliches Werk ist?

„Sie sind sehr höflich, Demokrit!"

Um Vergebung! Ich bin so unhöflich, jedes Ding bey seinem Nahmen zu nennen; und so eigensinnig, daſs ich nie gestehen werde, alles sey schön und vortrefflich was man so zu nennen beliebt.

„Aber das Gefühl eines ganzen Volkes wird doch mehr gelten, als der Eigendünkel eines Einzigen?"

Eigendünkel? Das ist es eben, was ich aus den Künsten der Musen verbannt sehen möchte. Unter allen den Forderungen, wovon die Abderiten ihren Günstling Hyperbolus so gütig los zählen, ist keine einzige, die nicht auf die strengste Gerechtigkeit gegründet wäre. Aber das Gefühl eines ganzen Volkes, wenn es kein gelehrtes Gefühl ist, kann und muſs in unzähligen Fällen betrüglich seyn.

„Wie, zum Henker! (rief ein Abderit, der mit seinem Gefühl sehr wohl zufrieden schien)

Sie werden uns am Ende wohl gar noch unsre fünf Sinne streitig machen!"

Das verhüte der Himmel! antwortete Demokrit. Wenn Sie so bescheiden sind keine weitere Ansprüche zu machen als auf fünf Sinne, so wär' es die gröfste Ungerechtigkeit, Sie im rubigen Besitze derselben stören zu wollen. Fünf Sinne sind allerdings, zumahl wenn man alle fünf zusammen nimmt, vollgültige Richter in allen Dingen, wo es darauf ankommt, zu entscheiden, was weifs oder schwarz, glatt oder rauh, weich oder hart, widerlich oder angenehm, bitter oder süfs ist. Ein Mann, der nie weiter geht, als ihn seine fünf Sinne führen, geht immer sicher; und in der That, wenn Ihr Hyperbolus dafür sorgen wird, dafs in seinen Schauspielen jeder Sinn ergetzt und keiner beleidigt werde, so stehe ich ihm für die gute Aufnahme, und wenn sie noch zehnmahl schlechter wären als sie sind.

Wäre Demokrit zu Abdera weiter nichts gewesen, als was Diogenes zu Korinth war, so möchte ihm die Freyheit seiner Zunge vielleicht einige Ungelegenheit zugezogen haben. Denn so gern die Abderiten über wichtige Dinge spafsten, so wenig konnten sie ertragen, wenn man sich über ihre Puppen und Steckenpferde lustig machte. Aber Demokrit war aus dem besten Hause in Abdera, und, was noch mehr zu bedeuten hat, er war reich. Dieser doppelte Umstand machte, dafs man ihm nachsah, was man einem Filosofen in zerrifsnem Mantel schwerlich zu gute gehalten hätte. Sie sind auch ein unerträglicher Mensch, Demokrit! schnarrten die schönen Abderitinnen, und — ertrugen ihn doch.

Der Poet Hyperbolus machte noch am nehmlichen Abend ein entsetzliches Sinngedicht auf den Filosofen. Des folgenden Morgens lief es an allen Putztischen herum, und in der dritten Nacht ward es in allen Gassen von Abdera gesungen; denn Demokrit hatte eine Melodie dazu gesetzt.

9. Kapitel.

Gute Gemüthsart der Abderiten, und wie sie sich an Demokrit wegen seiner Unhöflichkeit zu rächen wissen. Eine seiner Strafpredigten zur Probe. Die Abderiten machen ein Gesetz gegen alle Reisen, wodurch ein Abderitisches Mutterkind hätte klüger werden können. Merkwürdige Art, wie der Nomofylax Gryllus eine aus diesem Gesetz entstandene Schwierigkeit auflöfst.

Es ist ordentlicher Weise eine gefährliche Sache, mehr Verstand zu haben als seine Mitbürger. Sokrates mufst' es mit dem Leben bezahlen; und wenn Aristoteles noch mit heiler Haut davon kam, als ihn der Oberpriester Eurymedon zu Athen der Ketzerey anklagte, so kam es blofs daher, weil er sich in Zeiten aus dem Staube machte. Ich will den Athenern keine Gelegenheit geben, sagte er, sich zum zweyten Mahle an der Filosofie zu versündigen.

Die Abderiten waren bey allen ihren menschlichen Schwachheiten wenigstens keine sehr bösartigen Leute. Unter ihnen hätte Sokrates so alt werden können als Homers Nestor. Sie hätten ihn für eine wunderliche Art von Narren gehalten, und sich über seine vermeintliche Thorheit lustig gemacht; aber die Sache bis zum Giftbecher zu treiben, war nicht in ihrem Karakter. Demokrit ging so scharf mit ihnen zu Werke, dafs ein weniger jovialisches Volk die Geduld dabey verloren hätte. Gleichwohl bestand alle Rache, die sie an ihm nahmen, darin, dafs sie (unbekümmert mit welchem Grunde) eben so übel von ihm sprachen als er von ihnen, alles tadelten was er unternahm, alles lächerlich funden was er sagte, und von allem, was er ihnen rieth, gerade das Gegentheil thaten. ,,Man mufs dem Filosofen durch den Sinn fahren, sagten sie; man mufs ihm nicht weifs machen, dafs er alles besser wisse als wir." — Und, dieser weisen Maxime zu Folge, begingen die guten Leute eine Thorheit über die andre, und glaubten vie viel sie dabey gewonnen hätten, wenn es ihn verdrösse. Aber hierin verfehlten sie ihres Zweckes gänzlich. Denn Demokrit lachte dazu, und ward aller ihrer Neckereyen wegen nicht einen Augenblick früher grau. — ,,O die Abderiten, die Abderiten! rief er zuweilen; da haben sie sich wieder selbst eine Ohrfeige gegeben, in Hoffnung, daſs es mir weh thun werde!"

Aber (sagten die Abderiten) kann man auch mit einem Menschen schlimmer daran seyn? Über alles in der Welt ist er andrer Meinung als wir. An allem, was uns gefällt, hat er etwas auszusetzen. Es ist doch sehr unangenehm, sich immer widersprechen zu lassen!

Aber wenn ihr nun immer Unrecht habt? antwortete Demokrit. — Und laſst doch einmahl sehen, wie es anders seyn könnte! — Alle eure Begriffe habt ihr eurer Amme zu danken; über alles denkt ihr noch eben so, wie ihr als Kinder davon dachtet. Eure Körper sind gewachsen, und eure Seelen liegen noch in der Wiege. Wie viele sind wohl unter euch, die sich die Mühe gegeben haben, den Grund zu erforschen, warum sie etwas wahr oder gut oder schön nennen? Gleich den Unmündigen und Säuglingen ist euch alles gut und schön, was eure Sinne kitzelt, was euch gefällt. Und auf was für kleinfügige, oft gar nicht zur Sache gehörende, Ursachen und Umstände kommt es an, ob euch etwas gefallen soll oder nicht! Wie verlegen würdet ihr oft seyn, wenn ihr sagen solltet, warum ihr diefs liebt und jenes hasset! Grillen, Launen, Eigensinn, Gewohnheit euch von andern Leuten gängeln zu lassen, mit ihren Augen zu sehen, mit ihren Ohren zu hören, und, was sie euch vorgepfiffen haben, nachzupfeifen, — sind die Triebfedern, die bey euch die Stelle der Vernunft ersetzen. Soll ich euch sagen, woran der Fehler liegt? Ihr habt euch einen falschen Begriff von Freyheit in den Kopf gesetzt. Eure Kinder von drey oder vier Jahren haben freylich, den nehmlichen Begriff davon; aber diefs macht ihn nicht richtiger. Wir sind ein freyes Volk, sagt ihr; und nun glaubt ihr, die Vernunft habe euch nichts einzureden. ,,Warum sollten wir nicht denken dürfen, wie es uns beliebt? lieben und hassen wie es uns beliebt? bewundern oder verachten was uns beliebt? Wer hat ein Recht uns zur Rede zu stellen, oder unsern Geschmack und unsre Neigungen vor seinen Richterstuhl zu fordern?" — Nun denn, meine lieben Abderiten, so denkt und faselt, liebt und hafst, bewundert und verachtet, wie, wenn und was euch beliebt! Begeht Thorheiten so oft und so viel euch beliebt! Macht euch lächerlich wie es euch beliebt! Wem liegt am Ende was daran? So lang' es nur Kleinigkeiten, Puppen und Steckenpferde betrifft, wär' es unbillig, euch im Besitze des

Rechtes, eure Puppe und euer Steckenpferd nach Belieben zu putzen und zu reiten, stören zu wollen. Gesetzt auch, eure Puppe wäre häfslich, und das, was ihr euer Steckenpferd nennt, sähe von vorn und von hinten einem Ochslein oder Eselein ähnlich: was thut das? Wenn eure Thorheiten euch glücklich und niemand unglücklich machen, was geht es andre Leute an dafs es Thorheiten sind? Warum sollte nicht der hochweise Rath von Abdera, in feierlicher Procession, einer hinter dem andern, vom Rathhause bis zum Tempel der Latona — Burzelbäume machen dürfen, wenn es dem Rath und dem Volke von Abdera so gefällig wäre? Warum solltet ihr euer bestes Gebäude nicht in einen Winkel, und eure schöne kleine Venus nicht auf einen Obelisk setzen dürfen? — Aber, meine lieben Landsleute, nicht alle eure Thorheiten sind so unschuldig wie diese; und wenn ich sehe, dafs ihr euch durch eure Grillen und Aufwallungen Schaden thut, so müfst' ich euer Freund nicht seyn, wenn ich still dazu schweigen könnte. Zum Beyspiel, euer Frosch-und Mäusekrieg mit den Lemniern, der unnöthigste und unbesonnenste der jemahl angefangen wurde, um einer Tänzerin willen! — Es fiel in die Augen, dafs ihr damahls unter dem unmittelbaren Einflufs eures bösen Dämons waret, da ihr ihn beschlosset, alles half nichts, was man euch dagegen vorstellte. Die Lemnier sollten gezüchtigt werden, hiefs es; und, wie ihr Leute von lebhafter Einbildung seyd, so schien euch nichts leichter, als euch von ihrer ganzen Insel Meister zu machen. Denn die Schwierigkeiten einer Sache pflegt ihr nie eher in Erwägung zu nehmen, als bis euch eure Nase daran erinnert. Doch diefs alles möchte noch hingegangen seyn, wenn ihr nur wenigstens die Ausführung eurer Entwürfe einem tüchtigen Mann aufgetragen hättet. Aber den jungen Afron zum Feldherrn zu machen, ohne dafs sich irgend ein möglicher Grund davon erdenken liefs, als weil eure Weiber fanden, dafs er in seiner prächtigen neuen Rüstung so schön wie ein Paris sey; und — über dem Vergnügen, einen grofsen feuerfarbenen Federbusch auf seinem hirnlosen Kopfe nicken zu sehen — zu vergessen, dafs es nicht um ein Lustgefecht zu thun war: diefs, läugnets nur nicht, diefs war ein **Abderitenstreich**! Und nun, da ihr ihn mit dem Verlust eurer Ehre, eurer Galeren und eurer besten Mannschaft bezahlt habt, was hilft es euch, dafs die Athener, [10] die ihr euch in

---

10) Die Athener hatten zu ihrem Kriege mit Megara keinen bessern Grund, (wenn man dem

ihren Thorheiten zum Muster genommen habt, eben so sinnreiche Streiche, und zuweilen mit eben so glücklichem Ausgang zu spielen pflegen?

In diesem Tone sprach Demokrit mit den Abderiten, so oft sie ihm Gelegenheit dazu gaben, aber, wiewohl diefs sehr oft geschah, so konnten sie sich doch unmöglich gewöhnen, diesen Ton angenehm zu finden. ,,So geht es, sagten sie, wenn man naseweisen Jünglingen erlaubt, in der weiten Welt herum zu reisen, um sich ihres Vaterlandes schämen zu lernen, und nach zehn oder zwanzig Jahren mit einem Kopfe voll ausländischer Begriffe als Kosmopoliten zurück zu kommen, die alles besser wissen als ihre Grofsväter, und alles anderswo besser gesehen haben als zu Hause. Die alten Ägypter, die niemand reisen liefsen eh' er wenigstens funfzig Jahre auf dem Rücken hatte, waren weise Leute!"

Aristofanes glauben dürfte) als dafs etliche junge Herren von Megara, um die Entführung einer Megarischen Hetäre zu rächen, ein paar junge Dirnen von der nehmlichen Profession aus Aspasiens Pflanzschule entführt hatten. Aspasia vermochte alles über den Perikles, Perikles alles in Athen, und so wurde den Megarern der Krieg angekündigt.

Und eilends gingen die Abderiten hin, und machten ein Gesetz: daſs kein Abderitensohn hinfort **weiter** als bis an den Korinthischen Isthmus, **länger** als ein Jahr, und **anders** als unter der Aufsicht eines bejahrten Hofmeisters von Altabderitischer Abkunft, Denkart und Sitte, sollte reisen dürfen. „Junge Leute müssen zwar die Welt sehen, sagte das Dekret: aber eben darum sollten sie sich an jedem Orte nicht länger aufhalten, als bis sie alles, was mit Augen da zu sehen ist, gesehen haben. Besonders soll der Hofmeister genau bemerken, was für Gasthöfe sie angetroffen, wie sie gegessen, und wie viel sie bezahlen müssen; damit ihre Mitbürger sich in der Folge dieser ersprieſslichen Geheimnachrichten zu Nutze machen können. Ferner soll, (wie das Dekret weiter sagt) zu Ersparung der Unkosten eines allzu langen Aufenthalts an Einem Orte, der Hofmeister dahin sehen, daſs der junge Abderit in keine uunöthigen Bekanntschaften verwickelt werde. Der Wirth oder der Hausknecht, als an dem Orte einheimische und unbefangene Personen, können ihm am besten sagen, was da merkwürdiges zu sehen ist, wie die dasigen Gelehrten und Künstler heiſsen, wo sie wohnen, und um welche Zeit sie zu sprechen sind: dieſs bemerkt sich der Hofmeister in sein Tagebuch; und dann läfst sich in zwey oder drey Tagen, wenn man die Zeit wohl zu Rathe hält, vieles in Augenschein nehmen."

Zum Unglück für dieses weise Dekret befanden sich ein paar Abderitische junge Herren von grofser Wichtigkeit eben aufser Landes, als es abgefafst und (nach alter Gewohnheit) dem Volk auf den Hauptplätzen der Stadt vorgesungen wurde. Der eine war der Sohn eines Krämers, der durch Geitz und niederträchtige Kunstgriffe in seinem Gewerbe binnen vierzig Jahren ein beträchtliches Vermögen zusammengekratzt, und kraft desselben seine Tochter (das häfslichste und dümmste Thierchen von ganz Abdera) kürzlich an einen Neffen des kleinen dicken Rathsherrn, dessen oben rühmliche Erwähnung gethan worden, verheirathet hatte. Der andere war der einzige Sohn des Nomofylax, und sollte, um seinem Vater je eher je lieber in diesem Amte beygeordnet werden zu können, nach Athen reisen und sich mit dem Musikwesen daselbst genauer bekannt machen; während dafs der Erbe des Krämers, der ihn begleiten wollte, mit den Putzmacherinnen und Sträufsermädchen allda genauere Bekanntschaft zu machen gesonnen war. Nun hatte das Dekret an den besondern Fall, worin sich diese jungen Herren befanden, nicht gedacht. Die Frage war also, was zu thun sey? Ob man auf eine Modifikazion des Gesetzes antragen, oder beym Senat blofs um Dispensazion für den vorliegenden Fall ansuchen sollte?

Keines von beiden, sagte der Nomofylax, der eben mit Aufsetzung eines neuen Tanzes auf das Fest der Latona fertig und aufserordentlich mit sich selbst zufrieden war. Um etwas am Gesetze zu ändern, müfste man das Volk defswegen zusammen berufen; und diefs würde unsern Mifsgünstigen nur Gelegenheit geben die Mäuler aufzureifsen. Was die Dispensazion betrifft, so ist zwar andem, dafs man die Gesetze meistens um der Dispensazionen willen macht; und ich zweifle nicht, der Senat würde uns ohne Schwierigkeit zugestehen, was jeder in ähnlichen Fällen kraft des Gegenrechtes fordern zu können wünscht. Indessen hat doch jede Befreyung das Ansehen einer erwiesenen Gnade; und wozu haben wir nötbig, uns Verbindlichkeiten aufzuhalsen? Das Gesetz ist ein **schlafender Löwe**, bey dem man, so lang' er nicht aufgeweckt wird, so sicher als bey einem Lamme vorbey schleichen kann. Und wer wird die Unverschämtheit oder die Verwegenheit haben, ihn gegen den Sohn des Nomofylax aufzuwecken?

Dieser Beschirmer der Gesetze war, wie wir sehen, ein Mann, der von den Gesetzen und von seinem Amte sehr verfeinerte Begriffe hatte, und sich der Vortheile, die ihm das letztere gab, fertig zu bedienen wuſste. Sein Nahme verdient aufbehalten zu werden. Er nannte sich Gryllus, des Cyniskus Sohn.

---

10. Kapitel.

Demokrit zieht sich aufs Land zurück, und wird von den Abderiten fleiſsig besucht. Allerley Raritäten, und eine Unterredung vom Schlaraffenlande der Sittenlehrer.

Demokrit hatte sich, da er in sein Vaterland zurück kam, mit dem Gedanken geschmeichelt, demselben, mittelst alles dessen um was sich sein Verstand und sein Herz indessen gebessert hatte, nützlich werden zu können. Er hatte sich nicht vorgestellt, dafs es mit den Abderitischen Köpfen so gar übel stände, als er es nun wirklich fand. Aber da er sich einige Zeit unter ihnen aufgehalten, sah er augenscheinlich, dafs es ein eitles Unternehmen gewesen wäre, sie verbessern zu wollen. Alles war bey ihnen so verschoben, dafs man nicht wufste wo man die Verbesserung anfangen sollte. Jeder ihrer Mifsbräuche hing an zwanzig andern; es war unmöglich, Einen davon abzustellen, ohne den ganzen Staat umzuschaffen. Eine gute Seuche, (dacht' er) welche das ganze Völkchen — bis auf etliche Dutzend Kinder, die gerade grofs genug wären um der Amme entbehren zu können — von der Erde vertilgte, wäre das einzige Mittel, das der Stadt Abdera helfen könnte; den Abdriten ist nicht zu helfen!

Er beschlofs also sich mit guter Art von ihnen zurück zu ziehen, und ein kleines Gut zu bewohnen, das er in ihrer Gegend besafs, und mit dessen Benutzung und Verschönerung er sich die Stunden beschäftigte, die ihm sein Lieblingsstudium, die Erforschung der Naturwirkungen, übrig liefs. Aber zum Unglück für ihn lag dieses Landgut zu nahe bey Abdera. Denn weil die Lage desselben ungemein schön, und der Weg dahin einer der angenehmsten Spaziergänge war: so sah er sich alle Tage Gottes von einem Schwarm Abderiten und Abderitinnen (lauter Vettern und Basen) heimgesucht, welche das schöne Wetter und den angenehmen Spaziergang zum Vorwande nahmen, ihn in seiner glücklichen Einsamkeit zu stören.

Wiewohl Demokrit den Abderiten wenigstens nicht besser gefiel als sie ihm, so war doch die Wirkung davon sehr verschieden. Er floh sie, weil sie ihm lange Weile machten; und sie suchten ihn, weil sie sich die Zeit dadurch vertrieben. Er wuſste die seinige anzuwenden; sie hingegen hatten nichts bessers zu thun.

„Wir kommen Ihnen in Ihrer Einsamkeit die Zeit kürzen zu helfen," sagten die Abderiten.

Ich pflege in meiner eigenen Gesellschaft sehr kurze Zeit zu haben, sagte Demokrit.

„Aber wie ist es möglich, daſs man immer so allein seyn kann? rief die schöne Pithöka. Ich würde vor langer Weile vergehen, wenn ich einen einzigen Tag leben sollte ohne Leute zu sehen."

Sie versprachen Sich, Pithöka; von Leuten gesehen zu werden, wollten Sie sagen.

„Aber, (fuhr einer heraus) woher nehmen Sie, daſs unser Freund lange Weile hat? Sein ganzes Haus ist mit Seltenheiten angefüllt. Mit Ihrer Erlaubniſs, Demokrit — Lassen Sie uns doch die schönen Sachen sehen, die Sie auf Ihrer Reise gesammelt haben."

Nun ging das Leiden des armen Einsiedlers erst recht an. Er hatte in der That eine schöne Sammlung von Naturalien aus allen Reichen der Natur mitgebracht: ausgestopfte Thiere und Vögel, getrocknete Fische, seltne Schmetterlinge, Muscheln, Versteinerungen, Erze u. s. w. Alles war den Abderiten neu; alles erregte ihr Erstaunen. Der gute Naturforscher wurde in einer Minute mit so viel Fragen übertäubt, daſs er, wie Fama, aus lauter Ohren und Zungen hätte zusammen gesetzt seyn müssen, um auf alles antworten zu können.

„Erklären Sie uns doch, was dieses ist? wie es heiſst? woher es ist? wie es zugeht? warum es so ist?"

Demokrit erklärte so gut er konnte und wuſste: aber den Abderiten wurde nichts klärer dadurch; es war ihnen vielmehr als begriffen sie immer weniger von der Sache je mehr er sie erklärte. Seine Schuld war es nicht!

„Wunderbar! Unbegreiflich! Sehr wunderbar!" — war ihr ewiger Gegenklang.

So natürlich als etwas in der Welt!, erwiederte er ganz kaltsinnig.

„Sie sind gar zu bescheiden, Vetter! oder vermuthlich wollen Sie nur, daſs man Ihnen desto mehr Komplimente über Ihren guten Geschmack und über Ihre groſsen Reisen machen soll?"

Setzen Sie Sich defswegen in keine Unkosten, meine Herren und Damen! Ich nehme alles für empfangen an.

„Aber es mag doch eine angenehme Sache seyn, so tief in die Welt hinein zu reisen?" — sagte ein Abderit.

„Und ich dächte gerade das Gegentheil, erwiederte ein anderer. — Nehmen Sie alle die Gefahren und Beschwerlichkeiten, denen

man täglich ausgesetzt ist, die schlimmen Stra-
ßen, die schlechten Gasthöfe, die Sandbänke,
die Schiffbrüche, die wilden Thiere, Krokodille, Einhörner, Greifen und geflügelte Lö-
wen, von denen in der Barbarey alles wim-
melt! —"

„Und dann, was hat man am Ende davon,
(fiel ein Matador von Abdera ein) wenn
man gesehen hat wie groß die Welt ist? Ich
dächte, das Stück, das ich selbst davon besitze, käme mir dann so klein vor, daß ich
keine Freude mehr daran haben könnte."

„Aber rechnen Sie für nichts, so viel
Menschen zu sehen?" — erwiederte der
erste.

„Und was sieht man denn da? Menschen!
Die konnte man zu Hause sehen. Es ist allenthalben wie bey uns."

„Ey, hier ist gar ein Vogel ohne Füße!"
rief ein junges Frauenzimmer.

„Ohne Füße? — Und der ganze Vo-
gel nur eine einzige Feder! das ist erstaun-
lich! — sprach eine andere. Begreifen Sie
das?"

„Ich bitte Sie, lieber Demokrit, erklären Sie uns, wie er gehen kann da er keine Füſse hat?"

„Und wie er mit einer einzigen Feder fliegt?"

„O, was ich am liebsten sehen möchte, sagte eine von den Basen, das wäre ein lebendiger Sfinx! — Sie müssen deren wohl viele in Ägypten gefunden haben?"

„Aber ists möglich, ich bitte Sie, daſs die Weiber und Töchter der Gymnosofisten in Indien — wie man sagt — Sie verstehen mich doch, was ich fragen will?"

Nicht ich, Frau Salabanda!

„O Sie verstehen mich gewiſs! Sie sind ja in Indien gewesen? Sie haben die Weiber der Gymnosofisten gesehen?"

O ja, und Sie können mir glauben, daſs die Weiber der Gymnosofisten weder mehr noch weniger Weiber sind als die Weiber der Abderiten.

„Sie erweisen uns viel Ehre. Aber dieſs ist nicht, was ich wissen wollte. Ich frage, ob es wahr ist, daſs sie —" Hier hielt Frau

Salabanda eine Hand vor ihren Busen, und die andere — kurz, sie setzte sich in die Stellung der Mediceischen Venus, um dem Filosofen begreiflich zu machen, was sie wissen wollte. „Nun verstehen Sie mich doch?" sagte sie.

Ja, Madam, die Natur ist nicht karger gegen sie gewesen als gegen andre. Welch eine Frage das ist!

„Sie wollen mich nicht verstehen, loser Mann! Ich dächte doch, ich hätte Ihnen deutlich genug gesagt, daſs ich wissen möchte, ob es wahr sey daſs sie — weil Sie doch wollen, daſs ichs Ihnen unverblümt sage — so nackend gehen als sie auf die Welt kommen?"

„Nackend! — riefen die Aberitinnen alle auf einmahl. Da wären sie ja noch unverschämter als die Mädchen in Lacedämon! Wer wird auch so was glauben?"

Sie haben Recht, sagte der Naturforscher: die Weiber der Gymnosófisten sind weniger nackend als die Weiber der Griechen in ihrem vollständigsten Anzuge; sie sind vom Kopf bis zu den Füſsen in ihre Unschuld und in die öffentliche Ehrbarkeit eingehüllt.

„Wie meinen Sie das?"

Kann ich mich deutlicher erklären?

„Ach, nun versteh' ich Sie! Es soll ein Stich seyn! Aber Sie scherzen doch wohl nur mit Ihrer Ehrbarkeit und Unschuld. Wenn die Weiber der Gymnosofisten nicht haltbarer gekleidet sind, so — müssen sie entweder sehr häfslich, oder die Männer in ihrem Lande sehr frostig seyn."

Keines von beiden. Ihre Weiber sind wohl gebildet, und ihre Kinder gesund und voller Leben; ein unverwerfliches Zeugnifs zu Gunsten ihrer Väter, däucht mich!

„Sie sind ein Liebhaber von Paradoxen, Demokrit, sprach der Matador; aber Sie werden mich in Ewigkeit nicht überreden, dafs die Sitten eines Volkes desto reiner seyen, je nackender die Weiber desselben sind."

Wenn ich ein so grofser Liebhaber von Paradoxen wäre als man mich beschuldigt, so würde es mir vielleicht nicht schwer fallen, Sie dessen durch Beyspiele und Gründe zu überführen. Aber ich bin dem Gebrauch der Gymnosofistinnen nicht günstig genug, um mich zu seinem Vertheidiger aufzuwerfen.

Auch war meine Meinung gar nicht, das zu sagen was mich der scharfsinnige Kratylus sagen läfst. Die Weiber der Gymnosofisten schienen, mir nur zu beweisen, dafs Gewohnheit und Umstände in Gebräuchen dieser Art alles entscheiden. Die Spartanischen Töchter, weil sie kurze Röcke, und die am Indus, weil sie gar keine Röcke tragen, sind darum weder unehrbarer noch gröfserer Gefahr ausgesetzt, als diejenigen, die ihre Tugend in sieben Schleier einwickeln. Nicht die Gegenstände, sondern unsre Meinungen von denselben, sind die Ursache unordentlicher Leidenschaften. Die Gymnosofisten, welche keinen Theil des menschlichen Körpers für unedler halten als den andern, sehen ihre Weiber, wiewohl sie blofs in ihr angebornes Fell gekleidet sind, für eben so gekleidet an, als die Skythen die ihrigen, wenn sie ein Tiegerkatzenfell um die Lenden hangen haben.

„Ich wünschte nicht, dafs Demokrit mit seiner Filosofie so viel über unsre Weiber vermöchte, dafs sie sich solche Dinge in den Kopf setzten," — sagte ein ehrenfester steifer Abderit, der mit Pelzwaaren handelte.

„Ich auch nicht," — stimmte ein Leinwandhändler ein.

Ich wahrlich auch nicht, sagte Demokrit, wiewohl ich weder mit Pelzen noch Leinwand handle.

„Aber Eins erlauben Sie mir noch zu fragen, lispelte die Base die so gern lebendige Sfinxe gesehen haben möchte: Sie sind in der ganzen Welt herumgekommen; und es soll da viele wunderbare Länder geben, wo alles anders ist als bey uns —"

„Ich glaube kein Wort davon," murmelte der Rathsherr, indem er, wie Homers Jupiter, das ambrosische Haar auf seinem weisheitsschwangern Kopfe schüttelte.

„Sagen Sie mir doch, fuhr die Base fort, in welchem unter allen diesen Ländern gefiel es Ihnen am besten?"

Wo könnt' es einem besser gefallen, als zu Abdera?

„O wir wissen schon dafs diefs Ihr Ernst nicht ist. Ohne Komplimente! antworten Sie der jungen Dame wie Sie denken," — sagte der Rathsherr.

Sie werden über mich lachen, erwiederte Demokrit: aber weil Sie es verlangen, schöne Klonarion, so will ich Ihnen die reine

Wahrheit sagen. Haben Sie nie von einem Lande gehört, wo die Natur so gefällig ist, neben ihren eigenen Verrichtungen auch noch die Arbeit der Menschen auf sich zu nehmen? Von einem Lande, wo ewiger Friede herrscht? wo niemand Knecht und niemand Herr, niemand arm und jedermann reich ist; wo der Durst nach Golde zu keinen Verbrechen zwingt, weil man das Gold zu nichts gebrauchen kann; wo eine Sichel ein eben so unbekanntes Ding ist als ein Schwert; wo der Fleifsige nicht für den Müfsiggänger arbeiten mufs, wo es keine Ärzte giebt weil niemand krank wird, keine Richter weil es keine Händel giebt, keine Händel weil jedermann zufrieden ist, und jedermann zufrieden ist, weil jedermann alles hat was er nur wünschen kann; — mit Einem Worte, von einem Lande, wo alle Menschen so fromm wie die Lämmer, und so glücklich wie die Götter sind? — Haben Sie nie von einem solchen Lande gehört?

„Nicht, dafs ich mich erinnerte."

Das nenn' ich ein Land, Klonarion! Da ist es nie zu warm und nie zu kalt, nie zu nafs und nie zu trocken; Frühling und Herbst regieren dort nicht wechselsweise, sondern, wie in den Gärten des Alcinous, zugleich in ewiger Eintracht. Berge und Thäler, Wälder und Auen sind mit allem angefüllt, was des Menschen Herz gelüsten kann. Aber nicht etwa, daſs die Leute sich die Mühe geben müſsten die Hasen zu jagen, die Vögel oder Fische zu fangen, und die Früchte zu pflücken, die sie essen wollen; oder daſs sie die Gemächlichkeiten, deren sie genieſsen, erst mit vielem Ungemach erkaufen müſsten. Nein! alles macht sich da von selbst. Die Rebhühner und Schnepfen fliegen einem gespickt und gebraten um den Mund, und bitten demüthig daſs man sie essen möchte; Fische von allen Arten schwimmen gekocht in Teichen von allen möglichen Brühen, deren Ufer immer voll Austern, Krebse, Pasteten, Schinken und Ochsenzungen liegen. Hasen und Rehböcke kommen freywillig herbey gelaufen, streifen sich das Fell über die Ohren, stecken sich an den Bratspieſs, und legen sich, wenn sie gar sind, von selbst in die Schüssel. Allenthalben stehen Tische, die sich selbst decken; und weich gepolsterte Ruhebettchen laden allenthalben zum Ausruhen vom — Nichtsthun und zu angenehmen Ermüdungen ein. Neben denselben rauschen kleine Bäche von Milch und Honig, von Cyprischen Wein, Citronenwasser und andern angenehmen Getränken; und über sie her wölben sich, mit

Rosen und Schasmin untermengt, Stauden voller Becher und Gläser, die sich, so oft sie ausgetrunken werden, gleich von selbst wieder anfüllen. Auch giebt es da Bäume, die statt der Früchte kleine Pastetchen, Bratwürste, Mandelkarpfen und Buttersemmeln tragen; andere, die an allen Ästen mit Geigen, Harfen, Cithern, Theorben, Flöten und Waldhörnern behangen sind, welche von sich selbst das angenehmste Koncert machen, das man hören kann. Die glücklichen Menschen, nachdem sie den wärmern Theil des Tages verschlafen und den Abend vertanzt, versungen und verscherzt haben, erfrischen sich dann in kühlen marmornen Bädern, wo sie von unsichtbaren Händen sanft gerieben, mit feinem Byssus, der sich selbst gesponnen und gewebt hat, abgetrocknet, und mit den kostbarsten Essenzen, die aus den Abendwolken herunter thauen, eingebalsamt werden. Dann legen sie sich auf schwellende Polster um volle Tafeln her, und essen und trinken und lachen, singen und tändeln und küssen die ganze Nacht durch, die ein ewiger Vollmond zum sanftern Tage macht; und — was noch das angenehmste ist —

„O gehen Sie, Herr Demokrit, Sie haben mich zum besten! Was Sie mir da erzählen, ist ja das Mädchen vom Schlaraffenlande, das ich tausendmahl von meiner Amme gehört habe, wie ich noch ein kleines Mädchen war."

Aber Sie finden doch auch, Klonarion, daſs sichs gut in diesem Lande leben müſste?

„Merken Sie denn nicht, daſs unter allem diesem eine geheime Bedeutung verborgen liegt? sagte der weise Rathsmann; vermuthlich eine Satire auf gewisse Filosofen, welche das höchste Gut in der Wollust suchen."

Schlecht gerathen, Herr Rathsherr! dachte Demokrit.

„Ich erinnere mich in den Amfiktyonen des Teleklides eine ähnliche Beschreibung des goldnen Alters gelesen zu haben," sagte Frau Salabanda. 11)

11) Frau Salabanda sagte die Wahrheit. Lange vor dem Hammel der Madame Daulnoy machte Lucian in seiner wahren Geschichte, und lange vor Lucian machten die Griechischen Komödiendichter, Metagenes, Ferekrates, Teleklides, Krates und Kratinus, Beschreibungen vom Schlaraffenlande und vom Schlaraffen-

Das Land, das ich der schönen Klonarion beschrieb, sprach der Naturforscher, ist keine Satire: es ist das Land, in welches von jedem Dutzend unter euch weisen Leuten zwölf sich im Herzen hinein wünschen und nach Möglichkeit hinein arbeiten, und in welches uns eure Abderitischen Sittenlehrer hinein deklamieren wollen; wenn anders ihre Deklamazionen irgend einen Sinn haben.

,,Ich möchte wohl wissen, wie Sie diefs verstehen!" sagte der Rathsherr, der (vermög' einer vieljährigen Gewohnheit, nur mit halben Ohren zu hören, und sein Votum im Rath schlummernd von sich zu geben) sich nicht gern die Mühe nahm einer Sache lange nachzudenken.

Sie lieben eine starke Beleuchtung, wie ich sehe, Herr Rathsmeister, erwiederte

leben, worin sie sich in die Wette beeiferten, der ausschweifendsten Einbildungskraft eines neuern Mährchenmachers nichts übrig zu lassen. Die kühnsten Züge im Gemählde, welches Demokrit davon macht, sind aus den Fragmenten genommen, die uns Athenäus im sechsten Buche seines Gastmahls davon aufbehalten hat.

Demokrit. Aber zu viel Licht ist zum Sehen eben so unbequem als zu wenig. Helldunkel ist, däucht mich, gerade so viel Licht, als man braucht, um in solchen Dingen weder zu viel noch zu wenig zu sehen. Ich setze zum voraus, daſs Sie überhaupt sehen können. Denn wenn dieſs nicht wäre, so begreifen Sie wohl, daſs wir beym Lichte von zehen tausend Sonnen nicht besser sehen würden, als beym Schein eines Feuerwurms.

„Sie sprechen von Feuerwürmern? — sagte der Rathsherr, indem er bey dem Worte Feuerwurm aus einer Art von Seelenschlummer erwachte, in welchen er über dem Gaffen nach Salabandens Busen, während Demokrit redete, gefallen war. — Ich dachte wir sprächen von den Moralisten."

Von Moralisten oder Feuerwürmern, wie es Ihnen beliebt, versetzte Demokrit. Was ich sagen wollte, um Ihnen die Sache, wovon wir sprachen, deutlich zu machen, war dieſs: Ein Land, wo ewiger Friede herrscht; und wo alle Menschen in gleichem Grade frey und glücklich sind; wo das Gute nicht mit dem Bösen vermischt ist, Schmerz nicht an Wollust und Tugend nicht an Untugend grenzt, wo lauter Schönheit, lauter Ordnung, lauter Harmonie ist, — mit Einem Wort, ein Land, wie Ihre Moralisten den ganzen Erdboden haben wollen, ist entweder ein Land, wo die Leute keinen Magen und keinen Unterleib haben, oder es muſs schlechterdings das Land seyn, das uns Teleklides schildert, aus dessen Amfiktyonen ich (wie die schöne Salabanda sehr wohl bemerkt hat) meine Beschreibung genommen habe. Vollkommene Gleichheit, vollkommene Zufriedenheit mit dem Gegenwärtigen, immerwährende Eintracht — kurz, die Saturnischen Zeiten, wo man keine Könige, keine Priester, keine Soldaten, keine Rathsherrn, keine Moralisten, keine Schneider, keine Köche, keine Ärzte und keine Scharfrichter braucht, sind nur in dem Lande möglich, wo einem die Rebhühner gebraten in den Mund fliegen, oder (welches ungefähr eben so viel sagen will) wo man keine Bedürfnisse hat. Dieſs ist, wie mich däucht, so klar, daſs es demjenigen, dem es dunkel ist, durch alles Licht im Feuerhimmel nicht klärer gemacht werden könnte. Gleichwohl ärgern sich Ihre Moralisten darüber, daſs die Welt so ist wie sie ist; und wenn der ehrliche Filosof, der die Ursachen weiſs warum sie nicht anders seyn kann, den Ärger dieser Herren lächerlich findet, so begegnen sie ihm als ob er ein Feind der Götter und Menschen wäre; welches zwar an sich selbst noch lächerlicher ist, aber zuweilen da, wo die milzsüchtigen Herren den Meister spielen, einen ziemlich tragischen Ausgang nimmt.

„Aber was wollen Sie denn, dafs die Moralisten thun sollen?"

Die Natur erst ein wenig kennen lernen, ehe sie sich einfallen lassen es besser zu wissen als sie; verträglich und duldsam gegen die Thorheiten und Unarten der Menschen seyn, welche die ihrigen dulden müssen; durch Beyspiele bessern, statt durch frostiges Gewäsche zu ermüden oder durch Schmähreden zu erbittern; keine Wirkungen fordern wovon die Ursachen noch nicht da sind, und nicht verlangen dafs wir die Spitze eines Berges erreicht haben sollen, ehe wir hinauf gestiegen sind.

„So unsinnig wird doch niemand seyn?" — sagte der Abderiten einer.

So unsinnig sind neun Zehntheile der Gesetzgeber, Projektmacher, Schulmeister und

Weltverbesserer auf dem ganzen Erdenrund
alle Tage! — sagte Demokrit.

Die zeitverkürzende Gesellschaft, welche
die Laune des Naturforschers unerträglich zu
finden anfing, begab sich nun wieder nach
Hause, und dahlte unterwegs, beym Glanz
des Abendsterns und einer schönen Dämme-
rung, von Sfinxen, Einhörnern, Gymnosofisten und Schlaraffenländern; und so viel Mannigfaltigkeit auch unter allen den Albernheiten, welche gesagt wurden, herrschte, so
stimmten doch alle darin überein: daſs Demokrit ein wunderlicher, einbildischer, über-
kluger, tadelsüchtiger, wiewohl bey allem dem
ganz kurzweiliger Sonderling sey. — Sein
Wein ist das Beste, was man bey ihm findet,
sagte der Rathsherr.

Gütiger Anubis! dachte Demokrit, da er
wieder allein war: was man nicht mit diesen
Abderiten reden muſs, um sich — die Zeit von
ihnen vertreiben zu lassen!

11. Kapitel.

Etwas von den Abderitischen Filosofen, und wie Demokrit das Unglück hat, sich mit ein paar wohlgemeinten Worten in sehr schlimmen Kredit zu setzen.

Dafs man sich aber gleichwohl nicht einbilde, als ob alle Abderiten ohne Ausnahme durch ein Gelübde oder durch einen Bürgereid verbunden gewesen seyen, nicht mehr Verstand zu haben als ihre Grofsmütter, Ammen und Rathsherren! Abdera, die Nebenbuhlerin von Athen, hatte auch Filosofen, das heifst, sie hatte Filosofen — wie sie Mahler und Dichter hatte. Der berühmte Sofist Protagoras war ein Abderit gewesen, und hatte eine Menge Schüler hinterlassen, die ihrem Meister zwar nicht an Witz und Beredsamkeit gleich kamen, aber ihm dafür auch an Eigendünkel und Albernheit desto überlegner waren.

Diese Herren hatten sich eine bequeme Art von Filosofie zubereitet, vermittelst welcher sie ohne Mühe auf jede Frag' eine Antwort fanden, und von allem was, unter und über der Sonne ist so geläufig schwatzten, daſs — in so ferne sie nur immer Abderiten zu Zuhörern hatten — die guten Zuhörer sich festiglich einbildeten, ihre Filosofen wüſsten sehr viel mehr davon als sie selbst; wiewohl im Grunde der Unterschied nicht so groſs war, daſs ein vernünftiger Mann eine Feige darum gegeben hätte. Denn am Ende lief es doch immer darauf hinaus, daſs der Abderitische Filosof, etliche lange nichts bedeutende Wörter abgerechnet, gerade so viel von der Sache wuſste, als derjenige unter allen Abderiten, der — am wenigsten davon zu wissen glaubte.

Die Filosofen, vermuthlich weil sie es für zu klein hielten, in den Detail der Natur herab zu steigen, geben sich mit lauter Aufgaben ab, die auſserhalb der Grenzen des menschlichen Verstandes liegen. Bis in diese Region, dachten sie, folgt uns niemand, als — wer unsers gleichen ist; und was wir auch den Abderiten davon vorsagen, so sind wir wenigstens gewiſs, daſs uns niemand Lügen strafen kann.

Zum Beyspiel, eine ihrer Lieblingsmaterien war die Frage: „Wie, warum, und woraus die Welt entstanden sey?"

„Sie ging aus einen Ey hervor, sagte Einer: der Äther war das Weiſse, das Chaos der Dotter, und die Nacht brütete es aus." 12)

„Sie ist aus Feuer und Wasser entstanden," sagte ein Andrer.

„Sie ist gar nicht entstanden, sprach der Dritte. Alles war immer so wie es ist, und wird immer so bleiben wie es war."

Diese Meinung fand in Abdera wegen ihrer Bequemlichkeit vielen Beyfall. Sie erklärt alles, sagten sie, ohne daſs man nöthig hat, sich erst lange den Kopf zu zerbrechen. Es

---

12) Um denjenigen Lesern, welche weder den Diogenes Laerzius, noch des Deslandes oder Bruckers kritische Geschichte der Filosofie, noch die Kompendien des Herrn Formey oder D. Büschings, gelesen haben, irrige Vermuthungen zu ersparen, erinnert der Verfasser, daſs alle hier vorkommende Hypothesen sich eines sehr ehrwürdigen Alterthums, und zum Theil einer Menge Verfechter und Anhänger rühmen können. Die Meinung unsers Demokrit ist die einzige, welche, vermuthlich bloſs weil sie die vernünftigste ist, keine Sekte gemacht hat.

ist immer so gewesen, war die gewöhnliche Antwort eines Abderiten, wenn man ihn nach der Ursache oder dem Ursprung einer Sache fragte; und wer sich daran nicht ersättigen wollte, wurde für einen stumpfen Kopf angesehen.

„Was ihr Welt nennt, sagte der Vierte, ist eigentlich eine ewige Reihe von Welten, die, wie die Häute einer Zwiebel, über einander liegen, und sich nach und nach ablösen."

Sehr deutlich gegeben, riefen die Abderiten, sehr deutlich! Sie glaubten den Filosofen verstanden zu haben, weil sie sehr gut wußten, was eine Zwiebel war.

„Schimäre! sprach der Fünfte. Es giebt freylich unzählige Welten; aber sie entstehen aus der ungefähren Bewegung untheilbarer Sonnenstäubchen, und es ist viel Glück, wenn, nach zehntausendmahl tausend übel gerathenen, endlich eine heraus kommt, die noch so leidlich vernünftig aussieht wie die unsrige."

„Atomen geb' ich zu, sprach der Sechste; aber keine Bewegung von Ungefähr und ohne Richtung. Die Atomen sind nichts, oder sie haben bestimmte Kräfte und Eigenschaften, und, je nachdem sie einander ähnlich oder unähnlich sind, ziehen sie einander an, oder stofsen sich zurück. Daher machte der weise Empedokles (der Mann, der, um die wahre Beschaffenheit des Ätna zu erkundigen, sich weislich in den Schlund desselben hinein gestürzt haben soll) Hafs und Liebe zu den ersten Ursachen aller Zusammensetzungen; und Empedokles hat Recht."

„Um Vergebung, meine Herren, ihr habt alle Unrecht, sprach der Filosof Sisamis. In Ewigkeit wird weder aus euerm mystischen Ey, noch aus euerm Bündnifs zwischen Feuer und Wasser, noch aus euern Atomen, noch aus euern Homöomerien, eine Welt heraus kommen, wenn ihr keinen Geist zu Hülfe nehmt. Die Welt ist (wie jedes andre Thier) eine Zusammensetzung von Materie und Geist. Der Geist ist es, der dem Stoffe Form giebt; beide sind von Ewigkeit her vereinigt: und, so wie einzelne Körper aufgelöst werden, so bald der Geist, der ihre Theile zusammen hielt, sich zurück zieht; so würde, wenn der allgemeine Weltgeist aufhören könnte das Ganze zu umfassen und zu beleben, Himmel und Erde im nehmlichen Augenblick in einen einzigen, ungeheuern, gestaltlosen, finstern und todten Klumpen zusammen fallen."

Davor wolle Jupiter und Latona seyn! riefen die Abderiten, nicht ohne sich zu entsetzen, wie sie den Mann eine so fürchterliche Drohung ausstofsen hörten.

Es hat keine Gefahr, sagte der Priester Strobylus: so lange wir die Frösche der Latona in unsern Mauern haben, soll es der Weltgeist der Sisamis wohl bleiben lassen, solchen Unfug in der Welt anzurichten.

„Meine Freunde, sprach der Achte, der Weltgeist des weisen Sisamis ist mit den Atomen, Homöomerien, Zwiebeln und Eyern meiner Kollegen von gleichem Schlage. Einen Demiurg müssen wir annehmen, wenn wir eine Welt haben wollen: denn ein Gebäude setzt einen Baumeister oder wenigstens einen Zimmermeister voraus; und nichts macht sich von sich selbst, wie wir alle wissen."

Aber man spricht doch alle Tage: Diefs wird schon von sich selbst kommen, oder von sich selbst gehen — sagten die Abderiten.

"Man spricht wohl so, antwortete jener: allein, wo habt ihr jemahls gesehen, dafs es wirklich so erfolgt wäre? Ich habe freylich unsre Archonten wohl tausendmahl sagen hören: Es wird sich schon geben! es wird schon kommen! diefs oder jenes wird sich schon machen! Aber wir hatten gut warten: es gab sich nicht, kam nicht, und machte sich nicht."

Nur allzu wahr, was die Werke unsrer Archonten betrifft; (sagte ein alter Schuhflicker, der für einen Mann von Einsicht beym Volke galt, und grofse Hoffnung hatte bey der nächsten Wahl Zunftmeister zu werden) aber mit den Werken der Natur, wie die Welt ist, mag es doch wohl anders bewandt seyn. Warum sollte die Welt nicht eben so gut aus dem Chaos hervor wachsen können, wie ein Pilz aus der Erde wächst?

"Meister Pfriem, versetzte der Filosof, zum Zunftmeister soll er meine und aller meiner Vettern Stimme haben; aber keine Einwürfe gegen mein System, wenn ich bitten darf! Die Pilze wachsen freylich von selbst aus der Erde hervor, weil — weil — weil sie Pilze sind: aber eine Welt wächst nicht von selbst, weil sie kein Pilz ist. Versteht Er mich nun, Meister Pfriem?"

Alle Anwesende lachten von Herzen, daſs Meister Pfriem so abgeführt war. „Die Welt ist kein Pilz; dieſs ist klar wie Tageslicht, riefen die Abderiten; da ist nichts einzuwenden, Meister Pfriem!"

Verzweifelt! murmelte der künftige Zunftmeister; aber so geht'es, wenn man sich mit den Herren abgiebt, welche beweisen können, daſs der Schnee weiſs ist.

„Schwarz ist, wolltet ihr sagen, Nachbar."

Ich weiſs, was ich gesagt habe und was ich sagen wollte, antwortete Meister Pfriem; und ich wünsche nur, daſs die Republik —

„Vergeſs' Er die vierzehn Stimmen nicht, die ich Ihm verschaffe, Meister Pfriem!" rief der Filosof. —

Wohl, wohl! alles wohl! Aber Demiurg — das klingt mir bald so wie Demagog; und ich will weder Demagogen noch Demiurgen haben: ich bin für die Freyheit, und wer ein guter Abderit ist, der schwinge seinen Hut und folge mir!

ERSTES BUCH. 11. Kapitel.

Und hiermit ging Meister Pfriem davon, (denn der Leser merkt von selbst, dafs alles diefs in einer Halle von Abdera gesprochen wurde) und einige müfsige Tölpel, die ihn allerwegen zu begleiten pflegten, folgten ihm.

Aber der Filosof, ohne zu thun als ob er es gewahr werde, fuhr fort: ,,Ohne einen Baumeister, einen Demiurg, oder wie ihr ihn nennen wollt, läfst sich vernünftiger Weise keine Welt bauen. Aber, merket wohl, es kam auf den Demiurg an, ob und wie er bauen wollte; und lafst sehen wie er es anfing. Stellt euch die Materie als einen ungeheuern Klumpen von vollkommen dichtem Krystall vor; und den Demiurg, wie er mit einem grofsen Hammer von Diamant diesen Klumpen auf Einen Schlag in so viele unendlich kleine Stückchen zerschmettert, dafs sie durch den leeren Raum viele Millionen Kubikmeilen herum stieben. Natürlicher Weise brachen sich diese unendlich kleinen Stückchen Krystall auf verschiedene Art; und indem sie, mit der ganzen Heftigkeit der Bewegung, die ihnen der Schlag mit dem diamantenen Hammer gab, auf tausendfache Art wider einander fuhren, und sich unter einander auf allen Seiten stiefsen, schlugen und rieben, so entstand daraus nothwendig eine unzählige Menge Körperchen von allerley unregelmäſsige Figuren: dreyeckige, viereckige, achteckige, vieleckige und runde. Aus den runden wurde Wasser und Luft, welche nichts anders als verdünntes Wasser ist; aus den dreyeckigen Feuer; aus den übrigen die Erde; und aus diesen vier Elementen setzt die Natur, wie ihr wiſst, alle Körper in der Welt zusammen."

Das ist wunderbar, sehr wunderbar! aber es begreift sich doch, sagten die Abderiten. Ein Klumpen Krystall, ein diamantener Hammer, und ein Demiurg, der den Krystall so meisterhaft in Stücken schlägt, daſs aus den Splittern, ohne seine weitere Bemühung, eine Welt entsteht! In der That die scharfsinnigste Hypothese, die man sehen kann, und gleichwohl so simpel, daſs man dächte, man hätte sie alle Augenblicke selbst erfinden können!

„Ich erkläre mittelst dieser so simpeln Voraussetzung alle mögliche Wirkungen der Natur," — sagte der Filosof mit selbstzufriednem Lächeln.

Nicht ein Wespennest, rief ein Neunter, Dämonax genannt, der den Behauptungen seiner Mitbrüder bisher mit stillschweigender

Verachtung zugehört hatte. Es gehören andre Kräfte und Anstalten dazu, ein so grofses, so schönes, so wundervolles Werk, als dieses Weltgebäude ist, zu Stande zu bringen. Nur ein höchst vollkommner Verstand konnte den Plan davon erfinden; wiewohl ich gern gestehe, dafs zur Ausführung geringere Werkmeister hinlänglich waren. Er überliefs sie verschiedenen Klassen der subalternen Götter, wies einer jeden Klasse ihren besondern Kreis an, in welchem sie arbeitet, und begnügte sich, die allgemeine Aufsicht über das Ganze zu führen. Es ist lächerlich, den Ursprung der Weltkörper, des Erdbodens, der Pflanzen, der Thiere, und alles dessen, was in Luft und Wasser ist, aus Atomen oder Sympathien oder ungefährer Bewegung, oder einem einzigen Hammerschlag erklären zu wollen. Geister sind es, welche in den Elementen herrschen, die Sfären des Himmels drehen, die organischen Körper bilden, das Frühlingsgewand der Natur mit Blumen sticken, und die Früchte des Herbstes in ihren Schoofs ausgiefsen. Kann etwas fafslicher und angenehmer seyn als diese Theorie? Sie erklärt alles; sie leitet jede Wirkung aus einer ihr angemessenen Ursache ab; und durch sie begreift man die, in jedem andern System unerklärbare, Kunst der Natur eben so leicht, als man begreift, wie Zeuxis oder Parrhasius mit ein wenig gefärbter Erde eine bezaubernde Landschaft oder ein Bad der Diana, erschaffen kann.

Was für eine schöne Sache es um die Filosofie ist! sagten die Abderiten. Alles was man daran aussetzen möchte, ist, daſs einem unter so viel feinen Theorien die Wahl sauer wird.

Indessen machte doch der Pythagoräer, der alles durch Geister bewerkstelligte, das meiste Glück. Die Poeten, die Mahler, und alle übrigen Schutzverwandten der Musen, mit dem sämmtlichen Frauenzimmer von Abdera an ihrer Spitze, erklärten sich für — die Geister; doch unter der Bedingung, daſs es ihnen erlaubt seyn müsse, sie in so angenehme Gestalten, als jedem gefällig sey, einzukleiden.

Ich bin nie ein besonderer Freund der Filosofie gewesen, (sagte der Priester Strobylus) und aus Ursache! Aber weil doch die Abderiten ihr Grübeln über das Wie und Warum der Dinge nun einmahl nicht lassen können: so habe ich gegen die Fysik des Dämonax noch immer am wenigsten einzuwenden; unter den gehörigen Einschränkungen verträgt sie sich so ziemlich mit —

„O sie verträgt sich mit allem in der Welt, sagte Dämonax; diefs ist eben die Schönheit davon!"

Endlich nahm Demokrit das Wort: Soll ich euch, lieben Freunde, nach allen den feinen und kurzweiligen Sachen, die ihr bereits gehört habt, nun auch meine geringe Meinung sagen? Wenn es euch etwa wirklich darum zu thun seyn sollte, die Beschaffenheit der Dinge, die euch umgeben, kennen zu lernen, so däucht mich ihr nehmt einen ungeheuern Umweg. Die Welt ist sehr grofs; und von dem Standorte, woraus wir in sie hinein gucken, nach ihren vornehmsten Provinzen und Hauptstädten, ist es so weit, dafs ich nicht wohl begreife, wie sich einer von uns einfallen lassen kann, die Karte eines Landes aufzunehmen, wovon ihm (sein angebornes Dörfchen ausgenommen) alles übrige, ja sogar die Grenzen unbekannt sind. Ich dächte, ehe wir Kosmogonien und Kosmologien träumten, setzten wir uns hin und beobachteten, zum Beyspiel, den Ursprung einer Spinnewebe; und diefs so lange, bis wir so viel davon heraus gebracht hätten, als fünf

Menschensinne, mit Verstand ange-
strengt, daran entdecken können. Ihr werdet zu thun finden, das könnt ihr mir auf
mein Wort glauben. Aber dafür werdet ihr
auch erfahren, dafs euch diese einzige Spinnewebe mehr, Aufschlufs über das grofse
System der Natur, und würdigere Begriffe von seinem Urheber geben wird,
als alle die feinen Weltsysteme, die ihr zwischen Wachen und Schlaf aus eurem eignen
Gehirn heraus gesponnen habt.

Demokrit meinte diefs im ganzen Ernst;
aber die Filosofen von Abdera glaubten, dafs
er ihrer spotten wolle. Er versteht nichts von
der Pnevmatik, sagte der eine. Von der
Fysik noch weniger, sagte der andere. Er
ist ein Zweifler — er glaubt keine
Grundtriebe — keinen Weltgeist —
keinen Demiurg — keinen Gott! —
sagte der dritte, vierte, fünfte, sechste und
siebente. Man sollte solche Leute gar
nicht im gemeinen Wesen dulden,
sagte der Priester Strobylus.

12. Kapitel.

Demokrit zieht sich weiter von Abdera zurück. Wie er sich in seiner Einsamkeit beschäftigt. Er kommt bey den Abderiten in den Verdacht daſs er Zauberkünste treibe. Ein Experiment, das er bey dieser Gelegenheit mit den Abderitischen Damen macht, und wie es abgelaufen.

Bey dem allen war Demokrit ein Menschenfreund in der ächtesten Bedeutung des Wortes. Denn er meinte es gut mit der Menschheit, und freute sich über nichts so sehr, als wenn er irgend etwas Böses verhüten, oder etwas Gutes thun, veranlassen oder befördern konnte. Und wiewohl er glaubte, daſs der Karakter eines Weltbürgers Verhältnisse in sich schliefse, denen im Kollisionsfall alle andere weichen müfsten: so hielt er sich doch darum nicht weniger verbunden, als ein Bürger von Abdera, an dem Zustande seines Vaterlandes Antheil zu nehmen, und, so viel er könnte, zu dessen Verbesserung beyzutragen. Allein, da man den Leuten nur in so fern Gutes thun kann, als sie dessen fähig sind: so fand er sein Vermögen durch die unzähligen Hindernisse, die ihm die Abderiten entgegen setzten, in so enge Grenzen eingeschlossen, dafs er Ursache zu haben glaubte, sich für eine der entbehrlichsten Personen in dieser kleinen Republik anzusehen. Was sie am nöthigsten haben, dacht' er, und das Beste was ich an ihnen thun könnte, wäre, sie vernünftig zu machen. Aber die Abderiten sind freye Leute. Wenn sie nicht vernünftig seyn wollen, wer kann sie nöthigen?

Da er nun bey so bewandten Umständen wenig oder nichts für die Abderiten als Abderiten thun konnte, so hielt er sich für hinlänglich gerechtfertigt, wenn er wenigstens seine eigne Person in Sicherheit zu bringen suchte, und einen so grofsen Theil als immer möglich von derjenigen Zeit rettete, die er der Erfüllung seiner weltbürgerlichen Pflichten schuldig zu seyn meinte.

Weil nun seine bisherige Freystätte entweder nicht weit genug von Abdera entfernt war, oder wegen ihrer Lage und anderer Bequemlichkeiten so viel Reitz für die Abderiten hatte, dafs er, ungeachtet seines Auf-

enthalts auf dem Lande, sich doch immer
mitten unter ihnen befand: so zog er sich
noch ein paar Stunden weiter in einen Wald,
der zu seinem Gute gehörte, zurück, und
bauete sich in die wildeste Gegend desselben
ein kleines Haus, wo er die meiste Zeit —
in der einsamen Ruhe, die das eigene Element des Filosofen und des Dichters ist —
dem Erforschen der Natur und der Betrachtung oblag.

Einige neuere Gelehrte — ob **Abderiten
oder nicht**, wollen wir hierbey unentschieden
lassen — haben sich von den Beschäftigungen
dieses **Griechischen Bakons** in seiner
Einsamkeit wunderliche, wiewohl auf ihrer
Seite sehr natürliche Begriffe gemacht. — „Er
arbeitete **am Stein der Weisen**, sagt
Borrichius, und er fand ihn, und machte
Gold." — Zum Beweis davon beruft er sich
darauf, daſs Demokrit ein Buch von **Steinen
und Metallen** geschrieben habe.

Die Abderiten, seine Zeitgenossen und
Mitbürger, gingen noch weiter; und ihre Vermuthungen — die in Abderitischen Köpfen gar
bald zur Gewiſsheit wurden — gründeten sich
auf eben so gute Schlüsse, als jener des Borrichius. Demokrit war von **Persischen**

Magiern erzogen worden; [13] er war zwanzig Jahre in den Morgenländern herum gereist; hatte mit Ägyptischen Priestern, Kaldäern, Brachmanen und Gymnósofisten Umgang gepflogen, und war in allen ihren Mysterien eingeweiht; hatte tausend Arkane von seinen Reisen mit sich gebracht, und wuſste zehn tausend Dinge, wovon niemahls etwas in eines Abderiten Sinn gekommen war. — Machte dieſs alles zusammengenommen nicht den vollstandigsten Beweis, daſs er ein ausgelernter Meister in der Magie und allen davon abhängenden Künsten seyn muſste? — Der ehrwürdige Vater Delrio hätte Spanien, Portugall und Algarbien auf die Hälfte eines Beweises wie dieser zu Asche verbrennen lassen.

Aber die guten Abderiten hatten noch nähere Beweisthumer in Händen, daſs ihr gelehr-

---

[13] Xerxes, der bey seinem Kriegszuge gegen die Griechen einige Tage zu Abdera bey Demokrits Vater sein Hauptquartier gehabt, hatte den damahls noch sehr jungen Demokrit lieb gewonnen, und zu dessen besserer Erziehung ein paar von den Magiern, die er bey sich hatte, zurück gelassen.

Diogen. Laert.

ter Landsmann — ein wenig hexen könne. Er sagte Sonnen- und Mondfinsternisse, Mißwachs, Seuchen und andre zukünftige Dinge zuvor. Er hatte einem verbuhlten Mädchen aus der Hand geweissagt, daß sie — zu Falle kommen, und einem Rathsherrn von Abdera „dessen ganzes Leben zwischen Schlafen und Schmausen getheilt war, daß er — an einer Unverdaulichkeit sterben würde; und beides war genau eingetroffen. Überdiefs hatte man Bücher mit wunderlichen Zeichen in seinem Kabinette gesehen; man hatte ihn bey allerley, vermuthlich magischen, Operazionen mit Blut von Vögeln und Thieren angetroffen; man hatte ihn verdächtige Kräuter kochen sehen; und einige junge Leute wollten ihn sogar in später Nacht — bey sehr blassem Mondschein — zwischen Gräbern sitzend überschlichen haben. „Um ihn zu schrecken hatten wir uns in die scheuſslichsten Larven verkleidet, sagten sie: Hörner, Ziegenfüſse, Drachenschwänze, nichts fehlte uns, um leibhafte Feldteufel und Nachtgespenster vorzustellen; wir bliefsen sogar Rauch aus Nasen und Ohren, und machten es so arg um ihn herum, daſs ein Herkules vor Schrecken hätte zum Weibe werden mögen. Aber Demokrit achtete unser nicht; und, da wir es ihm endlich zu lang machten, sagte er blofs: Nun, wird das Kinderspiel noch lange währen?"

Da sieht man augenscheinlich, sagten die Abderiten, dafs es nicht recht richtig mit ihm ist! Geister sind ihm nichts neues; er mufs wohl wissen, wie er mit ihnen steht!

„Er ist ein Zauberer; nichts kann gewisser seyn, sagte der Priester Strobylus; wir müssen ein wenig besser Acht auf ihn geben!"

Man mufs gestehen, dafs Demokrit, entweder aus Unvorsichtigkeit, oder (welches glaublicher ist) weil er sich wenig aus der Meinung seiner Landsleute machte, zu diesen und andern bösen Gerüchten einige Gelegenheit gab. Man konnte in der That nicht lange unter den Abderiten leben, ohne in Versuchung zu gerathen, ihnen etwas aufzuheften. Ihr Vorwitz und ihre Leichtgläubigkeit auf der einen Seite, und die hohe Einbildung, die sie sich von ihrer eigenen Scharfsinnigkeit machten, auf der andern, forderten einen gleichsam heraus; und überdiefs war auch sonst kein Mittel, sich für die lange Weile, die man bey ihnen hatte, zu entschädigen. Demokrit befand sich nicht selten in diesem Falle: und da die Abderiten albern genug waren, alles, was er ihnen ironischer Weise sagte, im buchstäblichen Sinne zu nehmen; so entstanden daher die vielen ungereimten Meinungen und Mährchen, die auf seine Rechnung in der Welt herum liefen, und noch viele Jahrhunderte nach seinem Tode von andern Abderiten für bares Geld angenommen, oder wenigstens ihm selbst unbilliger Weise zur Last gelegt wurden.

Er hatte sich, unter andern, auch mit der Fysiognomik abgegeben, und theils aus seinen eigenen Beobachtungen, theils aus dem was ihm andere von den ihrigen mitgetheilt, sich eine Theorie davon gemacht, von deren Gebrauch er (sehr vernünftig, wie uns däucht) urtheilte, daſs es damit eben so wie mit der Theorie der poetischen oder irgend einer andern Kunst beschaffen sey: Denn so wie noch keiner durch die bloſse Wissenschaft der Regeln ein guter Dichter oder Künstler geworden sey, und nur derjenige, welchen angebornes Genie, emsiges Studium, hartnäckiger Fleiſs und lange Übung zum Dichter oder Künstler gemacht, geschickt sey, die Regeln seiner Kunst recht zu verstehen und anzuwenden: so sey auch die Theorie der Kunst, aus dem Äuſserlichen des Menschen auf das Innerliche zu schlieſsen, nur für Leute von groſser Fertigkeit im Beobachten und Unterscheiden brauchbar, für jeden andern hingegen eine höchst ungewisse und betrügliche Sache; und eben darum müsse sie als eine von den geheimen Wissenschaften oder grofsen Mysterien der Filosofie immer nur der kleinen Zahl der Epopten [14] vorbehalten bleiben.

Diese Art von der Sache zu denken bewies, dafs Demokrit kein Scharlatan war: aber den Abderiten bewies sie blofs, dafs er ein Geheimnifs aus seiner Wissenschaft mache. Daher liefsen sie nicht ab, ihn, so oft sich die Rede davon gab, zu necken und zu plagen, dafs er ihnen etwas davon entdecken sollte. Besonders drückte dieser Vorwitz die Abderitinnen. Sie wollten von ihm wissen — an was für äufserlichen Merkmahlen ein getreuer Liebhaber zu erkennen sey? ob Milon von Krotona [15] eine sehr grofse Nase gehabt habe?

14) Epopten (Anschauer) hiefsen diejenigen, welche nach ausgestandener Prüfung zum Anschauen der grofsen Mysterien zu Eleusis zugelassen wurden.

15) Ein Mann, von dessen wunderbarer Leibesstärke und Gefräfsigkeit die fabelhaften *Graeculi*

ob eine blasse Farbe ein nothwendiges Zeichen eines Verliebten sey? — und hundert andere Fragen dieser Art, mit denen sie seine Geduld so sehr ermüdeten, daſs er endlich, um ihrer los zu werden, auf den Einfall kam, sie ein wenig zu erschrecken.

Aber das haben Sie Sich wohl nicht vorgestellt, sagte Demokrit, daſs die Jungferschaft ein untrügliches Merkzeichen in den Augen haben könnte?

„In den Augen? riefen die Abderitinnen. O! das ist nicht möglich! Warum just in den Augen?"

Es ist nicht anders, versetzte er; und was Sie mir gewiſs glauben können, ist, daſs mir dieses Merkmahl schon öfters von den Geheimnissen junger und alter Schönen mehr entdeckt hat, als sie Lust gehabt haben würden mir von freyen Stücken anzuvertrauen. 16)

---

erstaunliche Dinge zu erzählen wissen; zum Beyspiel, daſs er einen wohlgemästeten Ochsen drey hundert Schritte weit auf den Schultern getragen, und, nachdem er ihn mit einem einzigen Faustschlag todt gemacht, in einem Tage aufgefressen habe.

16) Eine der Hälfte des menschlichen Geschlechts verhaſste Sagacität — nennt dieſs Joh. Chrysostomus Magnenus in seinem Leben des Demokrit.

Der zuversichtliche Ton, womit er dieſs sagte, verursachte einige Entfärbungen; wiewohl die Abderitinnen (die in allen Fällen, wo es auf die gemeine Sicherheit ihres Geschlechts ankam, einander getreulich beyzustehen pflegten) mit groſser Hitze darauf bestanden, daſs sein vortreffliches Geheimniſs eine Schimäre sey.

Sie nöthigen mich durch Ihren Unglauben, daſs ich Ihnen noch mehr sagen muſs, fuhr der Filosof fort. Die Natur ist voll solcher Geheimnisse, meine schönen Damen; und wofür sollt' ich auch, wenn es sich der Mühe nicht verlohnte, bis nach Äthiopien und Indien gewandert seyn? Die Gymnosofisten, deren Weiber — wie Sie wissen — nackend gehen, haben mir sehr artige Sachen entdeckt.

„Zum Beyspiel?" — sagten die Abderitinnen.

Unter andern ein Geheimniſs, welches ich, wenn ich ein Ehemann wäre, lieber nicht zu wissen wünschen würde.

„Ach, nun haben wir die Ursache, warum sich Demokrit nicht verheirathen will," — rief die schöne Thryallis.

„Als ob wir nicht schon lange wüſsten, sagte Salabanda, daſs es seine Äthiopische Venus ist, die ihn für unsre Griechische so unempfindlich macht. — Aber Ihr Geheimniſs, Demokrit, wenn man es keuschen Ohren anvertrauen darf?"

Zum Beweise, daſs man es darf, will ich es den Ohren aller gegenwärtigen Schönen anvertrauen, antwortete der Naturforscher. Ich weiſs ein unfehlbares Mittel, wie man machen kann, daſs ein Frauenzimmer, im Schlafe, mit vernehmlicher Stimme alles sagt was sie auf dem Herzen hat.

„O gehen sie, riefen die Abderitinnen, Sie wollen uns bang machen; aber — wir lassen uns nicht so leicht erschrecken."

Wer wird auch an erschrecken denken, sagte Demokrit, wenn von einem Mittel die Rede ist, wodurch einer jeden ehrlichen Frau Gelegenheit gegeben wird, zu zeigen, daſs sie keine Geheimnisse hat, die ihr Mann nicht wissen dürfte?

„Wirkt Ihr Mittel auch bey Unverheiratheten?" — fragte eine Abderitin, die weder jung noch reitzend genug zu seyn schien, um eine solche Frage zu thun.

Es wirkt vom zehnten Jahre an bis zum achtzigsten, erwiederte er, ohne Beziehung auf irgend einen andern Umstand, worin sich ein Frauenzimmer befinden kann.

Die Sache fing an ernsthaft zu werden. — Aber Sie scherzen nur, Demokrit? sprach die Gemahlin eines Thesmotheten, nicht ohne eine geheime Furcht des Gegentheils versichert zu werden.

Wollen Sie die Probe machen, Lysistrata?

„Die Probe? — Warum nicht? — Voraus bedungen, daſs nichts Magisches dazu gebraucht wird. Denn mit Hülfe Ihrer Talismane und Geister könnten Sie eine arme Frau sagen machen was sie wollten."

Es haben weder Geister noch Talismane damit zu thun. Alles geht natürlich zu. Das Mittel, das ich gebrauche, ist die simpelste Sache von der Welt.

Die Damen fingen an, bey allen Grimassen von Herzhaftigkeit, wozu sie sich zu zwingen suchten, eine Unruhe zu verrathen, die den Filosofen sehr belustigte. — „Wenn man nicht wüſste, daſs Sie ein Spötter sind, der die ganze Welt zum besten hat. — Aber darf man fragen, worin Ihr Mittel besteht?"

Wie ich Ihnen sagte, die natürlichste Sache von der Welt. Ein ganz kleines unschädliches Ding, einem schlafenden Frauenzimmer aufs Herzgrübchen gelegt, das ist das ganze Geheimnifs: aber es thut Wunder, Sie können mirs glauben! Es macht reden, so lange noch im innersten Winkel des Herzens was zu entdekken ist.

Unter sieben Frauenzimmern, die sich in der Gesellschaft befanden, war nur Eine, deren Miene und Gebehrde unverändert die nehmliche blieb wie vorher. Man wird denken, sie sey alt, oder häfslich, oder gar tugendhaft gewesen; aber nichts von allem diesem! Sie war — taub.

„Wenn Sie wollen, dafs wir Ihnen glauben sollen, Demokrit, so nennen Sie Ihr Mittel."

Ich will es dem Gemahl der schönen Thryallis ins Ohr sagen, sprach der boshafte Naturkündiger.

Der Gemahl der schönen Thryallis war, ohne blind zu seyn, so glücklich, als Hagedorn einen Blinden schätzt dessen Gemahlin schön ist. Er hatte immer gute Gesellschaft, oder wenigstens was man zu Abdera so nannte, in seinem Hause. Der gute Mann glaubte, man finde so viel Vergnügen an seinem Umgang, und an den Versen die er seinen Besuchen vorzulesen pflegte. In der That hatte er das Talent, die schlechtesten Verse, die er machte, nicht übel zu lesen; und weil er mit vieler Begeisterung las, so wurde er nicht gewahr, daſs seine Zuhörer, anstatt auf seine Verse Acht zu geben, mit der schönen Thryallis liebäugelten. Kurz, der Rathsherr Smilax war ein Mann, der eine viel zu gute Meinung von sich selbst hatte, um von der Tugend seiner Gemahlin eine schlimme zu hegen.

Er bedachte sich also keinen Augenblick, dem Geheimniſs sein Ohr darzubieten.

Es ist weiter nichts, flüsterte ihm der Filosof ins Ohr, als die Zunge eines lebendigen Frosches, die man einer schlafenden Dame auf die linke Brust legen muſs. Aber Sie müssen Sich beym Ausreiſsen wohl in Acht nehmen, daſs nichts von den daran hängenden Theilen mitgeht, und der Frosch muſs wieder ins Wasser gesetzt werden.

„Das Mittel mag nicht übel seyn, sagte Smilax leise; nur Schade daſs es ein wenig bedenklich ist! Was würde der Priester Strobylus dazu sagen?"

Sorgen Sie nicht dafür, versetzte Demokrit: ein Frosch ist doch keine Diana, der Priester Strobylus mag sagen was er will. Und zudem geht es dem Frosche ja nicht ans Leben.

„Ich darf es also weiter geben?" — fragte Smilax.

Von Herzen gern! Alle Mannspersonen in der Gesellschaft dürfen es wissen; und ein jeder mag es ungescheut allen seinen Bekannten entdecken; nur mit der Bedingung, daſs es keiner weder seiner Frau noch seiner Geliebten wieder sage.

Die guten Abderitinnen wuſsten nicht was sie von der Sache glauben sollten. Unmöglich schien sie ihnen nicht; und was sollte auch Abderiten unmöglich scheinen? — Ihre gegenwärtigen Männer oder Liebhaber waren nicht viel ruhiger; jeder setzte sich heimlich vor, das Mittel ohne Aufschub zu probieren, und jeder (den glücklichen Smilax ausgenommen) besorgte, gelehrter dadurch zu werden als er wünsche.

„Nicht wahr, Männchen — sagte Thryallis zu ihrem Gemahl, indem sie ihn freundlich auf die Backen klopfte, du kennst mich zu gut, um einer solchen Probe nöthig zu haben?"

„Der meinige sollte sich so etwas einfallen lassen, sagte Lagiska Eine Probe setzt Zweifel voraus, und ein Mann, der an der Tugend seiner Frau zweifelt —".

— Ist ein Mann, der Gefahr läuft seine Zweifel in Gewifsheit verwandelt zu sehen, setzte Demokrit hinzu, da er sah, dafs sie einhielt. — Das wollten Sie doch sagen, schöne Lagiska?

„Sie sind ein Weiberfeind, riefen die Abderitinnen allzumahl, aber vergessen Sie nicht, dafs wir in Thracien sind, und hüten Sie Sich vor dem Schicksal des Orfeus!"

Wiewohl diefs im Scherz gesagt wurde, so war doch Ernst dabey. Natürlicher Weise läfst man sich nicht gern ohne Noth schlaflose Nächte machen; eine Absicht, von welcher wir den Filosofen um so weniger frey sprechen können, da er die Folgen seines Einfalles nothwendig voraus-sehen mufste. Wirklich gab diese Sache den sieben Damen so viel zu denken, dafs sie die ganze Nacht kein Auge zuthaten; und da das vorgebliche Geheimnifs den folgenden Tag in ganz Abdera herum lief, so verursachte er dadurch etliche Nächte hinter einander eine allgemeine Schlaflosigkeit.

Indessen brachten die Weiber bey Tage wieder ein, was ihnen bey Nacht abging: und weil verschiedene sich nicht einfallen liefsen dafs man ihnen das Arkanum, wenn sie am Tage schliefen, eben so gut applicieren könne als bey Nacht, und daher ihr Schlafzimmer zu verriegeln vergafsen; so bekamen die Männer unverhofft Gelegenheit, von ihren Froschzungen Gebrauch zu machen. Lysistrata, Thryallis, und einige andere, die am meisten dabey zu wagen hatten, waren die ersten, an denen die Probe, mit dem Erfolg den man leicht voraussehen kann, gemacht wurde.

Aber eben diefs stellte in kurzem die Ruhe in Abdera wieder her. Die Männer dieser Damen, nachdem sie das Mittel zwey - oder dreymahl ohne Erfolg gebraucht hatten, kamen in vollem Sprunge zu unserm Filosofen gelaufen, um sich zu erkundigen, was diefs zu bedeuten hätte. — So? rief er ihnen entgegen: hat die Froschzunge ihre Wirkung gethan? Haben Ihre Weiber gebeichtet? — Kein Wort, keine Sylbe sagten die Abderiten. — Desto besser! rief Demokrit: triumfieren Sie darüber! Wenn eine schlafende Frau mit einer Froschzunge auf dem Herzen nichts sagt, so ist es ein Zeichen, daſs sie — nichts zu sagen hat. Ich wünsche Ihnen Glück, meine Herren! Jeder von Ihnen kann sich rühmen, daſs er den Fönix der Weiber in seinem Hause besitze.

Wer war glücklicher als unsre Abderiten! Sie liefen so schnell als sie gekommen waren wieder zurück, fielen ihren erstaunten Weibern um den Hals, erstickten sie mit Küssen und Umarmungen, und bekannten nun freywillig was sie gethan hatten, um sich von der Tugend ihrer Hälften (wiewohl wir davon schon gewiſs waren, sagten sie) noch gewisser zu machen.

Die guten Weiber wuſsten nicht ob sie ihren Sinnen glauben sollten. Aber, wiewohl sie Abderitinnen waren, hatten sie doch Verstand genug sich auf der Stelle zu fassen, und ihren Männern ein so unzärtliches Miſstrauen, als dasjenige war dessen sie sich selbst anklagten, nachdrucklich zu verweisen. Einige trieben die Sache bis zu Thränen; aber alle hatten Mühe die Freude zu verbergen, die ihnen eine so unverhoffte Bestätigung ihrer Tugend verursachte; und wiewohl sie, der Anständigkeit wegen, auf Demokriten schmählen mußten, so war doch keine, die ihn nicht dafür hätte umarmen mögen, daſs er ihnen einen so guten Dienst geleistet hatte. Freylich war dieſs nicht was er gewollt hatte. Aber die Folgen dieses einzigen unschuldigen Scherzes machten ihn lehren, daſs man mit Abderiten nicht behutsam genug scherzen kann.

Indessen (wie alle Dinge dieser Welt mehr als Eine Seite haben) so fand sich auch, daſs aus dem Übel, welches unser Filosof den Abderiten wider seine Absicht zugefügt hatte, gleichwohl mehr Gutes entsprang, als man vermutblich hätte erwarten können, wenn die Froschzungen gewirkt hätten. Die Männer machten die Weiber durch ihre unbegrenzte Sicherheit, und die Weiber die Männer durch ihre Gefälligkeit und gute Laune glücklich. Nirgends in der Welt sah man zufriednere Ehen als in Abdera. Und bey allem dem waren die Stirnen der Abderiten so glatt, und die Ohren und Zungen der Abderitinnen so keusch, als bey andern Leuten.

13. Kapitel.

Demokrit soll die Abderitinnen die Sprache der Vögel lehren. Im Vorbeygehen eine Probe, wie sie ihre Töchter bildeten.

Ein andermahl geschah es, daſs sich unser Filosof an einem schönen Frühlingsabend mit einer Gesellschaft in einem von den Lustgärten befand, womit die Abderiten die Gegend um ihre Stadt verschönert hatten.

„Wirklich verschönert?" — Dieſs nun eben nicht: denn woher hätten die Abderiten nehmen sollen, daſs die Natur schöner ist als die Kunst, und daſs zwischen **künsteln** und **verschönern** ein Unterschied ist? — Doch davon soll nun die Rede nicht seyn.

Die Gesellschaft lag auf weichen mit Blumen bestreuten Rasen, unter einer hohen Laube, im Kreise herum. In den Zweigen eines benachbarten Baums sang eine Nachtigall. Eine junge Abderitin von vierzehn Jahren schien etwas dabey zu empfinden, wovon

die übrigen nichts empfanden. Demokrit
bemerkte es. Das Mädchen hatte eine sanfte
Gesichtsbildung und Seele in den Augen. Schade
für dich, dafs du eine Abderitin bist! dacht'
er. Was sollte dir in Abdera eine empfindsame Seele? Sie würde dich nur unglücklich
machen. Doch es hat keine Gefahr! Was die
Erziehung deiner Mutter und Grofsmutter an
dir unverdorben gelassen hat, werden die
Söhnchen unsrer Archonten und Rathsherren,
und was diese verschonen, wird das Beyspiel
deiner Freundinnen zu Grunde richten. In
weniger als vier Jahren wirst du eine Abderitin seyn wie die andern, und wenn du erst
erfährst, dafs eine Froschzunge auf dem Herzgrübchen nichts zu bedeuten hat —

Was denken Sie, schöne Nannion? sagte
Demokrit zu dem Mädchen.

„Ich denke, dafs ich mich dort unter die
Bäume setzen möchte, um dieser Nachtigall
recht ungestört zuhören zu können."

Das alberne Ding! sagte die Mutter des
Mädchens. Hast du noch keine Nachtigall
gehört?

„Nannion hat Recht, sagte die schöne
Thryallis; ich selbst höre für mein Leben

gern den Nachtigallen zu. Sie singen mit einem
solchen Feuer, und es ist etwas so eigenes in
ihren Modulazionen, daſs ich schon oft gewünscht habe, zu verstehen was sie damit sagen wollen. Ich bin gewiſs, man würde die
schönsten Dinge von der Welt hören. Aber
Sie, Demokrit, der alles weiſs, sollten Sie
nicht auch die Sprache der Nachtigallen verstehen?"

Warum nicht? antwortete der Filosof mit
seinem gewöhnlichen Flegma; und die Sprache
aller übrigen Vögel dazu!

„Im Ernste?"

Sie wissen ja, daſs ich immer im Ernste
rede.

„O das ist allerliebst! Geschwind, übersetzen Sie uns was aus der Sprache der Nachtigallen! Wie hieſs das, was diese dort sang,
als Nannion so davon gerührt wurde?"

Das läſst sich nicht so leicht ins Griechische übersetzen als Sie denken, schöne Thryallis. Es giebt keine Redensarten in unsrer
Sprache, die dazu zärtlich und feurig genug
wären.

„Aber wie können Sie denn die Sprache der Vögel verstehen, wenn Sie nicht auf Griechisch wieder sagen können, was Sie gehört haben?"

Die Vögel können auch kein Griechisch, und verstehen einander doch?

„Aber Sie sind kein Vogel, wiewohl Sie ein loser Mann sind, der uns immer zum besten hat."

Daſs man in Abdera doch so gern arges von seinem Nächsten denkt! Indessen verdient Ihre Antwort, daſs ich mich näher erkläre. Die Vögel verstehen einander durch eine gewisse Sympathie, welche ordentlicher Weise nur unter gleichartigen Geschöpfen Statt hat. Jeder Ton einer singenden Nachtigall ist der lebende Ausdruck einer Empfindung, und erregt in der zuhörenden unmittelbar den *Unisono* dieser Empfindung. Sie versteht also, vermittelst ihres eignen innern Gefühls, was ihr jene sagen wollte; und gerade auf die nehmliche Weise versteh' ich sie auch.

„Aber wie machen Sie denn das?" — fragten etliche Abderitinnen.

Die Frage war, nachdem Demokrit sich bereits so deutlich erklärt hatte, gar zu Abderitisch, als daſs er sie ihnen so ungenossen hätte hingeben lassen können. Er besann sich einen Augenblick.

Ich verstehe ihn, — sagte die kleine Nannion leise.

„Du verstehst ihn, du naseweises Ding? — schnarrte ihre Mutter das arme Mädchen an: — nun, laſs hören, Puppe, was verstehst du denn davon?"

Ich kann es nicht zu Worte bringen; aber ich empfand es, däucht mich, erwiederte Nannion.

„Sie ist, wie Sie hören, noch ein Kind, sagte die Mutter; wiewohl sie so schnell aufgeschossen ist, daſs viele Leute sie für meine jüngere Schwester angesehen haben. Aber halten wir uns nicht mit dem Geplapper eines läppischen Mädchens auf, das noch nicht weiſs was es sagt!"

Nannion hat Gefühl, sagte Demokrit; sie findet den Schlüssel zur allgemeinen Sprache der Natur in ihrem Herzen, und vielleicht versteht sie mehr davon als —

„O mein Herr, ich bitte Sie, machen Sie mir die kleine Närrin nicht noch einbildischer!

sie ist ohnedieſs naseweis und schnippisch genug —"

Bravo, dachte Demokrit; nur so fortgefahren! Auf diesem Wege möchte noch Hoffnung für den Kopf und das Herz der kleinen Nannion seyn.

„Bleiben wir bey der Sache! (fuhr die Abderitin fort, die, ohne jemahls recht gewuſst zu haben wie und warum, die unerkannte Ehre hatte Nannions Mutter zu seyn) Sie wollten uns ja erklären wie es zuginge, daſs Sie die Sprache der Vögel verstehen?"

Wir sind den Abderitinnen die Gerechtigkeit schuldig, nicht zu bergen, daſs sie alles, was Demokrit von seiner Kenntniſs der Vögelsprache gesagt hatte, für bloſse Prahlerey hielten. Aber dieſs hinderte nicht, daſs die Fortsetzung dieses Gesprächs nicht etwas sehr unterhaltendes für sie gehabt hätte: denn sie hörten von nichts lieber reden, als von Dingen, die sie nicht glaubten und doch glaubten; als da ist von Sfinxen, Meermännern, Sibyllen, Kobolden, Popanzen, Gespenstern, und allem was in diese Rubrik gehört; und die Sprache der Vögel gehörte auch dahin, dachten sie,

Es ist ein Geheimniſs, erwiederte Demokrit, das ich von dem Oberpriester zu Memfis lernte, da ich mich in die Ägyptischen Mysterien einführen ließ. Er war ein langer hagerer Mann, hatte einen sehr langen Nahmen, und einen noch längern eisgrauen Bart, der ihm bis an den Gürtel reichte. Sie würden ihn für einen Mann aus der andern Welt gehalten haben, so feierlich und geheimnisvoll sah er in seiner spitzigen Mütze und in seinem schleppenden Mantel aus.

Die Aufmerksamkeit der Abderiten nahm merklich zu. Nannion, die sich ein wenig weiter zurück gesetzt hatte, lauschte mit dem linken Ohr der Nachtigall entgegen; aber von Zeit zu Zeit schoſs sie einen dankvollen Seitenblick auf den Filosofen, welchen dieser, so oft die Mutter auf ihren Busen sah oder ihren Hund küſste, mit aufmunternden Lächeln beantwortete.

Das ganze Geheimniſs, fuhr er fort, besteht darin: Man schneidet unter einer gewissen Konstellazion sieben verschiedenen Vögeln (deren Nahmen ich nicht entdecken darf) die Hälse ab, läſst ihr Blut in eine kleine Grube, die zu dem Ende in die Erde gemacht wird, zusammen fließen, bedeckt die Grube mit Lorberzweigen, und — geht seines Weges. Nach Verfluſs von ein und zwanzig Tagen kommt man wieder, deckt die Grube auf, und findet einen kleinen Drachen von seltsamer Gestalt, der aus der Fäulniſs des vermischten Blutes entstanden ist. — 17)

17) Plinius, der in seiner Natur- und Kunstgeschichte Wahres und Falsches ohne Unterschied zusammen getragen hat, erzählt, im neun und vierzigsten Kapitel seines zehnten Buchs, in ganzen Ernst: Demokrit habe in einer seiner Schriften gewisse Vögel benennt, aus deren vermischtem Blut eine Schlange entstehe, welche die Eigenschaft habe, daſs derjenige, der sie esse, (ob mit Essig und Öhl, sagt er nicht) von Stund' an alles verstehe was die Vögel mit einander reden. Wegen dieser und anderer ähnlicher Albernheiten, wovon (wie er sagt) die Schriften des Demokrits wimmeln, liest er ihm an einem andern Orte seines Werkes den Text sehr schulmeisterhaft. Aber Gellius (*Noct. Atticar. L. X. Cap.* 12.) vertheidigt unsern Filosofen mit besserm Grund, als Plinins ihn verurtheilt. Was konnte Demokrit dafür, daſs die Abderiten dumm genug waren, alles, was er im Ernste sagte, für Ironie, und alles, was er scherzweise sagte, für Ernst zu nehmen? Oder wie konnt' er verhindern, daſs nicht lange nach seinem Tode Abderitische

„Einen Drachen!" — riefen die Abderitinnen mit allen Merkmahlen des Erstaunens.

Einen Drachen, wiewohl nicht viel gröfser als eine gewöhnliche Fledermaus Diesen Drachen nehmen Sie, schneiden ihn in kleine Stücke, und essen ihn mit etwas Essig, Öhl und Pfeffer, ohne das mindeste davon übrig zu lassen; gehen darauf zu Bette, decken Sich wohl zu, und schlafen ein und zwanzig Stunden in einem Stücke fort. Darauf erwachen Sie wieder, kleiden Sich an, gehen in Ihren Garten oder in ein Wäldchen, und erstaunen nicht wenig, indem Sie Sich augenblicklich auf allen Seiten von Vögeln umgeben und gegrüfst finden; deren Sprache und Gesang Sie so gut verstehen, als ob Sie alle Tage Ihres Lebens

Köpfe tausend Albernheiten, an die er nie gedacht hatte, unter seinem Nahmen und Ansehen an andre Abderiten verkauften? Was für klägliches Zeug liefs ihn nicht erst im Jahre 1646 Magnenus in seinem *Demokritus redivivus* sagen! Und was müssen nicht die Leute in der andern Welt von sich sagen lassen!

nichts als Elstern, Gänschen und Truthühner 18) gewesen wären.

Demokrit erzählte den Abderitinnen alles diefs mit einer so gelassenen Ernsthaftigkeit, dafs sie sich um so weniger entbrechen konnten ihm Glauben beyzumessen, da er (ihrer Meinung nach) die Sache unmöglich mit so vielen Umständen hätte erzählen können, wenn sie nicht wahr gewesen wäre. Indessen wufsten sie jetzt doch gerade nur so viel davon als nöthig war, um desto ungeduldiger zu werden alles zu wissen —

„Aber, fragten sie, was für Vögel sind es denn, die man dazu braucht? Ist der Sperling, der Finke, die Nachtigall, die Elster, die Wachtel, der Rabe, der Kiebitz, die Nachteule, u. s. f. auch darunter? Wie sieht der Drache aus? Hat er Flügel? Wie viele hat

---

18) Diefs ist wohl ein Irrthum des Übersetzers. Denn wer weifs nicht, dafs die Truthühner dem Aristoteles selbst unbekannt waren, und unbekannt seyn mufsten, weil sie erst aus Westindien zu uns und in die übrigen Theile unsrer Halbkugel gekommen sind! S. *Buffon Histoire naturelle des Oiseaux*, T. III. p. 187. u. f.

er deren? Ist er gelb, oder grün, oder blau, oder rosenfarben? Speyt er Feuer? Beißt oder sticht er nicht, wenn man ihn anrühren will? Ist er gut zu essen? Wie schmeckt er? Wie verdaut er sich? Was trinkt man dazu?" — Alle diese Fragen, womit der gute Naturforscher von allen Seiten bestürmt wurde, machten ihm so warm, daß er sich endlich am kürzesten aus dem Handel zu ziehen glaubte, wenn er ihnen gestände, er habe die ganze Historie nur zum Scherz ersonnen.

„O, dieß sollen Sie uns nicht weiß machen! — riefen die Abderitinnen: Sie wollen nur nicht daß wir hinter Ihre Geheimnisse kommen. Aber wir werden Ihnen keine Ruhe lassen, verlassen Sie Sich darauf! Wir wollen den Drachen sehen, betasten, beriechen, kosten, und mit Haut und Knochen aufessen, oder — Sie sollen uns sagen, warum nicht!"

DIE ABDERITEN.

ZWEYTES BUCH.

Zweytes Buch.

Hippokrates in Abdera.

1. Kapitel.

Eine Abschweifung über den Karakter und die Filosofie des Demokritus, welche wir den Leser nicht zu überschlagen bitten.

Wir wissen nicht, wie Demokrit es angefangen, um sich die neugierigen Weiber vom Halse zu schaffen. Genug, daſs uns diese Beyspiele begreiflich machen, wie ein bloſser zufälliger Einfall Gelegenheit habe geben können, den unschuldigen Naturforscher in den Ruf zu bringen, als ob er Abderit genug gewesen sey, alle die Mährchen, die er seinen albernen Landsleuten aufheftete, selbst zu glauben. Diejenigen, die ihm diefs zum Vorwurf nachgesagt haben, berufen sich auf seine Schriften. Aber schon lange vor den Zeiten des Vitruvius und Plinius wurden eine Menge unächter Büchlein mit viel bedeutenden Titeln unter seinem Nahmen herum getragen. Man weifs, wie gewöhnlich diese Art von Betrug den müfsigen *Graeculis* der spätern Zeit war. Die Nahmen Hermes Trismegistus, Zoroaster, Orfeus, Pythagoras, Demokritus, waren ehrwürdig genug, um die armseligsten Geburten schaler Köpfe verkäuflich zu machen; insonderheit nachdem die Alexandrinische Filosofenschule die Magie in eine Art von allgemeiner Achtung, und die Gelehrten in den Geschmack gebracht hatte, sich bey den Ungelehrten das Ansehen zu geben als ob sie gewaltige Wundermänner wären, die den Schlüssel zur Geisterwelt gefunden hätten, und für die nun in der ganzen Natur nichts geheimer sey. Die Abderiten hatten den Demokrit in den Ruf der Zauberey gebracht, weil sie nicht begreifen konnten, wie man ohne ein Hexenmeister zu seyn so viel wissen könne, als sie — nicht wufsten; und spätere Betrüger fabricierten Zauberbücher in seinem Nahmen, um von jenem Ruf bey den Dummköpfen ihrer Zeit Vortheile zu ziehen.

Überhaupt waren die Griechen grofse Liebhaber davon, mit ihren Filosofen den Narren zu treiben. Die Athener lachten herzlich, als ihnen der witzige Possenreifser Aristofanes weifs machte, Sokrates halte die Wolken für Göttinnen, messe aus, wie viele Flohfüfse hoch ein Floh springen könne, ¹) lasse sich

¹) Nichts ist möglicher, als dafs Sokrates wirklich einmahl etwas gesagt haben konnte, das zu diesem Aristofanischen Spafs Anlafs gegeben. Er durfte nur in einer Gesellschaft, wo die Rede von Gröfse und Kleinheit war, den Irrthum angemerkt haben, den man gewöhnlich begeht, da man von Grofs und Klein als von wesentlichen Eigenschaften spricht, und nicht bedenkt, dafs es blofs auf den Mafsstab ankommt, ob eben dasselbe Ding grofs oder klein seyn soll. Er konnte nach seiner scherzhaften Art gesagt haben: man habe Unrecht, den Sprung eines Flohs nach der Attischen Elle zu messen; man müsse, um die Schnellkraft des Flohs mit derjenigen eines Luftspringers zu vergleichen, nicht den menschlichen Fufs, sondern den Flohfufs zum Mafs nehmen, wenn man anders den Flöhen Gerechtigkeit widerfahren lassen wolle — und dergleichen. Nun brauchte nur ein Abderit in der Gesellschaft zu seyn, so können wir sicher darauf rechnen, dafs er es als eine grofse Ungereimtheit, die dem Filosofen entfahren sey, nach seiner

wenn er meditieren wolle, in einem Korbe aufhängen, damit die anziehende Kraft der Erde seine Gedanken nicht einsauge, u. s. w. und es dünkte sie überaus kurzweilig, den Mann, der ihnen immer die Wahrheit und also oft unangenehme Dinge sagte, wenigstens auf der Bühne platte Pedantereyen sagen zu hören. Und wie mußte sich nicht Diogenes (der unter den Nachahmern des Sokrates noch am meisten die Miene seines Originals hatte) von diesem Volke, das so gern lachte, mißhandeln lassen! Sogar der begeisterte Plato und der tiefsinnige Aristoteles blieben nicht von Anklagen frey, wodurch man sie zu dem großen Haufen der alltäglichen Menschen herab zu setzen suchte. Was Wunder also, daß es dem Manne nicht

eignen Art wieder erzählt haben werde: und wenn gleich Aristofanes klug genug war zu begreifen, daß Sokrates etwas kluges gesagt haben werde; so war es doch für einen Mann von seiner Profession und zu seiner Absicht, den Filosofen lächerlich zu machen, schon genug, daß man diesem Einfall eine Wendung geben konnte, wodurch er geschickt wurde, die Zwerchfelle der Athener, welche (den Geschmack und den Witz abgerechnet) ziemlich Abderiten waren, einen Augenblick zu erschüttern.

besser ging, der so verwegen war mitten unter Abderiten Verstand zu haben!

Demokrit lachte zuweilen, wie wir alle, und würde vielleicht, wenn er zu Korinth oder Smyrna oder Syrakus oder an irgend einem andern Orte der Welt gelebt hätte, nicht mehr gelacht haben, als jeder andre Biedermann, der sich, aus Gründen oder von Temperaments wegen, aufgelegter fühlt die Thorheiten der Menschen zu belachen als zu beweinen. Aber er lebte unter Abderiten. Es war einmahl die Art dieser guten Leute, immer etwas zu thun, worüber man entweder lachen oder weinen oder ungehalten werden mufste: und Demokrit lachte, wo ein Focion die Stirne gerunzelt, ein Kato gepoltert, und ein Swift zugepeitscht hätte. Bey einem ziemlich langen Aufenthalt in Abdera konnte ihm also die Miene der Ironie wohl eigenthümlich werden: aber dafs er im buchstäblichen Verstande immer aus vollem Halse gelacht habe, wie ihm ein Dichter, der die Sachen gern übertreibt, nachsagt, [2] diefs hätte wenigstens niemand in Prosa sagen sollen.

---

[2] *Perpetuo risu pulmonem agitare solebat Democritus.* — *Juvenal. Sat. X.* 33.

Doch diese Nachrede möchte immer hingehen, zumahl da ein so gepriesener Filosof wie Seneka unsern Freund Demokrit über diesen Punkt rechtfertigt, und sogar nachahmenswürdig findet. „Wir müssen uns dahin bestreben, sagt Seneka, daſs uns die Thorheiten und Gebrechen des groſsen Haufens sammt und sonders nicht hassenswürdig, sondern lächerlich vorkommen; und wir werden besser thun, wenn wir uns hierin den Demokrit als den Haraklit zum Muster nehmen. Dieser pflegte, so oft er unter die Leute ging, zu weinen; jener, zu lachen; dieser sah in allem unserm Thun eitel Noth und Elend; jener eitel Tand und Kinderspiel. Nun ist es aber freundlicher, das menschliche Leben anzulachen als es anzugrinsen; und man kann sagen, daſs sich derjenige um das Menschengeschlecht verdienter macht, der es belacht, als der es bejammert. Denn jener läſst uns doch noch immer ein wenig Hoffnung übrig; dieser hingegen weint alberner Weise über Dinge, die er bessern zu können verzweifelt. Auch zeigt derjenige eine gröſsere Seele, der, wenn er einen Blick über das Ganze wirft, sich nicht des Lachens — als jener, der sich der Thränen nicht enthalten kann; denn er giebt dadurch zu erkennen, daſs alles, was andern groſs und wichtig genug scheint um sie in die heftigsten Leidenschaften zu setzen, in seinen Augen so klein ist, dafs es nur den leichtesten und kaltblütigsten unter allen Affekten in ihm erregen kann." 3)

3) Bey allem dem erklärt sich doch Seneka bald darauf, dafs es noch besser und einem weisen Manne anständiger sey, die herrschenden Sitten und Fehler der Menschen sanft und gleichgültig zu ertragen, als darüber zu lachen oder zu weinen. Mich dünkt, er hätte mit wenig Mühe finden können, dafs es — noch was bessers giebt als diefs Bessere. Warum immer lachen, immer weinen, immer zürnen, oder immer gleichgültig seyn? Es giebt Thorheiten, welche belachenswerth sind; es giebt andere, die ernsthaft genug sind um dem Menschenfreunde Seufzer auszupressen: andre, die einen Heiligen zum Unwillen reitzen könnten; endlich noch andre, die man der menschlichen Schwachheit zu gut halten soll. Ein weiser und guter Mann (*nisi pituita molesta est*, wie Horaz weislich ausbedingt) lacht oder lächelt, bedauert oder beweint, entschuldigt oder verzeiht, je nachdem es Personen und Sachen, Ort und Zeit mit sich bringen. Denn lachen und weinen, lieben und hassen, züchtigen und los lassen, hat seine Zeit, sagt Salomo, welcher älter, klüger und besser war als Seneka mit allen seinen Antithesen.

Im Vorbeygehen, däucht mich, die Entscheidung des Sofisten Seneka habe Verstand; wiewohl er vieleicht besser gethan hätte, seine Gründe weder so weit herzuholen, noch in so gekünstelte Antithesen einzuschrauben. Doch, wie gesagt, der blofse Umstand, dafs Demokrit unter Abderiten lebte, und über Abderiten lachte, macht den Vorwurf, von welchem die Rede ist, (wie übertrieben er auch seyn mag) zum erträglichsten unter allem, was unsern Weisen aufgebürdet worden. Läfst doch Homer die Götter selbst über einen weit weniger lächerlichen Gegenstand — über den hinkenden Vulkan, der aus der gutherzigen Absicht, Friede unter den Olympiern zu stiften, den Mundschenken macht, — in ein unauslöschliches Gelächter ausbrechen! Aber das Vorgeben, dafs Demokrit sich selbst freywillig des Gesichts beraubt habe, und die Ursachen, warum er das gethan haben soll, diefs setzt auf Seiten derjenigen, bey denen es Eingang finden konnte, eine Neigung voraus, die wenigstens ihrem Kopfe wenig Ehre macht.

Und was für eine Neigung mag denn das seyn? — Ich will es euch sagen, lieben Freunde, und gebe der günstige Himmel, dafs es nicht gänzlich in den Wind gesagt seyn möge!

Es ist die armselige Neigung, jeden Dummkopf, jeden hämischen Buben für einen unverwerflichen Zeugen gelten zu lassen, so bald er einem grofsen Manne irgend eine überschwengliche Ungereimtheit nachsagt, welche sogar der alltäglichste Mensch bey fünf gesunden Sinnen zu begehen unfähig wäre.

Ich möchte nicht gern glauben, dafs diese Neigung so allgemein sey als die Verkleinerer der menschlichen Natur behaupten: aber diefs wenigstens lehrt die Erfahrung, dafs die kleinen Anekdoten, die man von grofsen Männern auf Unkosten ihrer Vernunft zirkulieren zu lassen pflegt, sehr leicht bey den meisten Eingang finden. Doch vielleicht ist dieser Hang im Grunde nicht sträflicher als das Vergnügen, womit die Sternseher Flecken in der Sonne entdeckt haben? Vielleicht ist es blofs das Unerwartete und Unbegreifliche, was die Entdeckung solcher Flecken so angenehm macht? Aufserdem findet sich auch nicht selten, dafs die armen Leute, indem sie einem grofsen Manne Widersinnigkeiten andichten, ihm (nach ihrer Art zu denken) noch viel Ehre zu erweisen glauben; und diefs mag wohl, was die freywillige Blindheit unsers Filosofen betrifft, der Fall bey mehr als Einem Abderitischen Gehirne gewesen seyn.

„Demokrit beraubte sich des Gesichtes, sagt man, damit er desto tiefer denken könnte. Was ist hierin so unglaubliches? Haben wir nicht Beyspiele freywilliger Verstümmelungen von ähnlicher Art. Kombabus — Origenes —"

Gut! — Kombabus und Origenes warfen einen Theil ihrer selbst von sich, und zwar einen Theil, den wohl die meisten (im Fall der Noth) mit allen ihren Augen, und wenn sie deren so viel als Argus hätten, erkaufen würden. Allein sie hatten auch einen grofsen Beweggrund dazu. Was giebt der Mensch nicht um sein Leben! Und was thut oder leidet man nicht, um der Günstling eines Fürsten zu bleiben, oder gar eine Pagode zu werden! — Demokrit hingegen konnte keinen Beweggrund von dieser Stärke haben. Es möchte noch hingehen, wenn er ein Metafysiker oder ein Poet gewesen wäre. Diefs sind Leute, die zu ihrem Geschäfte des Gesichts entbehren können. Sie arbeiten am meisten mit der Einbildungskraft, und diese gewinnt sogar durch die Blindheit. Aber wenn hat man jemahls gehört, daſs ein Beobachter der Natur, ein Zergliederer, ein Sternseher, sich die Augen ausgestochen hätte, um desto besser zu beobachten, zu zergliedern und nach den Sternen zu sehen?

Die Ungereimtheit ist so handgreiflich, daſs Tertullian die angebliche That unsers Filosofen aus einer andern Ursache ableitet, die ihm aber zum wenigsten eben so ungereimt hätte vorkommen müssen, wenn er nicht gerade vonnöthen gehabt hätte, die Filosofen, die er zu Boden legen wollte, in Strohmänner zu verwandeln. „Er beraubte sich der Augen, sagt Tertullian, [4]) weil er kein Weib ansehen konnte, ohne ihrer zu begehren." — Ein feiner Grund für einen Griechischen Filosofen aus dem Jahrhundert des Perikles! Demokrit, der sich gewiſs nicht einfallen lieſs weiser seyn zu wollen als Solon, Anaxagoras, Sokrates, hatte auch vonnöthen zu einem solchen Mittel seine Zuflucht zu nehmen! Wahr ists, der Rath des letztern [5]) (der Demokriten gewiſs nichts unbekanntes war, weil er Ver-

---

4) *Apolog. C.* 46.
5) *Memorab. Socrat. Lib. I. Cap.* 3. *Num.* 14.

stand genug hatte, sich ihn selbst zu geben) verfängt wenig gegen die Gewalt der Liebe; und einem Filosofen, der sein ganzes Leben dem Erforschen der Wahrheit widmen wollte, war allerdings sehr viel daran gelegen, sich vor einer so tyrannischen Leidenschaft zu hüten. Allein von dieser hatte auch Demokrit, wenigstens in Abdera, nichts zu besorgen. Die Abderitinnen waren zwar schön; aber die gütige Natur hatte ihnen die Dummheit zum Gegengift ihrer körperlichen Reitzungen gegeben. Eine Abderitin war nur schön bis sie — den Mund aufthat, oder bis man sie in ihrem Hauskleide sah. Leidenschaften von drey Tagen waren das Äuserste, was sie einem ehrlichen Manne, der kein Abderit war, einflößen konnte; und eine Liebe von drey Tagen ist einem Demokrit am Filosofieren so wenig hinderlich, daß wir vielmehr allen Naturforschern, Zergliederern, Meßkünstlern und Sternsehern demüthig rathen wollten, sich dieses Mittels, als eines vortrefflichen Recepts gegen Milzbeschwerungen, öfters zu bedienen, wenn nicht zu vermuthen wäre, daß diese Herren zu weise sind eines Rathes vonnöthen zu haben. Ob Demokrit selbst die Kraft dieses Mittels zufälliger Weise bey einer oder der andern von den Abderitischen Schönen, die wir bereits kennen gelernt, versucht haben möchte, können wir aus Mangel authentischer Nachrichten weder bejahen noch verneinen. Aber dafs er, um gar nicht oder nicht zu stark von so unschädlichen Geschöpfen eingenommen zu werden, und weil er auf allen Fall sicher war dafs sie ihm die Augen nicht auskratzen würden, — schwach genug gewesen sey, sich solche selbst auszukratzen: diefs mag Tertullian glauben so lang es ihm beliebt; wir zweifeln sehr, dafs es jemand mitglauben wird.

Aber alle diese Ungereimtheiten werden unerheblich, wenn wir sie mit demjenigen vergleichen, was ein sonst in seiner Art sehr verdienter Sammler von Materialien zur Geschichte des menschlichen Verstandes die Filosofie des Demokritus nennt. Es würde schwer seyn, von einem Haufen einzelner Trümmer, Steine und zerbrochner Säulen, die man als vorgebliche Überbleibsel des grofsen Tempels zu Olympia aus unzähligen Orten zusammen gebracht hätte, mit Gewifsheit zu sagen, dafs es wirklich Trümmer dieses Tempels seyen. Aber was würde man von einem Manne denken, der — wenn er diese Trümmer, so gut es ihm in der Eile möglich gewesen wäre, auf einander gelegt, und mit etwas Lehm und Stroh zusammen geflickt hätte — ein so armseliges

Stückwerk, ohne Plan, ohne Fundament, ohne Größe, ohne Symmetrie und Schönheit, für den Tempel zu Olympia ausgeben wollte?

Überhaupt ist es gar nicht wahrscheinlich, daſs Demokrit ein System gemacht habe. Ein Mann, der sein Leben mit Reisen, Beobachtungen und Versuchen zubringt, lebt selten lange genug, um die Resultate dessen was er gesehen und erfahren in ein kunstmäſsiges Lehrgebäude zusammen zu fügen. Und in dieser Rücksicht könnte auch wohl Demokrit, wiewohl er über ein Jahrhundert gelebt haben soll, noch immer zu früh vom Tod überrascht worden seyn. Aber daſs ein solcher Mann, mit dem durchdringenden Verstande und mit dem brennenden Durste nach Wahrheit, den ihm das Alterthum einhellig zuschreibt, fähig gewesen sey, handgreiflichen Unsinn zu behaupten, ist noch etwas weniger als unwahrscheinlich. „Demokrit (sagt man uns) erklärte das Daseyn der Welt lediglich aus dem Atomen, dem leeren Raum, und der Nothwendigkeit oder dem Schicksal. Er fragte die Natur achtzig Jahre lang, und sie sagte ihm kein Wort von ihrem Urheber, von seinem Plan, von seinem Endzweck? Er schrieb den Atomen allen einerley Art von Bewegung zu, und wurde nicht gewahr, ⁵) daſs aus Elementen, die sich in parallelen Linien bewegen, in Ewigkeit keine Körper entstehen können? Er läugnete, daſs die Verbindung der Atomen nach dem Gesetze der Ähnlichkeit geschehe; er erklärte alles in der Welt aus einer unendlich schnellen aber blinden Bewegung: und behauptete gleichwohl daſs die Welt ein Ganzes sey?" u. s. w. Diesen und andern ähnlichen Unsinn setzt man auf seine Rechnung; citiert den Stobäus, Sextus, Censorinus; und bekümmert sich wenig darum, ob es unter die möglichen Dinge gehöre, daſs ein Mann von Verstand (wofür man gleichwohl den Demokrit ausgiebt) so gar erbärmlich räsonieren könnte. Freylich sind groſse Geister von der Möglichkeit sich zu irren, oder unrichtige Folgerungen zu ziehen, eben so wenig frey als kleine; wiewohl man gestehen muſs, daſs sie unendlichemahl seltener in diese Fehler fallen, als es die Lilliputter gern hätten: aber es giebt Albernheiten die nur ein Dummkopf zu denken oder zu sagen fähig ist, so wie es Unthaten giebt die nur ein Schurke begehen kann. Die besten Men-

---

6) *Brucker, Histor. Crit. Philos. T. I. p. 1190.*

schen haben ihre Anomalien, und die Weisesten leiden zuweilen eine vorüber gehende Verfinsterung; aber dieß hindert nicht, daß man nicht mit hinlänglicher Sicherheit von einem verständigen Manne sollte behaupten können: daß er gewöhnlich, und besonders bey solchen Gelegenheiten, wo auch die Dümmsten allen den ihrigen zusammen raffen, wie ein Mann von Verstand verfahren werde.

Diese Maxime könnte uns, wenn sie gehörig angewendet würde, im Leben manches rasche Urtheil, manche von wichtigen Folgen begleitete Verwechslung des Scheins mit der Wahrheit ersparen helfen. Aber den Abderiten half sie nichts. Denn zum Anwenden einer Maxime wird gerade das Ding erfordert — das sie nicht hatten. Die guten Leute behalfen sich mit einer ganz andern Logik als vernünftige Menschen; und in ihren Köpfen waren Begriffe associiert, die, wenn es keine Abderiten gäbe, sonst in aller Ewigkeit nie zusammen kommen würden. Demokrit untersuchte die Natur der Dinge, und bemerkte Ursachen gewisser Naturbegebenheiten ein wenig früher als die Abderiten: also war er ein Zauberer. — Er dachte über alles anders als sie, lebte nach andern Grundsätzen, brachte seine Zeit auf eine ihnen unbegreifliche Art mit sich selbst zu, — also war es nicht recht richtig in seinem Kopfe; der Mann hatte sich überstudiert, und man besorgte, daſs es einen unglücklichen Ausgang mit ihm nehmen werde. — Solche Schlüsse machen die Abderiten aller Zeiten und Orte!

---

2. Kapitel.

Demokrit wird eines schweren Verbrechens beschuldigt, und von einem seiner Verwandten damit entschuldigt, daſs er seines Verstandes nicht recht mächtig sey. Wie er das Ungewitter, welches ihm der Priester Strobylus zubereiten wollte, noch zu rechter Zeit ableitet.

Was hört man von Demokriten? — sagten die Abderiten unter einander. — „Schon sechs ganzer Wochen will niemand nichts von ihm gesehen haben. — Man kann seiner nie habhaft werden; oder wenn man ihn endlich trifft, so sitzt er in tiefen Gedanken und ihr habt eine halbe Stunde vor ihm gestanden, habt mit ihm gesprochen, und seyd wieder weggegangen, ohne dafs er es gewahr worden ist. Bald wühlt er in den Eingeweiden von Hunden und Katzen herum; bald kocht er Kräuter, oder steht mit einem grofsen Blasebalg in der Hand vor einem Zauberofen, und macht Gold, oder noch was ärgers. Bey Tage klettert er wie eine Gemse die steilsten Klippen des Hämus hinan, um — Kräuter zu suchen, als ob es deren nicht genug in der Nähe gäbe; und bey Nacht, wo sogar die unvernünftigen Geschöpfe der Ruhe pflegen, wickelt er sich in einen Skythischen Pelz, und guckt, beym Kastor! durch ein Blaserohr nach den Sternen."

Ha, ha, ha! Man könnte sichs nicht närrischer träumen lassen! Ha, ha, ha! — lachte der kurze dicke Rathsherr.

Es ist bey allem dem Schade um den Mann, sagte der Archon von Abdera; man muſs gleichwohl gestehen dafs er viel weifs.

Aber was hat die Republik davon? — versetzte ein Rathsherr, der sich mit Projekten, Verbesserungsvorschlägen, und Dedukzionen veralteter Ansprüche eine hübsche runde Summe von der Republik verdient hatte, und in Kraft dessen immer aus vollen Backen von seinen Verdiensten um das Abderitische Wesen prahlte, wiewohl das Abderitische Wesen sich durch alle seine Projekte, Dedukzionen und Verbesserungen nicht um hundert Drachmen besser befand.

Es ist wahr, (sprach ein andrer) mit seiner Wissenschaft läuft es auf lauter Spielwerk hinaus; nichts gründliches! *In minimis maximus!*

Und dann sein unerträglicher Stolz! seine Widersprechungssucht! sein ewiges Vernünfteln und Tadeln und Spötteln!"

Und sein schlimmer Geschmack!

Von der Musik wenigstens versteht er nicht den Guckuck, sagte der Nomofylax.

Vom Theater noch weniger, rief Hyperbolus.

Und von der hohen Ode gar nichts, sagte Fysignathus.

Er ist ein Scharlatan, ein Windbeutel —

Und ein Freygeist obendrein, schrie der Priester Strobylus; ein ausgemachter Freygeist, ein Mensch der nichts glaubt, dem nichts heilig ist! Man kann ihm beweisen, daſs er einer Menge Frösche die Zunge bey lebendigem Leibe ausgerissen hat.

Man spricht stark davon, daſs er deren etliche sogar lebendig zergliedert habe, sagte jemand.

Ists möglich? rief Strobylus mit allen Merkmahlen des äuſsersten Entsetzens; sollte dieſs bewiesen werden können? Gerechte Latona! wozu diese verfluchte Filosofie einen Menschen nicht bringen kann! Aber, sollt' es wirklich bewiesen werden können?

Ich geb' es wie ich es empfangen habe, erwiederte jener.

Es muſs untersucht werden, schrie Strobylus, hochpreislicher Herr Archon! Wohlweise Herren! — ich fodre Sie hiermit im Nahmen der Latona auf! Die Sache muſs untersucht werden!

Wozu eine Untersuchung? sagte Thrasyllus, einer von den Häuptern der Republik, ein naher Anverwandter und vermuthlicher Erbe des Filosofen. Die Sache hat ihre Richtigkeit. Aber sie beweist weiter nichts, als was ich, leider! schon seit geraumer Zeit an meinem armen Vetter wahrgenommen habe, — dafs es mit seinem Verstande nicht so gut steht als zu wünschen wäre. Demokrit ist kein schlimmer Mann; er ist kein Verächter der Götter: aber er hat Stunden da er nicht bey sich selber ist. Wenn er einen Frosch zergliedert hat, so wollt' ich für ihn schwören dafs er den Frosch für eine Katze ansah.

Desto schlimmer! sagte Strobylus.

In der That, desto schlimmer — für seinen Kopf und für sein Hauswesen! — fuhr Thrasyllus fort. Der arme Mann ist in einem Zustande, wobey wir nicht länger gleichgültig bleiben können. Die Familie wird sich genöthiget sehen die Republik um Hülfe anzurufen. Er ist in keiner Betrachtung fähig sein Vermögen selbst zu verwalten. Er wird bevogtet werden müssen.

Wenn diefs ist — sagte der Archon mit einer bedenklichen Miene — und hielt inne.

Ich werde die Ehre haben, Ihre Herrlichkeit näher von der Sache zu unterrichten, versetzte der Rathsherr Thrasyllus.

Wie? Demokrit sollte nicht bey Verstande seyn? rief einer von den Anwesenden. Meine Herren von Abdera, bedenken Sie wohl was sie thun! Sie sind in Gefahr, dem ganzen Griechenland ein grofses Lachen zuzubereiten. Ich will meine Ohren verloren haben, wenn Sie einen verständigern Mann diesseits und jenseits des Hebrus finden, als diesen nehmlichen Demokrit! Nehmen Sie Sich in Acht, meine Herren! die Sache ist kitzlicher als Sie vielleicht denken.

Unsre Leser erstaunen — aber wir wollen ihnen sogleich aus dem Wunder helfen. Derjenige, der diefs sagte, war kein Abderit. Es war ein Fremder aus Syrakus, und (was die Rathsherren von Abdera in Respekt erhielt) ein naher Verwandter des ältern Dionysius, der sich vor kurzem zum Fürsten dieser Republik aufgeworfen hatte.

Sie können versichert seyn, antwortete der Archon dem Syrakuser, dafs wir nicht weiter in der Sache gehen werden als wir Grund finden.

Ich nehme zu viel Antheil an der Ehre, welche der erlauchte Syrakuser meinem Vetter durch seine gute Meinung erweist, sagte

Thrasyllus, als dafs ich nicht wünschen sollte, sie bestätigen zu können. Es ist wahr; Demokrit hat seine hellen Augenblicke; und in einem solchen wird ihn der Prinz gesprochen haben. Aber leider! es sind nur Augenblicke —

So müssen die Augenblicke in Abdera sehr lang seyn, fiel der Syrakuser ein.

„Hoch- und Wohlweise Herren, sagte der Priester Strobylus, die Umstände mögen beschaffen seyn wie Sie wollen, bedenken Sie dafs die Rede von einem lebendig zergliederten Frosche ist! Die Sache ist wichtig, und ich dringe auf Untersuchung. Denn davor sey Latona und Apollo, dafs ich fürchten sollte —"

„Beruhigen Sie Sich, Herr Oberpriester, fiel ihm der Archon ins Wort — der (unter uns gesagt) selbst ein wenig im Verdachte stand, von den Fröschen der Latona nicht so gesund zu denken, wie man in Abdera davon denken mufste. — Auf die erste Anregung, welche von Seiten der Vorsteher des geheiligten Teiches beym Senat gemacht werden wird, sollen die Frösche alle gebührende Genugthuung erhalten!

Der Syrakuser benachrichtigte Demokriten unverzüglich von allem, was in dieser Gesellschaft gesprochen worden war.

Laſs den fettesten jungen Pfau 7) im Hühnerhofe würgen, und an den Bratspieſs

---

7) Hier scheint sich eine Unrichtigkeit in den Text eingeschlichen zu haben. Der Pfau war vor Alexanders Eroberung des Persischen Reiches ein unbekannter Vogel in Griechenland. Und da er nachmahls aus Asien nach Europa überging, war er Anfangs so selten, daſs man ihn zu Athen um Geld sehen lieſs. Jedoch wurde er in kurzer Zeit (nach dem Ausdruck des Komödienschreibers Antifanes) so gemein als die Wachteln. In der üppigen Epoche von Rom wurde deren eine unendliche Menge daselbst erzogen, und der Pfau machte ein vorzügliches Gericht auf den Römischen Tafeln aus. Woher der Herr von Büffon genommen hat, daſs die Griechen keine Pfauen gegessen, weiſs ich nicht: das Gegentheil hätte ihm eine Stelle aus dem Poeten Alexis beym Athenäus beweisen können. Indessen wäre doch, wenn es vor Alexandern keine Pfauen in Europa gegeben hätte, gewiſs, daſs Demokrit dem Priester Strobylus keinen gebratnen Pfau hätte schicken können; man müſste denn voraussetzen, daſs dieser

stecken, sagte Demokrit zu seiner Haushälterin, und benachrichtige mich wenn er gar ist.

Des nehmlichen Abends, als sich Strobylus zu Tische setzte, ward der gebratne Pfau in einer silbernen Schüssel, als ein Geschenk Demokrits, aufgetragen. Als man ihn öffnete, siehe, da war er mit hundert goldnen Dariken 8) gefüllt. Es muſs doch nicht so gar übel mit dem Verstande des Mannes stehen, dachte Strobylus.

Das Mittel wirkte unverzüglich was es wirken sollte. Der Oberpriester lieſs sich den

Naturforscher unter andern Seltenheiten auch Pfauen aus Indien mitgebracht hätte. Und warum sollte man dieſs nicht voraussetzen können? Im Nothfall könnten uns auch die alten Samischen Münzen, auf denen man neben der Juno einen Pfau abgebildet sieht, aus der Schwierigkeit helfen — wenn es der Mühe werth wäre.

8) Eine Persische Goldmünze, die von Cyaxares II. oder Darius aus Medien, nach der Eroberung Babylons zuerst soll geschlagen worden seyn.

Pfau herrlich schmecken, trank Griechischen Wein dazu, strich die hundert Dariken in seinen Beutel, und dankte der Latona für die Genugthuung, die sie ihren Fröschen verschafft hätte.

Wir haben alle unsre Fehler, sagte Strobylus des folgenden Tages in einer grossen Gesellschaft. Demokrit ist zwar ein Filosof; aber ich finde doch, daſs er es so übel nicht meint als ihn seine Feinde beschuldigen. Die Welt ist schlimm; man hat wunderliche Dinge von ihm erzählt: aber ich denke gern das Beste von jedermann. Ich hoffe sein Herz ist besser als sein Kopf! Er soll nicht gar zu richtig in dem letztern seyn, und ich glaub' es selbst. Einem Menschen in solchen Umständen muſs man viel zu gut halten. Ich bin gewiſs, daſs er der feinste Mann in ganz Abdera wäre, wenn ihm die Filosofie den Verstand nicht verdorben hätte!

Strobylus fing durch diese Rede zwey Fliegen mit einer Klappe. Er entledigte sich seiner Verbindlichkeit gegen unsern Filosofen, da er von ihm als von einem guten Manne sprach, und machte sich ein Verdienst um den Rathsherrn Thrasyllus, indem er es auf Unkosten seines Verstandes that. Woraus zu ersehen ist, daſs der Priester Strobylus, bey aller seiner Einfalt oder Dummheit (wenn man es so nennen will) ein schlauer Gast war.

---

3. Kapitel.

Eine kleine Abschweifung in die Regierungszeit Schach-Baham des Weisen. Karakter des Rathsherrn Thrasyllus.

Es giebt eine Art von Menschen, die man viele Jahre lang kennen und beobachten kann, ohne mit sich selbst einig zu werden, ob man sie in die Klasse der schwachen oder der bösen Leute setzen soll. Kaum haben sie einen Streich gemacht, dessen kein Mensch von einiger Überlegung fähig zu seyn scheint, so überraschen sie uns durch eine so wohl ausgedachte Bosheit, daſs wir, mit allem guten Willen von ihrem Herzen das Beste zu denken, uns in der Unmöglichkeit befinden, die Schuld auf ihren Kopf zu legen. Gestern nahmen wir es für ausgemacht an, daſs Herr Quidam so schwach von Verstand sey, daſs es Sünde wäre ihm seine Ungereimtheiten zu Verbrechen zu machen; heute überführt uns der Augenschein, daſs der Mann zu übelthätig ist um ein bloſser Dummkopf zu seyn; wir sehen keinen Ausweg, ihn von der Schuld eines bösen Willens frey zu sprechen. Aber kaum haben wir hierüber unsre Partey genommen: so sagt oder thut er etwas, das uns wieder in unsrer vorige Hypothese zurück wirft, oder wenigstens in eine der unangenehmsten Seelenlagen, in die Verlegenheit setzt, nicht zu wissen was wir von dem Manne denken, oder — wenn unser Unstern will daſs wir mit ihm zu thun haben müssen — was wir mit ihm anfangen sollen.

Die geheime Geschichte von Agra sagt, daſs der berühmte Schach-Baham sich einsmahls mit einem seiner Omrahs in diesem Falle befunden habe. Der Omrah wurde beschuldigt, daſs er Ungerechtigkeiten ausgeübt habe.

So soll er gehangen werden, sagte Schach-Baham.

„Aber, Sire, hielt man ihm entgegen, der arme Kurli ist ein so schwacher Kopf, daſs noch die Frage ist, ob er den Unterschied zwischen Recht und Link deutlich genug einsieht, um zu wissen ob er eine Ungerechtigkeit begeht oder nicht."

Wenn dieſs ist, sagte Schach-Baham, so schickt ihm ins Narrenhospital!

„Gleichwohl, Sire, da er Verstand genug hat einem Wagen mit Heu auszuweichen, und bey einem Pfeiler, an dem er sich den Kopf zerschellen könnte, vorbey zu gehen, weil er wohl merkt, daſs der Pfeiler nicht bey ihm vorbey gehen werde —"

Merkt er das? rief der Sultan; beym Barte des Profeten, so sagt mir nichts weiter. Morgen soll man sehen, ob Justiz in Agra ist.

„Indessen giebt es Leute, die Eure Majestät versichern werden, daſs der Omrah — seine Dummheit ausgenommen, die ihn zuweilen boshaft macht — der ehrlichste Mann von der Welt ist."

„Um Vergebung! (fiel ein andrer von den anwesenden Höflingen ein) gerade das Gegentheil! Kurli hat alles, was noch gut an ihm ist, seiner Dummheit zu danken. Er würde zehnmahl schlimmer seyn als er ist, wenn er Verstand genug hätte zu wissen wie ers anfangen sollte."

Wißt ihr auch, meine Freunde, daß in allem, was ihr mir da sagt, kein Menschenverstand ist? versetzte Schach-Baham. Vergleicht euch erst mit euch selbst, wenn ich bitten darf! Kurli, spricht dieser, ist ein böser Mann weil er dumm ist. — Nein, spricht jener, er ist dumm weil er bosbaft ist. — Gefehlt, spricht der dritte; er würde ein schlimmerer Mann seyn, wenn er nicht so dumm wäre. — Wie wollt ihr, daß unser einer aus diesem Galimatias klug werde? Da entscheide mir einmahl jemand, was ich mit ihm anfangen soll! Denn entweder ist er zu boshaft fürs Narrenhospital, oder zu dumm für den Galgen.

„Dieß ist es eben", sagte die Sultanin Darejan. Kurli ist zu dumm um sehr boshaft zu seyn; und doch würde Kurli noch weniger boshaft seyn als er ist, wenn er weniger dumm wäre."

Der Henker hohle den räthselhaften Kerl! rief Sachab-Baham. Da sitzen wir und zerbrechen uns die Köpfe, um ausfündig zu machen ob er ein Esel oder ein Schurke sey; und am Ende werdet ihr sehen daß er beides ist. — Alles wohl überlegt, wißt ihr was ich thun will? — Ich will ihn laufen lassen! Seine Bosheit und seine Dummheit werden einander die Wage halten. Er wird, in sofern er nur kein Omrah ist, weder durch diese noch jene grofsen Schaden thun. Die Welt ist weit; laſs ihn laufen, Itimaddulet! Aber vorher soll er kommen und sich bey der Sultanin bedanken! Nur noch vor drey Minuten wollt' ich ihm keine Feige um seinen Hals gegeben haben!

Man hat lange nicht ausfündig machen können, warum Schach-Baham den Beynahmen des Weisen in den Geschichtsbüchern von Hindostan führt. Aber nach dieser Entscheidung kann es keine Frage mehr seyn. Alle sieben Weisen aus Griechenland hätten den Knoten nicht besser auflösen können, als ihn Schach-Baham — zerhieb.

Der Rathsherr Thrasyllus hatte das Unglück, einer von diesen (zum Glück der Welt) nicht so gar gewöhnlichen Menschen zu seyn, in deren Kopf und Herzen Dummheit und Bosheit, nach dem Ausdruck des Sultans, einander die Wage halten. Seine Anschläge auf das Vermögen seines Verwandten waren nicht von gestern her. Er hatte darauf gezählt, daſs Demokrit nach einer so langen Abwesenheit gar nicht wieder kommen würde; und auf diese Voraussetzung hatte er sich die Mühe gegeben, einen Plan zu machen, den die Wiederkunft desselben auf eine sehr unangenehme Art vereitelte. Thrasyllus, dessen Einbildung schon daran gewöhnt war, das Erbgut Demokrits für einen Theil seines eignen Vermögens anzusehen, konnte sich nun nicht so leicht gewöhnen anders zu denken. Er betrachtete ihn also als einen Räuber, der ihm das Seinige vorenthalte. Aber unglücklicher Weise hatte dieser Räuber — die Gesetze auf seiner Seite.

Der arme Thrasyllus durchsuchte alle Winkel in seinem Kopfe, ein Mittel gegen diesen ungünstigen Umstand zu finden; und suchte lange vergebens. Endlich glaubte er in der Lebensart seines Vetters einen Grund, auf den er bauen könnte, gefunden zu haben. Die Abderiten waren schon vorbereitet, dachte Thrasyllus; denn daſs Demokrit ein Narr sey, war zu Abdera eine ausgemachte Sache. Es kam also nur noch darauf an, dem groſsen Rath *legaliter* darzuthun, daſs seine Narrheit von derjenigen Art sey, welche den damit behafteten unfähig macht, sein eigner Herr zu seyn. Dieſs hatte nun einige Schwierigkeiten. Mit seinem eignen Verstande würde Thrasyllus schwerlich durchgekommen seyn. Aber in solchen Fällen finden seines gleichen für ihr Geld immer einen Spitzbuben, der ihnen seinen Kopf leiht; und dann ist es eben so viel als ob sie selbst einen hätten.

4. Kapitel.

Kurze, doch hinlängliche, Nachrichten von den Abderitischen Sykofanten. Ein Fragment aus der Rede, worin Thrasyllus um die Bevogtung seines Vetters ansuchte.

Es gab damahls zu Abdera eine Art von Leuten, die sich von der Kunst nährten, **schlimme Händel so zurechte zu machen, daſs sie wie gut aussahen.** Sie gebrauchten dazu nur zwey Hauptkunstgriffe: entweder **sie verfälschten das Factum, oder sie verdrehten das Gesetz.** Weil diese Lebensart sehr einträglich war, so legte sich nach und nach eine so groſse Menge von müſsigen Leuten darauf, daſs die Pfuscher zuletzt die Meister verdrängten. Die Profession verlor dadurch von ihrem Ansehen. Man nannte diejenigen, die sich damit abgaben, Sykofanten, weil die meisten so arme

Schelme waren, daſs sie für eine Feige alles sagten was man wollte.

Indessen, da die Sykofanten wenigstens den zwanzigsten Theil der Einwohner von Abdera ausmachten, und die Leute gleichwohl nicht bloſs von Feigen leben konnten: so reichten die gewöhnlichen Gelegenheiten, wobey die Rechtshändel zu entstehen pflegen, nicht mehr zu. Die Vorfahren der Sykofanten hatten gewartet, bis man sie um ihren Beystand ansprach. Aber bey dieser Methode hätten ihre Nachfolger hungern oder graben müssen: denn betteln war in Abdera nicht erlaubt; welches (im Vorbeygehen zu sagen) das einzige war, was die Fremden an der Abderitischen Polizey zu loben fanden. Nun waren die Sykofanten zum Graben zu faul; folglich blieb den meisten kein andres Mittel übrig, als — die Händel, die sie führen wollten, selbst zu machen.

Weil die Abderiten Leute von sehr hitziger Gemüthsart und von geringer Besonnenheit waren, so fehlt' es dazu nie an Gelegenheit. Jede Kleinigkeit gab also einen Handel; jeder Abderit hatte seinen Sykofanten: und so wurde wieder eine Art von Gleichgewicht hergestellt, wodurch sich die Profession um so mehr in Ansehen, erhielt, weil die Nacheiferung grofse Talente entwickelte.

Abedra gewann dadurch den Ruhm, dafs die Kunst Fakta zu verfälschen und Gesetze zu verdrehen in Athen selbst nicht so hoch gebracht worden sey; und dieser Ruhm wurde in der Folge dem Staat einträglich. Denn wer einen ungewöhnlich schlimmen Handel von einiger Wichtigkeit hatte, verschrieb sich einen Abderitischen Sykofanten; und es müfste nicht natürlich zugegangen seyn, wenn der Sykofant eher von einem solchen Klienten abgelassen hätte, bis nichts mehr an ihm abzunagen war.

Doch diefs war noch nicht der gröfste Vortheil, den die Abderiten von ihren Sykofanten zogen. Was diese Leute in ihren Augen am vorzüglichsten machte, war — die Bequemlichkeit, eine jede Schelmerey ausführen zu können, ohne sich selbst dabey bemühen zu müssen oder sich mit der Justiz abzuwerfen. Man brauchte die Sache nur einem Sykofanten zu übergeben, so konnte man, gewöhnlicher Weise, des Ausgangs wegen ruhig seyn. Ich sage gewöhnlicher Weise; denn freylich gab es mitunter auch Fälle, wo der Sykofant, nachdem er sich erst von seinem Klienten tüchtig hatte bezahlen lassen, gleichwohl heimlich dem Gegentheil zu seinem Rechte verhalf: aber diefs geschah auch niemahls, als wenn dieser wenigstens zwey Drittel mehr gab als der Klient.

Übrigens konnte man nichts erbaulichers sehen als das gute Vernehmen, worin zu Abdera die Sykofanten mit den Magistratspersonen standen. Die einzigen, die sich übel bey dieser Eintracht befanden, waren — die Klienten. Bey allen andern Unternehmungen, so gefährlich und gewagt sie auch immer seyn mögen, bleibt doch wenigstens eine Möglichkeit mit ganzer Haut davon zu kommen. Aber ein Abderitischer Klient war immer gewifs um sein Geld zu kommen, er mochte seinen Handel gewinnen oder verlieren. Nun rechteten die Leute zwar darum weder mehr noch weniger, allein ihre Justiz kam dabey in einen Ruf, gegen welchen nur Abderiten gleichgültig seyn konnten. Denn es wurde zu einem Sprichwort in Griechenland, demjenigen, dem man das ärgste an den Hals wünschen wollte, einen Prozefs in Abdera zu wünschen.

Aber, beynahe hätten wir über den Sykofanten vergessen, dafs die Rede von den

Absichten des Rathsherrn Thrasyllus auf das Vermögen unsers Filosofen, und von den Mitteln war, wodurch er seinen vorhabenden Raub unter dem Schutze der Gesetze zu begehen versuchen wollte.

Um den geneigten Leser mit keiner langweiligen Umständlichkeit aufzuhalten, begnügen wir uns zu sagen, daſs Thrasyllus die Sache seinem Sykofanten auftrug. Es war einer von den geschicktesten in ganz Abdera; ein Mann, der die gemeinen Kunstgriffe seiner Mitbrüder verachtete, und sich viel darauf zu gut that, daſs er, seitdem er sein edles Handwerk trieb, ein paar hundert schlimme Händel gewonnen hatte, ohne jemahls eine einzige **direkte Lüge** zu sagen. Er steifte sich auf lauter **unläugbare Fakta**; aber seine Stärke lag in der **Zusammensetzung** und im **Helldunkeln**. Demokrit hätte in keine beſsern Hände fallen können. Wir bedauern nur, daſs wir, weil die Akten des ganzen Prozeſses längst von Mäusen gefreſsen worden, auſser Stande sind, jungen neu angehenden Sykofanten zum besten, die Rede vollständig mitzutheilen, worin dieser Meister in der Kunst dem groſsen Rathe zu Abdera bewies, daſs Demokrit seines Vermögens entsetzt werden müſse. Alles, was von dieser

Rede übrig geblieben, ist ein kleines Bruchstück, welches uns merkwürdig genug scheint, um, zur Probe wie diese Herren eine Sache zu wenden pflegten, ein paar Blätter in dieser Geschichte einzunehmen.

„Die gröſsten, die gefährlichsten, die unerträglichsten aller Narren (sagte er) sind die räsonierenden Narren. Ohne weniger Narren zu seyn als andre, verbergen sie dem undenkenden Haufen die Zerrüttung ihres Kopfes durch die Fertigkeit ihrer Zunge, und werden für weise gehalten, weil sie zusammenhangender rasen als ihre Mitbrüder im Tollhause. Ein ungelehrter Narr ist verloren, so bald es so weit mit ihm gekommen ist daſs er Unsinn spricht. Bey dem gelehrten Narren hingegen sehen wir gerade das Widerspiel. Sein Glück ist gemacht und sein Ruhm befestiget, so bald er Unsinn zu reden oder zu schreiben anfängt. Denn die meisten, wiewohl sie sich ganz eigentlich bewuſst sind daſs sie nichts davon verstehen, sind entweder zu miſstrauisch gegen ihren eigenen Verstand, um gewahr zu werden daſs die Schuld nicht an ihnen liegt; oder zu dumm um es zu merken, und also zu eitel, um zu gestehen daſs sie nichts verstanden haben. Je mehr also der gelehrte Narr Unsinn spricht, desto lauter schreyen die dummen Narren über Wunder; desto emsiger verdrehen sie sich die Köpfe, um Sinn in dem hoch tönenden Unsinn zu finden. Jener, gleich einem durch den öffentlichen Beyfall angefrischten Luftspringer, thut immer desto verwegnere Sätze, je mehr ihm zugeklatscht wird: diese klatschen immer stärker, um den Gaukler noch gröfsere Wunder thun zu sehen. Und doch geschieht es oft, dafs der Schwindelgeist eines Einzigen ein ganzes Volk ergreift, und dafs, so lange die Mode des Unsinns dauert, dem nehmlichen Manne Altäre aufgerichtet werden, den man zu einer andern Zeit, ohne viele Umstände mit ihm zu machen, in einem Hospital versorgt haben würde.

„Glücklicher Weise für unsre gute Stadt Abdera ist es so weit mit uns noch nicht gekommen. Wir erkennen und bekennen alle aus Einem Munde, dafs Demokrit ein Sonderling, ein Fantast, ein Grillenfänger ist. Aber wir begnügen uns über ihn zu lachen; und diefs ist es eben worin wir fehlen. Jetzt lachen wir über ihn; aber wie lange wird es währen, so werden wir anfangen etwas aufserordentliches in seiner Narrheit zu finden? Vom Erstaunen zum Bewundern ist nur ein Schritt; und haben wir diesen erst gethan, — Götter! wer wird uns sagen können wo wir aufhören werden? — Demokrit ist ein Fantast, sprechen wir jetzt und lachen. Aber was für ein Fantast ist Demokrit? Ein eingebildeter starker Geist, ein Spötter unsrer uralten Gebräuche und Einrichtungen; ein Müſsiggänger, dessen Beschäftigungen dem Staate nicht mehr Nutzen bringen als wenn er gar nichts thäte; ein Mann, der Katzen zergliedert, der die Sprache der Vögel versteht, und den Stein der Weisen sucht; ein Nekromant, ein Schmetterlingsjäger, ein Sterngucker! — Und wir können noch zweifeln, ob er eine **dunkle Kammer** verdient? Was würde aus Abdera werden, wenn seine Narrheit endlich ansteckend würde? Wollen wir lieber die Folgen eines so grofsen Übels erwarten, als das einzige Mittel vorkehren wodurch wir es verhüten könnten? Zu unserm Glücke geben die Gesetze dieses Mittel an die Hand. Es ist einfach, es ist rechtmäſsig, es ist unfehlbar. Ein dunkles Kämmerchen, Hochweise Väter, ein dunkles Kämmerchen! so sind wir auf einmahl aufser Gefahr, und Demokrit mag rasen so viel ihm beliebt.

„Aber, sagen seine Freunde — denn so weit ist es schon mit uns gekommen, daſs ein

Mann, den wir alle für unsinnig halten, Freunde unter uns hat — Aber, sagen sie, wo sind die Beweise, daſs seine Narrheit schon zu jenem Grade gestiegen sey, den die Gesetze zu einem dunkeln Kämmerchen erfordern? — Wahrhaftig! wenn wir, nach allem was wir schon wissen, noch Beweise fordern: so wird er glühende Kohlen für Goldstücke ansehen, oder die Sonne am Mittag mit einer Laterne suchen müssen, wenn wir überzeugt werden sollen. Hat er nicht behauptet daſs die Liebesgöttin in Äthiopien schwarz sey? Hat er unsre Weiber nicht bereden wollen, nackend zu gehen wie die Weiber der Gymnosofisten? Versicherte er nicht neulich in einer groſsen Gesellschaft, die Sonne stehe still, die Erde überwälze sich drey hundert und fünf und sechzigmahl des Jahrs durch den Thierkreis; und die Ursache, warum wir bey ihren Burzelbäumen nicht ins Leere hinaus fielen, sey, weil mitten in der Erde ein groſser Magnet liege, der uns, gleich eben so vielen Feilspänen, anziehe, wiewohl wir nicht von Eisen sind? —

„Doch, ich will gern zugeben, daſs dieſs alles Kleinigkeiten sind. Man kann närrische Dinge reden, und kluge thun. Wollte Latona, daſs der Filosof sich in diesem Falle befände! Aber (mir ist es leid, daſs ich es sagen muſs) seine Handlungen setzen einen so ungewöhnlichen Grad von Wahnwitz voraus, daſs alle Nieseswurz in der Welt zu wenig seyn würde, das Gehirn zu reinigen worin sie ausgeheckt werden. Um die Geduld des erlauchten Senats nicht zu ermüden, will ich aus unzähligen Beyspielen nur zwey anführen, deren Gewiſsheit gerichtlich erwiesen werden kann, falls sie ihrer Unglaublichkeit wegen in Zweifel gezogen werden sollten.

„Vor einiger Zeit wurden unserm Filosofen Feigen vorgesetzt, die, wie es ihm däuchte, einen ganz besondern Honiggeschmack hatten. Die Sache schien ihm von Wichtigkeit zu seyn. Er stand vom Tisch auf, giug in den Garten, lieſs sich den Baum zeigen von welchem die Feigen gelesen worden waren, untersuchte den Baum von unten bis oben, lieſs ihn bis an die Wurzeln aufgraben, erforschte die Erde worin er stand, und (wie ich nicht zweifle) auch die Konstellazion, in der er gepflanzt worden war. Kurz, er zerbrach sich etliche Tage lang den Kopf darüber, wie und welchergestalt die Atomen sich mit einander vergleichen müſsten, wenn eine Feige nach Honig schmecken sollte. Er ersann eine Hypothese, verwarf sie wieder, fand eine andre, dann die dritte und vierte;

und verwarf alle wieder, weil ihm keine scharfsinnig und gelehrt genug zu seyn schien. Die Sache lag ihm so sehr am Herzen, daſs er Schlaf und Essenslust darüber verlor. Endlich erbarmte sich seine Köchin über ihn. Herr, sagte die Köchin, wenn sie nicht so gelehrt wären, so hätte Ihnen wohl längst einfallen müssen warum die Feigen nach Honig schmeckten. — Und warum denn? fragte Demokrit. — Ich legte sie, um sie frischer zu erhalten, in einen Topf, worin Honig gewesen war, sagte die Köchin; diefs ist das ganze Geheimniſs, und da ist weiter nichts zu untersuchen, dächt' ich. — Du bist ein dummes Thier, rief der mondsüchtige Filosof. Eine feine Erklärung, die du mir da giebst! Für Geschöpfe deines gleichen mag sie vielleicht gut genug seyn; aber meinst du dafs wir uns mit so einfältigen Erklärungen befriedigen lassen? Gesetzt, die Sache verhielte sich wie du sagst, was geht das mich an? Dein Honigtopf soll mich wahrlich nicht abhalten, nachzuforschen, wie die nehmliche Naturbegebenheit auch o h n e Honigtopf hätte erfolgen können. Und so fuhr der weise Mann fort, der Vernunft und seiner Köchin zu Trotz, eine Ursache, die nicht tiefer als in einem Honigtopfe lag, in dem unergründlichen Brunnen zu suchen, worin (seinem Vorgeben nach) die Wahrheit verborgen liegt; bis eine andre Grille, die seiner Fantasie in den Wurf kam, ihn zu andern vielleicht noch ungereimtern Nachforschungen verleitete.

„Doch, wie lächerlich auch diese Anekdote ist, so ist sie doch nichts gegen die Probe von Klugheit, die er ablegte, als im abgewichenen Jahre die Oliven in Thracien und allen angrenzenden Gegenden mifsrathen waren. Demokrit hatte das Jahr zuvor (ich weifs nicht, ob durch Punktazion oder andre magische Künste) heraus gebracht, dafs die Oliven, die damahls sehr wohlfeil waren, im folgenden Jahre gänzlich fehlen würden. Ein solches Vorwissen würde hinlänglich seyn, das Glück eines vernünftigen Mannes auf seine ganze Lebenszeit zu machen. Auch hatte es Anfangs das Ansehen, als ob er diese Gelegenheit nicht entwischen lassen wollte; denn er kaufte alles Öhl im ganzen Lande zusammen. Ein Jahr darauf stieg der Preis des Öhls (theils des Mifswachses wegen, theils weil aller Vorrath in Demokrits Händen war) viermahl so hoch als es ihm gekostet hatte. Nun gebe ich allen Leuten, welche wissen, dafs Vier viermahl mehr als Eins sind, zu errathen, was der Mann that. —

Können Sie Sich vorstellen; daſs er unsinnig genug war, seinen Verkäufern ihr Öhl um den nehmlichen Preis, wie er es von ihnen erhandelt hatte, zurück zu geben? 9) Wir wissen auch, wie weit die Groſsmuth bey einem Menschen, der seiner Sinne mächtig ist, gehen kann. Aber diese That lag so weit auſser den Grenzen der Glaubwürdigkeit, daſs die Leute, die dabey gewannen,

___

9) Wie ungleich sich doch die nehmliche Sache erzählen läſst! Von eben dieser That, die unser Sykofant für den vollständigsten Beweis eines verrückten Gehirns hält, spricht Plinius als von einer höchst edeln und der Filosofie Ehre machenden Handlung. Demokrit war viel zu gutherzig, um sich auf Unkosten andrer, die nicht so viel entbehren konnten wie er, bereichern zu wollen. Ihre ängstliche Unruhe und Verzweiflung, einen so groſsen Gewinst verfehlt zu haben, rührte ihn; er gab ihnen ihr Öhl, oder das daraus gelöste Geld zurück, und begnügte sich den Abderiten gezeigt zu haben, daſs es nur von ihm abhange Reichthümer zu erwerben, wenn er es der Mühe werth hielte. In diesem Lichte sieht Plinius die Sache an; und in der That muſs man ein Abderit, ein Sykofant und ein Schurke zugleich seyn, um so wie unser Sykofant davon zu sprechen.

selbst die Köpfe schüttelten, und gegen den Verstand des Mannes, der einen Haufen Gold für einen Haufen Nuſsschalen ansah, Zweifel bekamen, die, zum Unglück für seine Erben, nur zu wohl gegründet waren."

5. Kapitel.

Die Sache wird auf ein medicinisches Gutachten ausgestellt. Der Senat läſst ein Schreiben an den Hippokrates abgehen. Der Arzt kommt in Abdera an, erscheint vor Rath, wird vom Rathsherrn Thrasyllus zu einem Gastgebote gebeten, und hat — lange Weile. Ein Beyspiel, daſs ein Beutel voll Dariken nicht bey allen Leuten anschlägt.

So weit geht das Fragment, und wenn man von einem so kleinen Theile auf das Ganze schlieſsen könnte: so hätte der Sykofant allerdings mehr als einen Korb voll Feigen von dem Rathsherrn Thrasyllus verdient. Seine Schuld war es wenigstens nicht, wenn der hohe Rath von Abdera unsern Filosofen nicht zu einem dunkeln Kämmerchen verurtheilte. Aber Thrasyllus hatte Mifsgönner im Senat; und Meister Pfriem, der inzwischen Zunftmeister geworden war, behauptete mit grofsem Eifer: dafs es wider die Freyheiten von Abdera laufen würde, einen Bürger für wahnwitzig zu erklären, eh' er von einem unparteyischen Arzte so befunden worden sey.

„Wohl, rief Thrasyllus, meinetwegen kann man den Hippokrates selbst über die Sache sprechen lassen! Ich bins wohl zufrieden."

Sagten wir nicht oben, dafs die Dummheit des Rathsherrn Thrasyllus seiner Bosheit die Wage gehalten habe? — Es war ein dummer Streich von ihm, sich in einer so mifslichen Sache auf den Hippokrates zu berufen. Aber freylich fiel es ihm auch nicht ein, dafs man ihm beym Worte nehmen würde.

Hippokrates, sagte der Archon, ist allerdings der Mann, der uns am besten aus diesem bedenklichen Handel ziehen könnte. Zu gutem Glücke befindet er sich eben zu Thasos; vielleicht läfst er sich bewegen, zu uns herüber zu kommen, wenn wir ihn im Nahmen der Republik einladen lassen.

Thrasyllus entfärbte sich ein wenig, da er hörte, daſs man Ernst aus der Sache machen wollte. Aber die Mehrheit der Stimmen fiel dem Archon bey. Man schickte unverzüglich einen Deputirten mit einem Einladungsschreiben 10) an den Arzt ab, und brachte den Rest der Session damit zu, sich über die Ehrenbezeugungen zu berathschlagen, womit man ihn empfangen wollte.

„Diefs war doch so Abderitisch nicht,"— werden die Ärzte denken, die sich vielleicht unter unsern Lesern befinden. Aber wo sagten wir denn, daſs die Abderiten gar nichts gethan hätten, was auch einem vernünftigen Volke anständig seyn würde? Indessen lag doch der wahre Grund, warum sie dem Hippokrates so viel Ehre erweisen wollten, keinesweges in der Hochachtung, die sie für ihn

---

10) Es befindet sich noch etwas unter dieser Rubrik in den Ausgaben der Werke des Hippokrates. Es ist aber ohne allen Zweifel untergeschoben, und die Arbeit irgend eines schalen *Graeculus* späterer Zeiten; so wie die ganze Erzählung von der Zusammenkunft dieses Arztes mit Demokrit in einem der unächten Briefe, die den Nahmen des erstern führen.

empfanden; sondern lediglich in der Eitelkeit, für Leute gehalten zu werden, die einen grofsen Mann zu schätzen wüfsten. Und überdiefs, merkten wir nicht schon bey einer andern Gelegenheit an, dafs sie von jeher aufserordentliche Liebhaber von Feierlichkeiten gewesen?

Die Abgeordneten hatten Befehl, dem Hippokrates nichts weiter zu sagen, als dafs der Senat von Abdera seiner Gegenwart und seines Ausspruchs in einer sehr wichtigen Angelegenheit vonnöthen habe; und Hippokrates konnte sich, mit aller seiner Filosofie, nicht einbilden, was für eine wichtige Sache diefs seyn könnte. Denn wozu (dacht' er) haben sie nöthig, ein Geheimnifs daraus zu machen? Der Senat von Abdera kann doch schwerlich *in corpore* mit einer Krankheit befallen seyn, die man nicht gern kund werden läfst.

Indessen entschlofs er sich um so williger zu dieser Reise, weil er schon lange gewünscht hatte, Demokriten persönlich kennen zu lernen. Aber wie grofs war sein Erstaunen, da ihm — nachdem er mit grofsem Gepräng eingeholt und vor den versammelten Rath geführt worden war — von dem regierenden Archon in einer wohl gesetzten

Rede zu wissen gethan wurde: „Daſs man ihn bloſs darum nach Abdera berufen habe, um die Wahnsinnigkeit ihres Mitbürgers Demokrit zu untersuchen, und gutächtlich zu berichten, ob ihm noch geholfen werden könne, oder ob es nicht schon so weit mit ihm gekommen sey, daſs man ihn ohne Bedenken für bürgerlich todt erklären könne?"

Dieſs muſs ein anderer Demokrit seyn, dachte der Arzt Anfangs. Aber die Herren von Abdera lieſsen ihn nicht lange in diesem Zweifel. — Gut, gut, sprach er bey sich selbst: bin ich nicht in Abdera? Wie man auch so was vergessen kann!

Hippokrates lieſs ihnen nichts von seinem Erstaunen merken. Er begnügte sich, den Senat und das Volk von Abdera zu loben, daſs sie eine so groſse Empfindung von dem Werth eines solchen Mitbürgers hätten, um seine Gesundheit als eine Sache, woran dem gemeinen Wesen gelegen sey, anzusehen. „Wahnwitz (sagte er mit groſser Ernsthaftigkeit) ist ein Punkt, worin die gröſsten Geister und die gröſsten Schöpse zuweilen zusammen treffen. Wir wollen sehen!"

Thrasyllus lud den Arzt zur Tafel ein, und hatte die Höflichkeit, ihm die feinsten

Herren und die schönsten Frauen in der Stadt zur Gesellschaft zu geben. Aber Hippokrates, der ein kurzes Gesicht und keine Lorgnette ¹¹) hatte, wurde nicht gewahr, daſs die Damen schön waren, und so kam es denn, ohne Schuld der guten Geschöpfe, die sich (zum Überfluſs) in die Wette heraus geputzt hatten, daſs sie nicht völlig den Eindruck auf ihn machten, den sie sich sonst versprechen konnten. Es war wirklich Schade daſs er nicht besser sah. Für einen Mann von Verstand ist der Anblick einer schönen Frau allemahl etwas sehr unterhaltendes; und wenn die schöne Frau etwas dummes sagt, (welches den schönen Frauen zuweilen so gut begegnen soll als den häſslichen) macht es einen merklichen Unterschied, ob man sie nur hört oder ob man sie zugleich sieht. Denn im letzten Falle ist man immer geneigt, alles, was sie sagen kann, vernünftig oder artig oder wenigstens erträglich zu finden. Da die Abderitinnen diesen Vortheil bey dem kurzsichtigen Fremden verloren; da er genöthiget war, von ihrer Schönheit durch den Eindruck, den sie

---

11) Denen, welche sich etwa hierüber wundern möchten, dienet zur Nachricht, daſs die Lorgnetten damahls — noch nicht erfunden waren.

auf seine Ohren machten, zu urtheilen: so war freylich nichts natürlicher, als daſs der Begriff, den er dadurch von ihnen bekam, demjenigen ziemlich ähnlich war, den sich ein Tauber mittelst eines Paars gesunder Augen von einem Koncerte machen würde. —

Wer ist die Dame, die jetzt mit dem witzigen Herrn sprach? — fragte er den Thrasyllus leise. — Man nannte ihm die Gemahlin eines Matadors der Republik. — Er betrachtete sie nun mit neuer Aufmerksamkeit. Verzweifelt! (dacht' er bey sich selbst) daſs ich mir die verwünschte Austerfrau nicht aus dem Kopfe bringen kann, die ich neulich vor meinem Hause zu Larissa mit einem Molossischen Eseltreiber scherzen hörte!

Thrasyllus hatte geheime Absichten auf unsern Äskulap. Seine Tafel war gut, sein Wein verführerisch, und zum Überfluſs ließ er Milesische Tänzerinnen kommen. Aber Hippokrates aſs wenig, trank Wasser, und hatte in Aspasiens Hause zu Athen weit schönere Tänzerinnen gesehen. Es wollte alles nichts verfangen. Dem weisen Mann begegnete etwas, das ihm vielleicht in vielen Jahren nicht begegnet war: er hatte lange

Weile, und es schien ihm nicht der Mühe werth, es den Abderiten zu verbergen.

Die Abderitinnen bemerkten also, ohne grofsen Aufwand von Beobachtungskraft, was er ihnen deutlich genug sehen liefs; und natürlicher Weise waren die Glossen, die sie darüber machten, nicht zu seinem Vortheil. Er soll sehr gelehrt seyn, flüsterten sie einander zu. Schade dafs er nicht mehr Welt hat! — Was ich gewifs weifs ist diefs, dafs mir der Einfall nie kommen wird, ihm zu Liebe krank zu werden, sagte die schöne Thryallis.

Thrasyllus machte inzwischen Betrachtungen von einer andern Art. So ein grofser Mann dieser Hippokrates seyn mag, dacht' er, so mufs er doch seine schwache Seite haben. Aus den Ehrenbezeugungen, womit ihn der Senat überhäufte, schien er sich nicht viel zu machen. Das Vergnügen liebt er auch nicht. Aber ich wette, dafs ihm ein Beutel voll neuer funkelnder Dariken diese sauertöpfische Miene vertreiben soll!

So bald die Tafel aufgehoben war, schritt Thrasyllus zum Werke. Er nahm den Arzt auf die Seite, und bemühte sich, (unter Bezeigung des grofsen Antheils, den er an dem unglücklichen Zustande seines Verwandten nehme) ihn zu überzeugen: dafs die Zerrüttung seines Gehirns eine so kundbare und ausgemachte Sache sey, dafs nichts, als die Pflicht allen Formalitäten der Gesetze genug zu thun, den Senat bewogen habe, eine Thatsache, woran niemand zweifle, noch zum Überflufs durch den Ausspruch eines auswärtigen Arztes bestätigen zu lassen. „Da man Sie aber gleichwohl in die Mühe gesetzt hat, eine Reise zu uns zu thun, die Sie vermuthlich ohne diese Veranlassung nicht unternommen haben würden: so ist nichts billiger, als dafs derjenige, den die Sache am nächsten angeht, Sie wegen des Verlustes, den Sie durch Verabsäumung Ihrer Geschäfte dabey erleiden, in etwas schadlos halte. Nehmen Sie diese Kleinigkeit als ein Unterpfand einer Dankbarkeit an, von welcher ich Ihnen stärkere Beweise zu geben hoffe. —"

Ein ziemlich runder Beutel, den Thrasyllus bey diesen Worten dem Arzt in die Hand drückte, brachte diesen aus der Zerstreuung zurück, womit er die Rede des Rathsherrn angehört hatte.

„Was wollen Sie, dafs ich mit diesem Beutel machen soll? fragte Hippokrates mit einem Flegma, welches den Abderiten völlig aus der Fassung setzte: Sie wollten ihn vermuthlich ihrem Haushofmeister geben. Sind Ihnen solche Zerstreuungen gewöhnlich? Wenn diefs wäre, so wollt' ich Ihnen rathen, mit Ihrem Arzte davon zu sprechen. — Aber Sie erinnerten mich vorhin an die Ursache, warum ich hier bin. Ich danke Ihnen dafür. Mein Aufenthalt kann nur sehr kurz seyn; und ich darf den Besuch nicht länger aufschieben, den ich, wie Sie wissen, dem Demokrit schuldig bin." Mit diesen Worten machte der Äskulap seine Verbeugung und verschwand.

Der Rathmann hatte in seinem Leben nie so dumm ausgesehen, als in diesem Augenblicke. — Wie hätte sich aber auch ein Abderitischer Rathsherr einfallen lassen sollen, dafs ihm so etwas begegnen könnte? Das sind doch keine Zufälle, auf die man sich gefafst hält!

6. Kapitel.

Hippokrates legt einen Besuch bey Demokriten ab. Geheimnachrichten von dem uralten Orden der Kosmopoliten.

Hippokrates traf, wie die Geschichte sagt, unsern Naturforscher bey der Zergliederung verschiedener Thiere an, deren innerlichen Bau und animalische Ökonomie er untersuchen wollte, um vielleicht auf die Ursachen gewisser Verschiedenheiten in ihren Eigenschaften und Neigungen zu kommen. Diese Beschäftigung bot ihnen reichen Stoff zu einer Unterredung an, welche Demokriten nicht lange über die Person des Fremden ungewiſs ließ. Ihr gegenseitiges Vergnügen über eine so unvermuthete Zusammenkunft war der Größe ihres beiderseitigen Werthes gleich, aber auf Demokrits Seite um so viel lebhafter, je länger er in seiner Abgeschiedenheit von der Welt des Umgangs mit einem Wesen seiner Art hatte entbehren müssen.

Es giebt eine Art von Sterblichen, deren schon von den Alten hier und da unter dem Nahmen der Kosmopoliten Erwähnug gethan wird, und die — ohne Verabredung, ohne Ordenszeichen, ohne Loge zu halten, und ohne durch Eidschwüre gefesselt zu seyn — eine Art von Brüderschaft ausmachen, welche fester zusammen hängt als irgend ein anderer Orden in der Welt. Zwey Kosmopoliten kommen, der eine von Osten, der andere von Westen, sehen einander zum ersten Mahle, und sind Freunde; — nicht vermöge einer geheimen Sympathie, die vielleicht nur in Romanen zu finden ist; — nicht, weil beschworne Pflichten sie dazu verbinden; — sondern, weil sie Kosmopoliten sind. In jedem andern Orden giebt es auch falsche oder wenigstens unwürdige Brüder: in dem Orden der Kosmopoliten ist diefs eine Unmöglichkeit; und diefs ist, däucht uns, kein geringer Vorzug der Kosmopoliten vor allen andern Gesellschaften, Gemeinheiten, Innungen, Orden und Brüderschaften in der Welt. Denn wo ist eine von allen diesen, welche sich rühmen könnte, dafs sich niemahls ein Ehrsüchtiger, ein Neidischer, ein Geitziger, ein Wucherer, ein Verleumder, ein Prahler, ein Heuchler, ein Zweyzüngiger, ein heimlicher Ankläger, ein Undankbarer, ein Kupp-

haben) zur Natur der Sache, daſs alles, was man davon sagen kann, ein Räthsel ist, wozu nur die Glieder dieses Ordens den Schlüssel haben. Das einzige, was wir noch hinzu setzen können, ist, daſs ihre Anzahl zu allen Zeiten sehr klein gewesen, und daſs sie, ungeachtet der Unsichtbarkeit ihrer Gesellschaft, von jeher einen Einfluſs in die Dinge dieser Welt behauptet haben, dessen Wirkungen desto gewisser und dauerhafter sind, weil sie kein Geräusch machen, und meistens durch Mittel erzielt werden, deren scheinbare Richtung die Augen der Menge irre macht. Wem dieſs ein neues Räthsel ist — den ersuchen wir lieber fortzulesen, als sich mit einer Sache, die ihm so wenig angeht, ohne Noth den Kopf zu zerbrechen.

Demokrit und Hippokrates gehörten beide zu dieser wunderbaren und seltnen Art von Menschen. Sie waren also schon lange, wiewohl unbekannter Weise, die vertrautesten Freunde gewesen; und ihre Zusammenkunft glich vielmehr dem Wiedersehen nach einer langen Trennung, als einer neu angehenden Verbindung. Ihre Gespräche, nach welchen der Leser vielleicht begierig ist, waren vermuthlich interessant genug um der Mittheilung werth zu seyn. Aber sie würden uns zu weit von den Abderiten entfernen, die der eigentliche Gegenstand dieser Geschichte sind. Alles, was wir davon zu sagen haben, ist: dafs unsre Kosmopoliten den ganzen Abend und den gröfsten Theil der Nacht in einer Unterredung zubrachten, wobey ihnen die Zeit sehr kurz wurde; und dafs sie ihrer Gegenfüfsler, der Abderiten und ihres Senats, und der Ursache warum sie den Hippokrates hatten kommen lassen, so gänzlich darüber vergafsen, als ob niemahls so ein Ort und solche Leute in der Welt gewesen wären.

Erst des folgenden Morgens, da sie nach einem leichten Schlaf von wenigen Stunden wieder zusammen kamen, um auf einer an die Gärten Demokrits grenzenden Anhöhe der Morgenluft zu geniefsen, erinnerte der Anblick der unter ihnen im Sonnenglanz liegenden Stadt den Hippokrates, dafs er in Abdera Geschäfte habe. „Kannst du wohl errathen, sagte er zu seinem Freunde, zu welchem Ende mich die Abderiten eingeladen haben."

Die Abderiten haben dich eingeladen? rief Demokrit. Ich hörte doch diese Zeit her von keiner Seuche, die unter ihnen wüthe! Es ist zwar eine gewisse Erbkrankheit, mit der sie alle sammt und sonders, bis auf sehr wenige, von alten Zeiten her behaftet sind: aber —

„Getroffen, getroffen, guter Demokrit, diefs ist die Sache!" — Du scherzest, erwiederte unser Mann; die Abderiten sollten zum Gefühl, wo es ihnen fehlte, gekommen seyn? Ich kenne sie zu gut. Darin liegt eben ihre Krankheit, dafs sie diefs nicht fühlen. —

„Indessen, sagte der andre, ist nichts gewisser, als dafs ich jetzt nicht in Abdera wäre, wenn die Abderiten nicht von dem nehmlichen Übel, wovon du sprichst, geplagt würden. Die armen Leute!"

Ah! nun versteh' ich dich! Deine Berufung konnte eine Wirkung ihrer Krankheit seyn, ohne dafs sie es selbst wufsten. Lafs doch sehen! — Ha! da haben wirs. Ich wette, sie haben dich kommen lassen, um dem ehrlichen Demokrit so viel Aderlässe und Niesewurz zu verordnen, als er vonnöthen haben möchte, um ihres gleichen zu werden! Nicht wahr! —

„Du kennst deine Leute vortrefflich, wie ich sehe, Demokrit: aber um so kaltblütig von ihrer Narrheit zu reden, mufs man so daran gewöhnt seyn wie du."

Als ob es nicht allenthalben Abderiten gäbe —

„Aber Abderiten in diesem Grade! Vergieb mir, wenn ich deinem Vaterlande nicht so viel Nachsicht schenken kann als du. Indessen versichre dich, sie sollen mich nicht umsonst zu sich berufen haben!"

---

7. Kapitel.

Hippokrates ertheilt den Abderiten seinen gutächtlichen Rath. Grofse und gefährliche Bewegungen, die darüber im Senat entstehen, und wie, zum Glück für das Abderitische Gemeinwesen, der Stundenrufer alles auf einmahl wieder in Ordnung bringt.

Die Zeit kam heran, wo der Äskulap dem Senat von Abdera seinen Bericht erstatten sollte. Er kam, trat mitten unter die versammelten Väter, und sprach mit einer Wohlredenheit, die alle Anwesende in Erstaunen setzte:

„Friede sey mit Abdera! Edle, Veste, Fürsichtige und Weise, liebe Herren und Abderiten! Gestern lobte ich Sie wegen Ihrer Fürsorge für das Gehirn Ihres Mitbürgers Demokrit; heute rathe ich Ihnen wohlmeinend, diese Fürsorge auf Ihre ganze Stadt und Republik zu erstrecken. Gesund an Leib und Seele zu seyn, ist das höchste Gut, das Sie Sich selbst, Ihren Kindern und Ihren Bürgern verschaffen können; und diefs wirklich zu thun, ist die erste ihrer obrigkeitlichen Pflichten. So kurz mein Aufenthalt unter Ihnen ist, so ist er doch schon lang genug, um mich zu überzeugen, dafs sich die Abderiten nicht so wohl befinden als es zu wünschen wäre. Ich bin zwar zu Kos geboren, und wohne bald zu Athen, bald zu Larissa, bald anderswo; jetzt zu Abdera, morgen vielleicht auf dem Wege nach Byzanz: aber ich bin weder ein Koer noch ein Athener, weder ein Larisser noch Abderit, ich bin ein Arzt. So lang' es Kranke auf dem Erdboden giebt, ist meine Pflicht so viele gesund zu machen als ich kann. Die gefährlichsten Kranken sind die, die nicht wissen dafs sie krank sind; und diefs ist, wie ich finde, der Fall der Abderiten. Das Übel liegt für meine Kunst zu tief; aber was ich rathen kann, um die Heilung vorzubereiten, ist diefs! Senden Sie mit dem ersten guten Winde sechs grofse Schiffe nach Anticyra. Meinetwegen können sie, mit welcherley Waaren es den Abderiten beliebt, dahin befrachtet werden; aber zu Anticyra lassen Sie alle sechs Schiffe so viel Niesewurz laden, als Sie tragen können ohne zu sinken. Man kann zwar auch Niesewurz aus Gallizien haben, die etwas wohlfeiler ist; aber die von Anticyra ist die beste. Wenn die Schiffe angekommen seyn werden: so versammeln Sie das gesammte Volk auf Ihrem grofsen Markte; stellen Sie, mit Ihrer ganzen Priesterschaft an der Spitze, einen feierlichen Umgang zu allen Tempeln in Abdera an, und bitten die Götter, dafs sie dem Senat und dem Volke zu Abdera geben möchten, was dem Senat und dem Volke zu Abdera fehlt. Sodann kehren Sie auf dem Markt zurück, und theilen den sämmtlichen Vorrath von Niesewurz auf gemeiner Stadt Unkosten, unter alle Bürger aus; auf jeden Kopf sieben Pfund; nicht zu vergessen, dafs den Rathsherren, welche (aufserdem was sie für sich selbst gebrauchen) noch für so viele andre Verstand haben müssen, eine doppelte Porzion gereicht werde! Die Porzionen sind stark, ich gesteh' es; aber eingewurzelte Übel sind hartnäckig, und können nur durch lange anhaltenden Gebrauch der Arzney geheilt werden. Wenn Sie nun dieses Vorbereitungsmittel, nach der Vorschrift die ich Ihnen geben will, durch die erforderliche Zeit gebraucht haben werden: dann überlasse ich Sie einem andern Arzte. Denn, wie gesagt, die Krankheit der Abderiten liegt zu tief für meine Kunst. Ich kenne funfzig Meilen rings um Abdera nur einen einzigen Mann der Ihnen von Grund aus helfen könnte, wenn Sie Sich geduldig und folgsam in seine Kur begeben wollten. Der Mann heifst Demokrit, Damasippens Sohn. Stofsen Sie Sich nicht an den Umstand, dafs er zu Abdera geboren ist! Er ist darum kein Abderit, diefs können Sie mir auf mein Wort glauben; oder wenn Sie mir nicht glauben wollen, so fragen Sie den Delfischen Gott. Er ist ein gutherziger Mann, der sich ein Vergnügen daraus maden wird, Ihnen seine Dienste zu leisten. Und hiermit, meine Herren und Bürger von Abdera, empfehle ich Sie und Ihre Stadt den Göttern. Verachten Sie meinen Rath nicht, weil ich ihn umsonst gebe; es ist der beste, den ich jemahls einem Kranken, der sich für gesund hielt, gegeben habe.

Als Hippokrates diefs gesagt hatte, machte er dem Senat eine höfliche Verbeugung, und ging seines Weges.

Niemahls — sagt der Geschichtschreiber Hekatäus, ein desto glaubwürdiger Zeuge, weil er selbst ein Abderit war [12] — niemahls hat man zwey hundert Menschen, alle zugleich, in einer so sonderbaren Stellung gesehen, als diejenige des Senats von Abdera in diesem Augenblicke war; es müſsten nur die zwey hundert Fönicier seyn, welche Perseu's durch den Anblick des Kopf der Medusa auf einmahl in eben so viele Bildsäulen verwandelte, als ihm ihr Anführer seine theuer erworbene Andromeda mit Gewalt wieder abjagen wollte. In der That hatten sie alle mögliche Ursachen von der Welt, auf etliche Minuten versteinert zu werden. Beschreiben zu wollen, was in ihren Seelen vorging, würde vergebliche Mühe seyn. Nichts ging in ihnen vor; ihre Seelen waren so versteinert als ihre Leiber. Mit dummem sprachlosem Erstaunen sahen sie alle nach der Thür, durch welche der Arzt sich zurückgezogen hatte; und auf jedem Gesichte drückte sich zugleich die angestrengte Bemühung und das gänzliche Unvermögen aus, etwas von dieser Begebenheit zu begreifen.

---

[12] Zum Unglück sind alle seine Werke verloren gegangen. S. antiq. *Recherches sur Hecatée de Milet*, Tom. IX. des *Mém. de Litterat.*

Endlich schienen sie nach und nach, einige früher einige später, wieder zu sich selbst zu kommen. Sie sahen einander mit grofsen Augen an; funfzig Mäuler öffneten sich zugleich zu der nehmlichen Frage, und fielen wieder zu, weil sie sich aufgethan hatten, ehe sie wufsten was sie fragen wollten. Zum Henker, meine Herren, rief endlich der Zunftmeister Pfriem, ich glaube gar, der Quacksalber hat uns mit seiner doppelten Porzion Niesewurz zu Narren! — Ich versah mir gleich von Anfang nichts gutes zu ihm, sagte Thrasyllus. — Meiner Frau wollt' er gestern gar nicht einleuchten, sprach der Rathsherr Smilax. — Ich dachte gleich es würde übel ablaufen, wie er von den sechs Schiffen sprach die wir nach Anticyra senden sollten, sagte ein ánderer — Und die verdammte Ernsthaftigkeit, womit er uns alles das vordeklamirte, rief ein Fünfter; ich gestehe, dafs ich mir gar nicht einbilden konnte, wo es hinaus laufen würde. — Ha, ha, ha! ein lustiger Zufall, so wahr ich ehrlich bin! meckerte der kleine dicke Rathsherr, indem er sich vor Lachen den Bauch hielt. Gestehen wir, dafs wir fein abgeführt sind! Ein verzweifelter Streich! Das hätt' uns nicht begegnen sollen! Ha, ha, ha! — Aber wer konnte sich auch zu einem solchen Manne so etwas versehen? rief der

Nomofylex. — Ganz gewiſs ist er auch einer von euern Filosofen, sagte Meister Pfriem. Der Priester Strobylus hat wahrlich so Unrecht nicht! Wenn es nicht wider unsre Freyheiten wäre, so wollt' ich der erste seyn, der darauf antrüge, daſs man alle diese Spitzköpfe zum Lande hinaus jagte.

„Meine Herren, fing jetzt der Archon an; die Ehre der Stadt Abdera ist angegriffen, und anstatt daſs wir hier sitzen und uns wundern oder Glossen machen, sollten wir mit Ernst darauf denken, was uns in einer so kitzlichen Sache zu thun geziemt. Vor allen Dingen sehe man wo Hippokrates hingekommen ist!"

Ein Rathsdiener, der zu diesem Ende abgeschickt wurde, kam nach einer ziemlichen Weile mit der Nachricht zurück, daſs er nirgends mehr anzutreffen sey.

Ein verfluchter Streich! riefen die Rathsherren aus Einem Munde; wenn er uns nun entwischt wäre! — Er wird doch kein Hexenmeister seyn, sagte der Zunftmeister Pfriem, indem er nach einem Amulet sah, das er gewöhnlich zu seiner Sicherheit gegen böse Geister und böse Augen bey sich zu tragen pflegte.

Bald darauf wurde berichtet, man habe den fremden Herren auf seinem Maulesel ganz gelassen hinter dem Tempel der Dioskuren nach Demokrits Landgut zutraben sehen.

Was ist nun zu thun, meine Herren? sagte der Archon.

Ja — allerdings! — was nun zu thun ist — was nun zu thun ist? — diefs ist eben die Frage! riefen die Rathsherren indem sie einander ansahen. Nach einer langen Pause zeigte sichs, dafs die Herren nicht wufsten, was nun zu thun war.

Der Mann steht in grofsem Ansehen beym König von Macedonien, fuhr der Archon fort; er wird in ganz Griechenland wie ein zweyter Äskulap verehrt! Wir könnten uns leicht in böse Händel verwickeln, wenn wir einer, wiewohl gerechten, Empfindlichkeit Gehör geben wollten. Bey allem dem liegt mir die Ehre von Abdera —

Ohne Unterbrechung, Herr Archon! fiel ihm der Zunftmeister Pfirem ein; die Ehre und Freyheit von Abdera kann niemanden näher am Herzen liegen als mir selbst. Aber, alles wohl überlegt, seh' ich wahrlich nicht, was die Ehre der Stadt mit dieser Begebenheit zu thun haben kann. Dieser Harpokrates oder Hypokritus, wie er sich nennt, ist ein Arzt; und ich habe mein Tage gehört, daſs ein Arzt die ganze Welt für ein groſses Siechhaus und alle Menschen für seine Kranken ansieht. Ein jeder spricht und handelt wie ers versteht; und was einer wünscht das glaubt er gern. Hypokritus möcht' es, denk' ich, wohl leiden wenn wir alle krank wären, damit er desto mehr zu heilen hätte. Nun denkt er, wenn ich sie nur erst dahin bringen kann daſs sie meine Arzneyen einnehmen, dann sollen sie mir krank genug werden. Ich heiſse nicht Meister Pfriem, wenn dieſs nicht das ganze Geheimniſs ist!

Meiner Seele! getroffen! rief der kleine dicke Rathsherr; weder mehr noch weniger! Der Kerl ist so närrisch nicht! — Ich wette, wenn er kann, schickt er uns alle mögliche Flüsse und Fieber an den Hals, bloſs damit er den Spaſs habe, uns für unser Geld wieder gesund zu machen! Ha, ha, ha!

„Aber vierzehn Pfund Nieſewurz auf jeden Rathsherrn! rief einer von den Ältesten, dessen Gehirn, nach seiner Miene zu urtheilen, schon völlig ausgetrocknet seyn mochte. Bey allen Fröschen der Latona, das ist zu arg! Man muſs beynahe auf den Argwohn kommen, daſs etwas mehr dahinter steckt!"

Vierzehn Pfund Nieswurz auf jeden Rathsherrn! wiederhohlte Meister Pfriem, und lachte aus vollem Halse —

Und für jeden Zunftmeister, setzte Smilax mit einem bedeutenden Ton hinzu.

Das bitt' ich mir aus, rief Meister Pfriem; er sagte kein Wort von Zunftmeistern.

Aber das versteht sich doch wohl von selbst, versetzte jener; Rathsherren und Zunftmeister, Zunftmeister und Rathsherren; ich sehe nicht, warum die Herren Zunftmeister hierin was besonders haben sollten.

Wie, was? rief Meister Pfriem mit groſsem Eifer: ihr seht nicht was die Zunftmeister vor den Rathsherren besondres haben? — Meine Herren, Sie haben es gehört! — Herr Stadtschreiber, ich bitt' es zum Protokoll zu nehmen!

Die Zunftmeister standen alle mit grofsem Gebrumm von ihren Sitzen auf.

„Sagt' ich nicht, rief der alte hypochondrische Rathsmeister, dafs etwas mehr hinter der Sache stecke? Ein geheimer Anschlag gegen die Aristokratie — Aber die Herren haben sich ein wenig zu früh verrathen."

Gegen die Aristokratie? schrie Pfriem mit verdoppelter Stimme: gegen welche Aristokratie? Zum Henker, Herr Rathsmeister, seit wenn ist Abdera eine Aristokratie? Sind wir Zunftmeister etwa nur an die Wand hingemahlt? Stellen wir nicht das Volk vor? Haben wir nicht seine Rechte und Freyheiten zu vertreten? Herr Stadtschreiber, zum Protokoll, dafs ich gegen alles Widrige protestiere, und dem löblichen Zunftmeisterthum sowohl als gemeiner Stadt Abdera ihre Rechte vorbehalte.

Protestiert! protestiert! schrien die Zunftmeister alle zusammen.

Reprotestiert! reprotestiert! schrien die Rathsherren.

Der Lärm nahm überhand. „Meine Herren, rief der regierende Archon so laut er konnte, was für ein Schwindel hat Sie überfallen? Ich bitte, bedenken Sie wer Sie sind und wo Sie sind! Was werden die Eyerweiber und Obsthändlerinnen da unten von uns denken, wenn sie uns wie die Zahnbrecher schreyen hören?"

Aber die Stimme der Weisheit verlor sich ungestört in dem betäubenden Getöse. Niemand hörte sein eigen Wort.

Zu gutem Glück war es seit undenklichen Zeiten in Abdera gebräuchlich, auf den Punkt zwölf Uhr durch die ganze Stadt zu Mittag zu essen; und vermöge der Rathsordnung mußte, so wie eine Stunde abgelaufen war, eine Art von Herold vor die Rathsstube treten, und die Stunde ausrufen.

Gnädige Herren, rief der Herold mit der Stimme des Homerischen Stentors, die zwölfte Stunde ist vorbey!

„Stille! der Stundenrufer!" — Was rief er? — „Zwölfe, meine Herren, zwölfe vorbey!" — Schon zwölfe? — Schon vorbey? — So ist es hohe Zeit!

Der gröſste Theil der gnädigen Herren war zu Gaste gebeten. Das glückliche Wort Zwölf versetzte sie also auf einmahl in eine Reihe angenehmer Vorstellungen, die mit dem Gegenstand ihres Zankes nicht in der mindesten Verbindung standen. Schneller als die Figuren in einem Guckkasten sich verwandeln, stand eine groſse Tafel, mit einer Menge niedlicher Schüsseln bedeckt, vor ihrer Stirn; ihre Nasen weideten sich zum voraus an Düften von bester Vorbedeutung; ihre Ohren hörten das Geklapper der Teller; ihre Zunge kostete schon die leckerhaften Brühen, in deren Erfindung die Abderitischen Köche mit einander wetteiferten: kurz, das unwesentliche Gastmahl beschäftigte alle Kräfte ihrer Seelen; und auf einmahl war die Ruhe des Abderitischen Staats wieder hergestellt.

„Wo werden Sie heute speisen?" — Bey Polyfonten. — „Dahin bin ich auch geladen." — Ich erfreue mich über die Ehre Ihrer Gesellschaft! — „Sehr viel Ehre für mich!" — Was werden wir diesen Abend für eine Komödie haben? — „Die Andromeda des Euripides." — Also ein Trauerspiel! — „O! mein Lieblingsstück! — Und eine Musik! Unter uns; der Nomofylax hat etliche Köre selbst gesetzt. Sie werden Wunder hören!"

Unter so sanften Gesprächen erhoben sich die Väter von Abdera in eilfertigem aber friedsamem Gewimmel vom Rathhause, zu grofser Verwunderung der Eyerweiber und Obsthändlerinnen, welche kurz zuvor die Wände der Rathsstube von ächtem Thracischem Geschrey wiederhallen gehört hatten.

Alles diefs hatte man dir zu danken, wohltbätiger Stundenrufer! Ohne deine glückliche Dazwischenkunft würde wahrscheinlicher Weise der Zank der Rathsherren und Zunftmeister, gleich dem Zorn des Achilles, (so lächerlich auch seine Veranlassung war) in ein Feuer ausgebrochen seyn, welches die schrecklichste Zerrüttung, wo nicht gar den Umsturz der Republik Abdera hätte verursachen können!

Wenn jemahls ein Abderit mit einer öffentlichen Ehrensäule belohnt zu werden verdient hatte, so war es gewifs dieser Stundenrufer. Zwar mufs man gestehen, der grofse Dienst, den er in diesem Augenblick seiner Vaterstadt leistete, verliert seine ganze Verdienstlichkeit durch den einzigen Umstand, dafs er nur zufälliger Weise nützlich wurde. Denn der ehrliche Mann dachte, da er zur gesetzten Zeit maschinenmäſsig Zwölf rief, an nichts weniger als an die unabsehbaren Übel, die er dadurch von dem gemeinen Wesen abwendete. Aber dagegen muſs man auch bedenken, daſs seit undenklichen Zeiten kein Abderit sich auf eine andre Weise um sein Vaterland verdient gemacht hatte. Wenn es sich daher zutrug, daſs sie etwas verrichteten, das durch irgend einen glücklichen Zufall der Stadt nützlich wurde, so dankten sie den Göttern dafür; denn sie fühlten wohl, daſs sie als bloſse Werkzeuge oder gelegentliche Ursachen mitgewirkt hatten. Indessen lieſsen sie sich doch das Verdienst des Zufalls so gut bezahlen als ob es ihr eigenes gewesen wäre; oder, richtiger zu reden, eben weil sie sich keines eignen Verdienstes dabey bewuſst waren, lieſsen sie sich das Gute, was der Zufall unter ihrem Nahmen that, auf eben den Fuſs bezahlen, wie ein Mauleseltreiber den täglichen Verdienst seines Esels einzieht.

Es versteht sich, daſs die Rede hier bloſs von Archonten, Rathsherren und Zunftmeistern ist. Denn der ehrliche Stundenrufer mochte sich Verdienste um die Republik

machen so viel oder so wenig er wollte;
er bekam seine sechs Pfennige des Tags in
guter Abderitischer Münze, und — Gott
befohlen!

DIE ABDERITEN.

DRITTES BUCH.

Drittes Buch.

Euripides unter den Abderiten.

1. Kapitel.

Die Abderiten machen sich fertig in die Komödie zu gehen.

Es war bey den Rathsherrn von Abdera eine alte hergebrachte Gewohnheit und Sitte, die vor Rath verhandelten Materien unmittelbar darauf bey Tische (es sey nun daſs sie Gesellschaft hatten oder mit ihrer Familie allein speisten) zu rekapitulieren und zu einer reichen Quelle entweder von witzigen Einfällen und spaſshaften Anmerkungen, oder von patriotischen Stoſsseufzern, Klagen, Wünschen, Träumen, Aussichten u. dergl. zu machen; zumahl wenn etwa in dem abgefaſsten Rathsschlusse die Verschwiegenheit ausdrücklich empfohlen worden war.

Aber diefsmahl — wiewohl das Abenteuer der Abderiten mit dem Fürsten der Ärzte sonderbar genug war, um einen Platz in den Jahrbüchern ihrer Republik zu verdienen — wurde an allen Tafeln, wo ein Rathsherr oder Zunftmeister obenan safs, des Hippokrates und Demokrits eben so wenig gedacht, als ob gar keine Männer dieses Nahmens in der Welt gewesen wären. In diesem Stücke hatten die Abderiten einen ganz besondern *Public-Spirit*, und ein feineres Gefühl, als man ihnen in Betracht ihres gewöhnlichen Eigendünkels hätte zutrauen sollen. In der That konnte ihre Geschichte mit dem Hippokrates, man hätte sie wenden und koloriren mögen wie man gewollt, auf keine Art, die ihnen Ehre machte, erzählt werden. Das Sicherste war, die Sache auf sich beruhen zu lassen, und zu schweigen.

Die heutige Komödie machte also diefsmahl, wie gewöhnlich, den Hauptgegenstand der Unterhaltung aus. Denn seitdem sich die Abderiten, nach dem Beyspiel ihres grofsen Musters, der Athener, mit einem eignen Theater versehen, und (ihrer Gewohnheit nach) die Sache so weit getrieben hatten, dafs den gröfsten Theil des Jahres hindurch alle Tage irgend eine Art von Schauspiel bey ihnen zu sehen war: so wurde in Gesellschaften, so bald die übrigen Gemeinplätze, Wetter, Putz und Stadtneuigkeiten, erschöpft waren, unfehlbar entweder von der Komödie die gestern gespielt worden war, oder von der Komödie die heute gespielt werden sollte, gesprochen — und die Herren von Abdera wufsten sich (besonders gegen Fremde) nicht wenig damit, dafs sie ihren Mitbürgern eine so schöne Gelegenheit zu Verfeinerung ihres Witzes und Geschmacks, einen so unerschöpflichen Stoff zu unschuldigen Gesprächen in Gesellschaften, und besonders dem schönen Geschlecht ein so herrliches Mittel gegen die Leib und Seele verderbende lange Weile verschafft hätten.

Wir sagten es nicht um zu tadeln, sondern zum verdienten Lobe der Abderiten, dafs sie ihr Komödienwesen für wichtig genug hielten, die Aufsicht darüber einem besondern Rathsausschusse zu übergeben, dessen Vorsitzer immer der zeitige Nomofylax, folglich einer der obersten Väter des Vaterlandes, war. Diefs war unstreitig sehr löblich. Alles, was man mit Recht an einer so schönen Einrichtung aussetzen konnte, war, dafs es darum nicht um ein Haar besser mit ihrem Komödienwesen stand. Weil nun die Wahl der Stücke von der Rathsdeputazion abhing, und die Erfindung der Komödienzettel unter die ansehnliche Menge von Erfindungen gehört, die den Vorzug der Neuern vor den Alten aufser allem fernern Widerspruch setzen: so wufste das Publikum — ausgenommen wenn ein neues Abderitisches Originalstück aufs Theater gebracht wurde — selten vorher, was gespielt werden würde. Denn wiewohl die Herren von der Deputazion eben kein Geheimnifs aus der Sache machten; so mufste sie doch, ehe sie publik wurde, durch so manchen schiefen Mund und durch so viele dicke Ohren gehen, dafs fast immer ein *Qui pro quo* heraus kam, und die Zuhörer, wenn sie zum Beyspiel die Antigone des Sofokles erwarteten, die Erigone des Fysignatus für lieb und gut nehmen mufsten — woran sie es denn auch selten oder nie ermangeln liefsen.

Was werden sie uns heut für ein Stück geben? war also jetzt die allgemeine Frage in Abdera — eine Frage, die an sich selbst die unschuldigste Frage von der Welt war, und durch einen einzigen kleinen Umstand erzabderitisch wurde, nehmlich, daſs die Antwort schlechterdings von keinem praktischen Nutzen seyn konnte. Denn die Leute gingen in die Komödie, es mochte ein altes oder ein neues, gutes oder schlechtes Stück gespielt werden.

Eigentlich zu reden gab es für die Abderiten gar keine schlechten Stücke; denn sie nahmen alles für gut: und eine natürliche Folge dieser unbegrenzten Gutmüthigkeit war, daſs es für sie auch keine guten Stücke gab. Schlecht oder gut, was ihnen die Zeit vertrieb war ihnen recht, und alles was wie ein Schauspiel aussah, vertrieb ihnen die Zeit. — Jedes Stück also, so elend es war, und so elend es gespielt worden seyn mochte, endigte sich mit einem Geklatsche das gar nicht aufhören wollte. Alsdann ertönte auf einmahl durchs ganze Parterre ein allgemeines: Wie hat Ihnen das heutige Stück gefallen? und wurde stracks durch ein eben so allgemeines: Sehr wohl! beantwortet.

So geneigt auch unsre werthen Leser seyn mögen, sich nicht leicht über etwas zu wundern, was wir ihnen von den Idiotismen unsers Thracischen Athens erzählen können:

so ist doch dieser eben erwähnte Zug etwas so ganz besonderes, daſs wir besorgen müssen keinen Glauben zu finden, wofern wir ihnen nicht begreiflich machen, wie es zugegangen, daſs die Abderiten mit einer so grofsen Neigung zu Schauspielen es gleichwohl zu einer so hohen unbeschränkten dramatischen Apathie oder vielmehr Hidypathie bringen konnten, daſs ihnen ein elendes Stück nicht nur kein Leiden verursachte, sondern sogar eben (oder doch beynahe eben) so wohl that als ein gutes.

Man wird uns, wenn wir das Räthsel auflösen sollen, eine kleine Ausschweifung über das ganze Abderitische Theaterwesen erlauben müssen.

Wir sehen uns aber genöthigt, uns von dem günstigen und billig denkenden Leser vorher eine kleine Gnade auszubitten, an deren grofsmüthiger Gewährung ihm selbst am Ende noch mehr gelegen ist als uns. Und diefs ist: aller widrigen Eingebungen seines Kakodämons ungeachtet, sich ja nicht einzubilden, als ob hier, unter verdeckten Nahmen, die Rede von den Theaterdichtern, den Schauspielern, und dem Parterre seiner lieben Vaterstadt die Rede sey.

Wir läugnen zwar nicht, daſs die ganze Abderitengeschichte in gewissem Betracht einen doppelten Sinn habe: aber ohne den Schlüssel zu Aufschlieſsung des geheimen Sinnes, den unsre Leser von uns selbst erhalten sollen, würden sie Gefahr laufen, alle Augenblicke falsche Deutungen zu machen. Bis dahin also ersuchen wir sie

Per genium, dextramque, Deosque Penates,

sich aller unnachbarlichen und unfreundlichen Anwendungen zu enthalten, und alles was folgt, so wie dieſs ganze Buch, in keiner andern Gemüthsverfassung zu lesen, als womit sie irgend eine andre alte oder neue unparteyische Geschichtserzählung lesen würden.

2. Kapitel.

Nähere Nachrichten von dem Abderitischen Nazionaltheater. Geschmak der Abderiten. Karakter des Nomofylax Gryllus.

Als die Abderiten beschlossen hatten, ein stehendes Theater zu haben, wurde zugleich aus patriotischen Rücksichten festgesetzt, dafs es ein Nazionaltheater seyn sollte. Da nun die Nazion, wenigstens dem gröfsten Theile nach, aus Abderiten bestand: so mufste ihr Theater nothfolglich ein Abderitisches werden. Diefs war natürlicher Weise die erste und unheilbare Quelle alles Übels.

Der Respekt, den die Abderiten für die heilige Stadt der Minerva, als ihre vermeinte Mutter, trugen, brachte es zwar mit sich, dafs die Schauspiele der sämmtlichen Athenischen Dichter, nicht weil sie gut waren, (denn das war eben nicht immer der Fall) sondern weil sie von Athen kamen, in grofsem Ansehen bey ihnen standen.

Und Anfangs konnte auch, aus Mangel einer genugsamen Anzahl einheimischer Stücke, beynahe nichts anders gegeben werden. Allein eben defswegen hielt man, sowohl zur Ehre der Stadt und Republik Abdera, als mancherley anderer Vortheile wegen, für nöthig, eine Komödien - und Tragödienfabrik in ihrem eigenen Mittel anzulegen, und diese neue poetische Manufaktur, — in welcher Abderitischer Witz, Abderitische Gefühle, Abderitische Sitten und Thorheiten als eben so viele rohe Nazionalprodukte zu eigenem Gebrauch dramatisch verarbeitet werden sollten, — wie guten und weisen Regenten und Patrioten zusteht, auf alle mögliche Art aufzumuntern.

Diefs auf Kosten des gemeinen Sekkels zu bewerkstelligen, ging aus zwey Ursachen nicht wohl an: erstens, weil dieser Sekkel, vermöge der Art wie er verwaltet wurde, fast immer weniger enthielt als man heraus nehmen wollte; und zweytens, weil es damahls noch nicht Mode war die Zuschauer bezahlen zu lassen, sondern das Ärarium die Unkosten des Theaters tragen mufste, und also ohnediefs bey diesem neuen Artikel schon genug auszugeben hatte. Denn an eine neue Auflage auf die Bürgerschaft war, vor der Hand und bis man wuſste wie viel Geschmack sie dieser neuen Lustbarkeit abgewinnen würde, nicht zu denken. Es blieb also kein ander Mittel, als die Abderitischen Dichter auf Unkosten des Geschmacks gemeiner Stadt aufzumuntern; d. i. alle Waaren, die sie gratis liefern würden, für gut zu nehmen — nach dem alten Sprichworte: Geschenktem Gaul sieh nicht ins Maul; oder, wie es die Abderiten gaben: Wo man umsonst iſst, wird immer gut gekocht.

Was Horaz von seiner Zeit in Rom sagt:

Scribimus indocti doctique poemata passim,

galt nun von Abdera im superlativsten Grade. Weil es einem zum Verdienst angerechnet wurde, wenn er ein Schauspiel schrieb, und weil schlechterdings nichts dabey zu wagen war: so machte Tragödien wer Athem genug hatte, ein paar Dutzend zusammen geraffte Gedanken in eben so viele von Bombast strotzende Perioden aufzublasen; und jeder platte Spaſsmacher versuchte es, die Zwerchfelle der Abderiten, auf denen er sonst in Gesellschaften oder Weinhäusern getrommelt hatte, jetzt auch einmahl vom Theater herab zu bearbeiten.

Diese patriotische Nachsicht gegen die Nazionalprodukte hatte eine natürliche Folge, die das Übel zugleich vermehrte und fortdauernd machte. So ein gedankenleeres, windiges, aufgeblasenes, ungezogenes, unwissendes, und aller Anstrengung unfähiges Völkchen es auch um die jungen Patricier von Abdera war, so liefs sich doch gar bald einer von ihnen, wir wissen nicht ob von seinem Mädchen oder von seinen Schmarotzern, oder auch von seinem eigenen angestammten Dünkel, weifs machen, dafs es nur an ihm liege, dramatische Efeukränze zu erwerben so gut als ein anderer. Dieser erste Versuch wurde mit einem so glänzenden Erfolg gekrönt, dafs Blommias, (ein Neffe des Archon Onolaus) ein Knabe von siebzehn Jahren, und, was in der Familie des Onolaus nichts ungewöhnliches war, ein notorisches Ganshaupt, ein unwiderstehliches Jucken in seinen Fingern fühlte auch ein Booksspiel zu machen, wie man damahls das Ding hiefs, das wir jetzt ein Trauerspiel zu schelten pflegen. Niemahls seitdem Abdera auf Thracischem Boden stand, hatte man ein dümmeres Nazionalprodukt gesehen: aber der Verfasser war ein Neffe des Archon, und so konnt' es ihm nicht fehlen. Der Schauplatz war so voll, dafs die jungen Herren den schönen Abderitinnen auf dem Schoofse sitzen musten; die gemeinen Leute standen einander auf den Schultern. Man hörte alle fünf Akte in unverwandter dumm wartender Stille an; man gähnte, seufzte, wischte sich die Stirne, rieb die Augen, hatte hündische lange Weile — und hörte zu; und wie nun endlich das lang' erseufzte Ende kam, wurde so abscheulich geklatscht, daſs etliche zartnervige Muttersöhnchen das Gehör darüber verloren.

Nun wars klar, daſs es keine so groſse Kunst seyn müsse eine Tragödie zu machen, weil sogar der junge Blemmias eine gemacht hatte. Jedermann konnte sich ohne groſse Unbescheidenheit eben so viel zutrauen. Es wurde ein Familien-Ehrenpunkt, daſs jedes gutes Haus wenigstens mit einem Sohne, Neffen, Schwager oder Vetter muſste prangen können, der die Nazional-Schaubühne mit einer Komödie oder einem Bocksspiel, oder wenigstens mit einem Singspielchen beschenkt hatte. Wie groſs dieſs Verdienst seinem innern Gehalte nach etwa sey, daran dachte niemand; gutes, mittelmäſsiges und elendes lief in einer Herde unter einander her. Es bedurfte, um ein elendes Stück zu schützen, keiner Kabale. Eine Höflichkeit war der andern werth. Und weil die Herren allerseits Eselsöhrchen hatten: so konnte keinem einfallen, dem andern das berühmte *Auriculas asini Mida rex habet* zuzuflüstern.

Man kann sich leicht vorstellen, daſs die Kunst bey dieser Duldsamkeit nicht viel gewonnen haben werde. Aber was kümmerte die Abderiten das Interesse der Kunst? Genug, daſs es für die Ruhe ihrer Stadt und das allerseitige Vergnügen zuträglicher war, dergleichen Dinge friedlich und schiedlich abzuthun

Da kann man sehen, pflegte der Archon Onolaus zu sagen, wie viel darauf ankommt, daſs man ein Ding beym rechten Ende nimmt! Das Komödienwesen, das zu Athen alle Augenblicke die garstigsten Händel anrichtet, ist zu Abdera ein Band des allgemeinen guten Vernehmens und der unschuldigste Zeitvertreib von der Welt. Man geht in die Komödie, man ergetzt sich auf die eine oder andre Art, entweder mit Zuhören, oder mit seiner Nachbarin, oder mit Träumen und Schlafen, wie es einem jedem beliebt; dann wird geklatscht, jedermann geht zufrieden nach Hause, und gute Nacht!

Wir sagten vorhin, die Abderiten hätten sich mit ihrem Theater so viel zu thun gemacht, daſs sie in Gesellschaften beynahe von nichts als von der Komödie gesprochen: und so verhielt sichs auch wirklich. Aber wenn sie von Theaterstücken und Vorstellungen und Schauspielern sprachen, so geschah es nicht, um etwa zu untersuchen was daran in der That beyfallwürdiges seyn möchte oder nicht. Denn, ob sie sich ein Ding gefallen oder nicht gefallen lassen wollten, das hing (ihrer Meinung nach) lediglich von i h r e m f r e y e n W i l l e n ab: und, wie gesagt, sie hatten nun einmahl eine Art von schweigender Abrede mit einander getroffen, ihre einheimischen dramatischen Manufakturen a u f z u m u n t e r n. „Man sieht doch recht augenscheinlich, (sagten sie) was es auf sich hat, wenn die Künste an einem Orte aufgemuntert werden. Noch vor zwanzig Jahren hatten wir kaum zwey oder drey Poeten, von denen, auſser etwa an Geburtstagen oder Hochzeiten, kein Mensch Notiz nahm. Jetzt, seit den zehn bis zwölf Jahren daſs wir ein eignes Theater haben, können wir schon über sechs hundert Stücke, groſs und klein in einander gerechnet, aufweisen, die alle auf Abderitischem Grund und Boden gewachsen sind."

Wenn sie also von ihren Schauspielen schwatzten, so war es nur, um einander zu fragen, ob, zum Beyspiel, das gestrige Stück nicht schön gewesen sey? und einander zu antworten: ja, es sey sehr schön gewesen — und was die Schauspielerin, welche die Ifigenia oder Andromache vorgestellt, (denn zu Abdera wurden die weiblichen Rollen von wirklichen Frauenzimmern gespielt, und das war eben nicht so Abderitisch) für ein schönes neues Kleid angehabt habe? Und das gab dann Gelegenheit zu tausend kleinen interessanten Anmerkungen, Reden und Gegenreden, über den Putz, die Stimme, den Anstand, den Gang, das Tragen des Kopfs und der Arme, und zwanzig andre Dinge dieser Art, an den Schauspielern und Schauspielerinnen. Mitunter sprach man auch wohl von dem Stücke selbst, sowohl von der Musik als von den Worten, (wie sie die Poesie davon nannten) das ist, ein jedes sagte, was ihm am besten oder wenigsten gefallen hätte; man hob die vorzüglich rührenden und erhabnen Stellen aus; tadelte auch wohl hier und da einen Ausdruck, ein allzu niedriges Wort, oder einen Gedanken, den man übertrieben oder anstößig fand. Aber immer endigte sich die Kritik mit dem ewigen Abderitischen *Refrein:* Es bleibt doch immer ein schönes Stück — und hat viel Moral in sich. Schöne Moral! pflegte der

kurze dicke Rathsherr hinzu zu setzen —
und immer, traf sichs, dafs die Stücke, die
er ihrer schönen Moral wegen selig pries,
gerade die elendesten waren.

Man wird vielleicht denken: da die besondern Ursachen, die man zu Abdera gehabt habe, alle einheimische Stücke, ohne Rücksicht auf Verdienst und Würdigkeit, aufzumuntern, bey auswärtigen nicht Statt gefunden, so hätte doch wenigstens die grofse Verschiedenheit der Athenischen Schauspieldichter, und der Abstand eines Astydamas von einem Sofokles etwas dazu beytragen sollen, ihren Geschmack zu bilden, und ihnen den Unterschied zwischen gut und schlecht, vortrefflich und mittelmäfsig, — besonders den mächtigen Unterschied zwischen natürlichem Beruf und blofser Prätension und Nachäfferey, zwischen dem muntern, gleichen, aushaltenden Gang des wahren Meisters, und dem Stelzenschritt oder dem Nachkeichen, Nachhinken und Nachkriechen der Nachahmer — anschaulich zu machen. Aber, fürs erste, ist der Geschmack eine Sache, die sich ohne natürliche Anlage, ohne eine gewisse Feinheit des Seelenorgans, womit man schmekken soll, durch keine Kunst noch Bildung erlangen läfst; und wir haben gleich zu Anfang dieser Geschichte schon bemerkt, daſs die Natur den Abderiten diese Anlage ganz versagt zu haben schien. Ihnen schmeckte Alles. Man fand auf ihren Tischen die Meisterstücke des Genies und Witzes mit dem Abgang der schalsten Köpfe, den Tagelöhnerarbeiten der elendesten Pfuscher, unter einander liegen. Man konnte ihnen in solchen Dingen weiſs machen was man wollte; und es war nichts leichter, als einem Abderiten die erhabenste Ode von Pindar für den ersten Versuch eines Anfängers, und umgekehrt das sinnloseste Geschmier, wenn es nur den Zuschnitt eines Gesangs in Strofen und Antistrofen hatte, für ein Werk von Pindar zu geben. Daher war bey einem jeden neuen Stücke, das ihnen zu Gesicht kam, immer ihre erste Frage: Von wem? und man hatte hundert Beyspiele, daſs sie gegen das vortrefflichste Werk gleichgültig geblieben waren, bis sie erfahren hatten daſs es einem berühmten Nahmen zugehöre.

Dazu kam noch der Umstand, daſs der Nomofylax Gryllus, des Cyniskus Sohn, der an der Errichtung des Abderitischen Nazionaltheaters den meisten Antheil gehabt hatte und der Oberaufseher über ihr ganzes Schauspielwesen war, Anspruch machte ein groſser Musikverständiger und der erste Kom-

ponist seiner Zeit zu seyn — ein Ausspruch,
gegen welchen die gefälligen Abderiten um
so weniger einzuwenden hatten, weil er ein
sehr populärer Herr war, und weil seine
ganze Kompozizionskunst in einer Anzahl
melodischer Formen, oder Leisten
bestand, die er allen Arten von Texten anzupassen wußte, so daß nichts leichter war,
als seine Melodien zu singen und auswendig
zu lernen.

Die Eigenschaft, auf welche sich Gryllus am meisten zu gut that, war seine
Behendigkeit im Komponieren. — „Nu,
wie gefällt Ihnen meine Ifigenia, Hekuba, Alceste, (oder was es sonsten war)
he?" — O, ganz vortrefflich, Herr Nomofylax! — „Gelt! da ist doch reiner Satz!
fließende Melodie! hä, hä, hä! Und wie
lange denken Sie daß ich daran gemacht
habe? — Zählen Sie nach! — Heute haben
wir den 13ten — Den 4ten Morgens um
fünf Uhr — Sie wissen ich bin früh auf —
setzt' ich mich an mein Pult und fing an —
und gestern Punkt zehn Uhr Vormittags
macht' ich den letzten Strich! — Nun zählen Sie nach, 4, 5, 6, 7, 8, 9, 10, 11, 12, —
macht, wie Sie sehen, nicht volle 9 Tage,
und darunter zwey Rathstage, und zwey

oder drey wo ich zu Gaste gebeten war; andre Geschäfte nicht gerechnet — Hm! was sagen Sie? Heißt das nicht fix gearbeitet? — Ich sag' es eben nicht um mich zu rühmen: aber das getrau ich mir, wenn's eine Wette gälte, daß kein Komponist im ganzen Europäischen und Asiatischen Griechenland eher mit einem Stücke fertig werden soll als ich! — Es ist nichts! Aber es ist doch so eine eigne Gabe die ich habe, ha, hä, hä!" —

Wir hoffen, unsre Leser sehen den Mann nun vor sich, und wenn sie einige Anlage zur Musik haben, so muß ihnen seyn, sie hätten ihn bereits seine ganze Ifigenia, Hekuba und Alceste herunter orgeln gehört.

Nun hatte dieser große Mann noch nebenher die kleine Schwachheit, daß er keine Musik gut finden konnte als — seine eigene. Keiner von den besten Tonsetzern zu Athen, Theben, Korinth u. s. w. konnt' es ihm zu Danke machen. Den berühmten Damon selbst, dessen gefällige, geistreiche und immer zum Herzen sprechende Art zu komponieren außerhalb Abdera alles was eine Seele hatte bezauberte, nannte er unter seinen Vertrauten nur den Bänkelsängerkomponisten. Bey dieser Art zu denken, und vermöge der unendlichen Leichtigkeit womit er seinen musikalischen Leich von sich gab, hatte er nun binnen wenig Jahren zu mehr als sechzig Stücken von berühmten und unberühmten Athenischen Schauspieldichtern die Musik gemacht. Denn die Abderitischen Nazionalprodukte überliefs er meistens seinen Schülern und Nachahmern, und begnügte sich blofs mit der Revision ihrer Arbeit. Freylich fiel seine Wahl, wie man denken kann, nicht immer auf die besten Stücke; die Hälfte wenigstens waren mifslungene bombastische Nachahmungen des Äschylus, oder abgeschmackte Possenspiele, Jahrmarktsstücke, die von ihren Verfassern selbst blofs für die Belustigung des untersten Pöbels bestimmt waren. Aber genug, der Nomofylax, ein Haupt der Stadt, hatte sie komponiert; sie wurden also unendlich beklatscht; und wenn sie denn auch bey der öftern Wiederhohlung mitunter gähnen und bojahnen machten dafs die Kinnladen hätten aus einander gehen mögen, so versicherte man einander doch beym Herausgehen sehr tröstlich: es sey gar ein schönes Stück und gar eine schöne Musik gewesen!

Und so vereinigte sich denn alles bey diesen griechenzenden Thraciern, nicht nur gegen die Arten und Stufen des Schönen, sondern gegen den innern Unterschied des Vortrefflichen und Schlechten selbst, jene mechanische Kaltsinnigkeit hervorzubringen, wodurch sie sich als durch einen festen Nazionalkarakterzug von allen übrigen policierten Völkern des Erdbodens auszeichneten; eine Kaltsinnigkeit, die dadurch desto sonderbarer wurde, weil sie ihnen gleichwohl die Fähigkeit liefs, zuweilen von dem wirklich Schönen auf eine gar seltsame Art afficiert zu werden — wie man im kurzem aus einem merkwürdigen Beyspiel ersehen wird.

3. Kapitel.

Beyträge zur Abderitischen Litteraturgeschichte. Nachrichten von ihren ersten theatralischen Dichtern, Hyperbolus, Paraspasmus, Antifilus und Thlaps.

Bey aller dieser anscheinenden Gleichgültigkeit, Toleranz, Apathie, Hedypathie, oder wie mans nennen will, müssen wir uns die Abderiten gleichwohl nicht als Leute ohne allen Geschmack vorstellen. Denn ihre fünf Sinne hatten sie richtig und voll gezählt: und wiewohl ihnen unter den augegebnen Umständen Alles gut genug schmeckte; so däuchte sie doch, dieses oder jenes schmecke ihnen besser als ein andres; und so hatten sie denn ihre Lieblingsstücke und Lieblingsdichter so gut als andre Leute.

Damahls, als ihnen der kleine Verdruſs mit dem Arzt Hippokrates zustieſs, wenn unter einer ziemlichen Anzahl von Theaterdichtern, welche Handwerk davon machten, (die Freywilligen nicht gerechnet) vornehmlich zwey im Besitz der höchsten Gunst des Abderitischen Publikums. Der eine machte Tragödien und eine Art Stücke, die man jetzt komische Opern nennt; der andere, Nahmens Thlaps, fabricierte eine Art von Mitteldingen, wobey einem weder wohl noch weh geschah, wovon er der erste Erfinder war; und die deſswegen nach seinem Nahmen Thlapsödien genannt wurden.

Der erste war eben der Hyperbolus, dessen schon zu Anfang dieser eben so wahrhaften als wahrscheinlichen Geschichte als des berühmtesten unter den Abderitischen Dichtern gedacht worden ist. Er hatte sich zwar auch in den übrigen Gattungen hervorgethan; die auſserordentliche Partheilichkeit seiner Landsleute für ihn hatte ihm in allen den Preis zuerkannt: und eben dieser Vorzug erwarb ihm den hochtrabenden Zunahmen Hyperbolus; denn von Haus aus nannte er sich Hegesias.

Der Grund, warum dieser Mensch ein so besondres Glück bey den Abderiten machte, war der natürlichste von der Welt — nehmlich eben der, wefswegen er und seine Werke an jedem andern Orte der Welt als in Abdera ausgepfiffen worden wären. Er war unter allen ihren Dichtern derjenige, in welchem der eigentliche Geist von Abdera, mit allen seinen Idiotismen und Abweichungen von den schönern Formen, Proporzionen und Lineamenten der Menschheit, am leibhaftesten wohnte; derjenige, mit dem alle übrigen am meisten sympathisierten; der immer alles just so machte wie sie es auch gemacht haben würden, ihnen immer das Wort aus dem Munde nahm, immer das eigentliche Pünktchen traf wo sie gekitzelt seyn wollten; mit einem Worte, der Dichter nach ihrem Sinn und Herzen! Und das nicht etwa in Kraft eines aufserordentlichen Scharfsinns, oder als ob er sich ein besondres Studium daraus gemacht hätte, sondern lediglich, weil er unter allen seinen Brüdern im Marsyas am meisten — Abderit war. Bey ihm durfte man sich darauf verlassen, dafs der Gesichtspunkt, woraus er eine Sache ansah, immer der schiefste war woraus sie gesehen werden konnte; dafs er zwischen zwey Dingen allemahl die Ähnlichkeit gerade da fand, wo ihr wesentlichster Unterschied lag; dafs er je und allezeit feierlich aussehen würde wo ein vernünftiger Mensch lacht, und lachen würde wo es nur einem Abderiten einfallen kann zu lachen, u. s. w. Ein Mann, der des Abderitischen Genius so voll war, konnte natürlicher Weise in Abdera alles seyn was er wollte. Auch war er ihr Anakreon, ihr Alcäus, ihr Pindar, ihr Äschylus, ihr Aristofanes, und seit kurzem arbeitete er an einem grofsen Nazional-Heldengedicht in acht und vierzig Gesängen, die Abderiade genannt — zu grofser Freude des ganzen Abderitischen Volkes! Denn, sagten sie, ein Homer ist das einzige was uns noch abgeht; und wenn Hyperbolus mit seiner Abderiade fertig seyn wird, so haben wir Ilias und Odyssee in Einem Stücke beysammen; und dann lafs die andern Griechen kommen, und uns noch über die Achseln ansehen, wenn sie das Herz haben! Sie sollen uns dann einen Mann stellen, dem wir nicht einen aus unsern Mitteln entgegen stellen wollen!

Indessen war doch die Tragödie das eigentliche Fach des Hyperbolus. Er hatte deren hundert und zwanzig (vermuthlich auch grofs und klein in einander gerechnet) verfertigt — ein Umstand, der ihm bey einem Volke, das in allen Dingen nur auf Anzahl und körperlichen Umfang sah, allein schon einen aufserordentlichen Vorzug geben mufste. Denn von allen seinen

Nebenbuhlern hatte es keiner auch nur auf das Drittel dieser Zahl bringen können. Ungeachtet ihm die Abderiten wegen des Bombasts seiner Schreibart i h r e n Äschylus zu nennen pflegten, so wuſste er sich selbst doch nicht wenig mit seiner O r i g i n a l i t ä t. Man weise mir, sprach er, einen Karakter, einen Gedanken, ein Gefühl, einen Ausdruck, in allen meinen Werken, den ich aus einem andern genommen hätte! — O d e r a u s d e r N a t u r, setzte D e m o k r i t hinzu — ,,O! (rief Hyperbolus) was das betrifft, das kann ich Ihnen zugeben, ohne daſs ich viel dabey verliere. Natur! Natur! Die Herren klappern immer mit ihrer Natur und wissen am Ende nicht was sie wollen. Die gemeine Natur — und die meinen Sie doch — gehört in die K o m ö d i e, ins P o s s e n s p i e l, in die T h l a p s ö d i e, wenn Sie wollen! Aber die Tragödie muſs ü b e r d i e N a t u r gehen, oder ich gebe nicht eine hohle Nuſs darum." Von den seinigen galt dieſs im vollsten Maaſs. So wie s e i n e P e r s o n e n hatte nie ein Mensch ausgesehen, nie ein Mensch gefühlt, gedacht, gesprochen noch gehandelt. Aber das wollten die Abderiten eben — und daher kam es auch, daſs sie unter allen auswärtigen Dichtern am wenigsten aus dem S o f o k l e s machten. ,,Wenn ich aufrichtig sagen soll, wie ich denke, — sagte einst

Hyperbolus in einer vornehmen Gesellschaft, wo über diese Materie auf gut Abderitisch räsoniert wurde — ich habe nie begreifen können, was an dem Ödipus oder an der Elektra des Sofokles, besonders was an seinem Filoktet so aufserordentliches seyn soll. Für einen Nachfolger eines so erhabnen Dichters wie Äschylus, fällt er wahrlich gewaltig ab! Nun ja, Attische Urbanität, die streit' ich ihm nicht ab! Urbanität so viel Sie wollen! Aber der Feuerstrom, die wetterleuchtenden Gedanken, die Donnerschläge, der hinreifsende Wirbelwind — kurz, die Riesenstärke, der Adlersflug, der Löwengrimm, der Sturm und Drang, der den wahren tragischen Dichter macht, wo ist der?" — Das nenn' ich wie ein Meister von der Sache sprechen, sagte einer von der Gesellschaft. — O, über solche Dinge verlassen Sie Sich auf das Urtheil des Hyperbolus, rief ein andrer; wenn er s nicht verstehen sollte! — Er hat hundert und zwanzig Tragödien gemacht, flüsterte eine Abderitin einem Fremden ins Ohr; er ist der erste Theaterdichter von Abdera!

Indessen hatte es doch unter allen seinen Nebenbuhlern, Schülern und Kaudatarien ihrer zweyen geglückt, ihn auf dem tragischen Thron, auf den ihn der allgemeine Beyfall hinaufgeschwungen, wanken zu machen — Dem einen durch ein Stück, worin der Held gleich in der ersten Scene des ersten Akts seinen Vater ermordet, im zweyten seine leibliche Schwester heirathet, im dritten entdeckt dafs er sie mit seiner Mutter gezeugt hatte, im vierten sich selber Ohren und Nase abschneidet, und im fünften, nachdem er die Mutter vergiftet und die Schwester erdrosselt, von den Furien unter Blitz und Donner in die Hölle gehohlt wird — Dem andern durch eine Niobe, worin aufser einer Menge Ω! Ω! Αι, Αι! Φεῦ, Φεῦ, und Ελελελεῦ, und einigen Blasfemien, wobey den Zuhörern die Haare zu Berge standen, das ganze Stück in lauter Handlung und Pantomime gesetzt war. Beide Stücke hatten den erstaunlichsten Effekt gethan. — Nie waren binnen drey Stunden so viele Schnupftücher voll geweint worden, seit ein Abdera in der Welt war. — Nein, es ist nicht zum Ausbalten, schluchzten die schönen Abderitinnen — Der arme Prinz! wie er heulte, wie er sich herumwälzte! Und die Rede, die er hielt, da er sich die Nase abgeschnitten hatte, rief eine andere — Und die Furien, die Furien, schrie eine dritte — ich werde vier Wochen lang kein Auge vor ihnen zuthun können! — Es war schrecklich, ich muſs gestehen, sagte die vierte; aber, o die arme Niobe! wie sie mitten unter ihren über-einander hergewälzten Kindern da steht, sich die Haare ausrauft, sie über die dampfenden Leichen hinstreut, dann sich selbst auf sie hinwirft, sie wieder beleben möchte, dann in Verzweiflung wieder auffährt, die Augen wie feurige Räder im Kopfe herum rollt, dann mit ihren eigenen Nägeln sich die Brust aufreiſst, und Hände voll Bluts unter entsetzlichen Verwünschungen gen Himmel wirft! — Nein, so was rührendes muſs nie gesehen worden seyn! Was das für ein Mann seyn muſs, der Paraspasmus, der Stärke genug hatte, so eine Scene aufs Theater zu bringen! — Nun, was die Stärke anbetrifft, sagte die schöne Salabanda, darauf läſst sich eben nicht immer so sicher schlieſsen. Ich zweifle, ob Peraspasmus alles halten würde was er zu versprechen scheint; groſse Prahler, schlechte Fechter. — Man kannte die schöne Salabanda für eine Frau, die so was nicht ohne Grund sagte; und dieser geringfügige Umstand brachte so viel zuwege, daſs die Niobe des Paraspasmus bey der zweyten Vorstellung nicht mehr die Hälfte der vorigen Wirkung that; ja der Dichter selbst konnte sich in der Folge nicht wieder von dem Schlag erhohlen, den ihm Salabanda durch ein einziges Wort in der Einbildungskraft der Abderitinnen gegeben hatte.

Indessen blieb ihm und seinem Freunde Antifilus doch immer die Ehre, der Tragödie zu Abdera einen neuen Schwung gegeben zu haben, und die Erfinder zweyer neuer Gattungen, der griesgramischen, und der pantomimischen, zu seyn, in welchen den Abderitischen Dichtern eine Laufbahn eröffnet wurde, wo es um so viel sichrer war Lorbern einzuernten, da im Grunde nichts leichter ist als — Kinder zu erschrekken, und seine Helden vor lauter Affekt — gar nichts sagen zu lassen.

Wie aber die menschliche Unbeständigkeit sich an allem, was in seiner Neuheit noch so angenehm ist, gar bald ersättiget, so fingen auch die Abderiten bereits an es überdrüssig zu werden, daſs sie immer und alle Tage gar schön finden sollten, was ihnen in der That schon lange gar wenig Vergnügen machte: als der junge Thlaps auf den Einfall kam, Stücke aufs Theater zu bringen, die weder Komödie noch Tragödie noch Posse, sondern eine Art von lebendigen Abderitischen Familiengemählden wären; wo weder Helden noch

Narren, sondern gute ehrliche hausgebackne
Abderiten auftreten, ihren täglichen Stadt-
Markt-Haus- und Familiengeschäften nach-
gehen, und vor einem löblichen Spektatorium
gerade so handeln und sprechen sollten, als ob
sie auf der Bühne zu Hause wären, und es
sonst keine Leute in der Welt gäbe als sie.
Man sieht, dafs diefs ohngefähr die nehmliche
Gattung war, wodurch sich Menander in
der Folge so viel Ruhm erwarb. Der Unterschied bestand blofs darin: dafs er Athener
und jener Abderiten auf die Bühne
brachte; und dafs er Menander, und jener Thlaps war. Allein da dieser Unterschied den Abderiten nichts verschlug, oder
vielmehr gerade zu Thlapsens Vortheil ge-
reichte: so wurde sein erstes Stück¹) in dieser Gattung mit einem Entzücken aufgenommen, wovon man noch kein Beyspiel gesehen
hatte. Die ehrlichen Abderiten sahen sich

1) Es hiefs Eugamia, oder die vierfache
Braut. Eugamia war von ihrem Vater an einen,
von der Mutter an den andern, und von einer
Tante, an deren Erbschaft ihr gelegen war, an
den dritten Mann versprochen worden. Am Ende
kam heraus, dafs das voreilige Mädchen sich selbst
in aller Stille bereits an einen vierten verschenkt
hatte.

selbst zum ersten Mahl auf der Schaubühne *in puris Naturalibus*, ohne Stelzen, ohne Löwenhäute, ohne Keule, Zepter und Diadem, in ihren gewöhnlichen Hauskleidern, ihre gewöhnliche Sprache redend, nach ihrer angebornen eigenthümlichen Abderitischen Art und Weise leiben und leben, essen und trinken, freyen und sich freyen lassen, u. s. w. und das war eben was ihnen so viel Vergnügen machte. Es ging ihnen wie einem jungen Mädchen, das sich zum ersten Mahl in einem Spiegel sieht; sie konntens gar nicht genug bekommen. Die vierfache Braut wurde vier und zwanzigmahl hinter einander gespielt, und eine lange Zeit wollten die Abderiten nichts als Thlapsödien sehen. Thlaps, dem es nicht so frisch von der Faust ging wie dem grofsen Hyperbolus und dem Nomofylax Gryllus, konnte deren nicht so viele fertig machen, als sie von ihm zu haben wünschten. Aber da er seinen Mitbrüdern einmahl den Ton angegeben hatte, so fehlte es ihm nicht an Nachahmern. Alles legte sich auf die neue Gattung; und in weniger als drey Jahren waren alle mögliche Süjets und Titel von Thlapsödien so erschöpft, dafs es wirklich ein Jammer war die Noth der armen Dichter zu sehen, wie sie drucksten und schwitzten, um aus dem Schwamme, den schon so viele vor ihnen ausgedruckt hatten, noch einen Tropfen trübes Wasser heraus zu pressen.

Die natürliche Folge davon war, dafs unvermerkt alle Dinge wieder ins gehörige Gleichgewicht kamen. Die Abderiten, die, nach ziemlich allgemeiner menschlicher Weise, Anfangs für jede Gattung eine ausschliefsende Neigung fafsten, fanden endlich, dafs es nur desto besser sey, wenn sie dem Überdrufs durch Abwechslung und Mannigfaltigkeit wehren könnten. Die Tragödien, gemeine, griesgrämische und pantomimische, die Komödien, Operetten und Possenspiele kamen wieder in Umlauf; der Nomofylax komponierte die Tragödien des Euripides: und Hyperbolus (zumahl da ihm das Projekt Abderitischer Homer zu werden im Kopfe steckte) liefs sichs, weils doch nicht zu ändern war, am Ende gern gefallen, die höchste Gunst des Abderitischen Parterre mit Thlapsen zu theilen; zumahl, da dieser durch die Heirath mit der Nichte eines Oberzunftmeisters seit kurzem eine wichtige Person geworden war.

4. Kapitel.

Merkwürdiges Beyspiel von der guten Staatswirthschaft der Abderiten. Beschluſs der Digression über ihr Theaterwesen.

Ehe wir von dieser Abschweifung zum Verfolg unsrer Geschichte zurückkehren, möchte es nöthig seyn, dem geneigten Leser einen kleinen Zweifel zu benehmen, der ihm während vorstehender kurzen Abschattung des Abderitischen Schauspielwesens aufgestoſsen seyn möchte.

Es ist nicht wohl zu begreifen, wird man sagen, wie das Ararium von Abdera, dessen Einkünfte eben nicht so gar beträchtlich seyn konnten, eine so ansehnliche Nebenausgabe, wie ein tägliches Schauspiel mit allen seinen Artikeln ist, in die Länge habe bestreiten können; gesetzt auch, daſs die Dichter ohne Sold noch Lohn, aus purem Patriotismus, oder um die bloſse Ehre gedient hätten. Wofern aber dieſs letztere war, wird man kaum glaublich finden, daſs es so manchen Theaterdichter von Profession in Abdera gegeben, und daſs der groſse Hyperbolus, mit allem seinem Patriotismus und Eigennutz, es bis auf ein hundert und zwanzig dramatische Stücke sollte getrieben haben.

Um nun den günstigen Leser nicht ohne Noth aufzuhalten, wollen wir ihm nur gleich unverhohlen gestehen, daſs ihre Theaterdichter keineswegs umsonst arbeiteten, (denn das groſse Gesetz, „dem Ochsen, der da drischt, sollst du nicht das Maul verbinden!" ist ein Naturgesetz, dessen allgemeine Verbindlichkeit auch sogar die Abderiten fühlten) und daſs, vermöge einer besondern Finanzoperazion, das Stadtärarium des Theaters halben eigentlich keine neue Ausgabe zu bestreiten hatte, sondern dieser Aufwand gröſsten Theils an andern nöthigern und nützlichern Artikeln erspart wurde.

Die Sache verhielt sich so. So bald die Gönner des Theaters sahen, daſs die Abderiten Feuer gefaſst hatten, und Schauspiele zum Bedürfniſs für sie geworden waren, ermangelten sie nicht, dem Volke durch die Zunftmeister vorstellen zu lassen: daſs das Ärarium einem so groſsen Zuwachs von Ausgaben ohne neue

Einnahmsquellen oder Einziehung andrer Ausgaben nicht gewachsen sey. Diefs veranlafste denn, dafs eine Kommission niedergesetzt wurde, welche, nach mehr als sechzig zahlbaren Sitzungen, endlich einen Entwurf einer Einrichtung des gemeinen Abderitischen Theaterwesens vor Rath lägte, den man so gründlich und wohl ausgesonnen fand, dafs er stracks in einer allgemeinen Versammlung der Bürgerschaft zu einem Fundamentalgesetz der Stadt Abdera gestempelt wurde.

Wir würden uns ein Vergnügen daraus machen, dieses Abderitische Meisterstück auch vor unsre Leser zu legen, wenn wir ihnen Geduld genug zutrauen dürften es zu lesen. Sollte aber irgend ein gemeines Wesen in oder aufser dem heiligen Römischen Reiche die Mittheilung desselben wünschen: so ist man erbötig, solche auf erfolgte Requisizion, gegen blofse Erstattung der Schreibauslagen unentgeldlich mitzutheilen. Alles, was wir hier davon sagen können, ist: dafs, vermöge dieser Einrichtung, *sine aggravio Publici*, — durch blofse Ersparung einer Menge anderer Ausgaben, die man freylich in jedem andern Staate für nöthiger und nützlicher als die Unterhaltung eines Nazionaltheaters angesehen hätte — hinlängliche Fonds ausgemacht wurden, „die Abderiten wöchentlich viermahl mit Schauspielen zu traktieren; sowohl Dichter, Schauspieler und Orchester, als die Herren Deputierten und den Nomofylax gehörig zu remunerieren; und überdieſs noch die beiden untersten Klassen der Zuschauer bey jeder Vorstellung *viritim* mit einem Pfennigbrot und zwey trocknen Feigen zu gratificieren." — Der einzige Fehler dieser schönen Einrichtung war, daſs die Herren von der Kommission sich in Berechnung der Einnahme und Ausgabe (wegen deren Richtigkeit man sich auf ihre bekannte Dexterität verlieſs) um achtzehn tausend Drachmen (ungefähr drittbalb tausend Thaler schwer Geld) verrechnet hatten, die das Ärarium mehr bezahlen muſste, als die angewiesenen Fonds betrugen. Das war nun freylich kein ganz gleichgültiger Rechnungsverstoſs! Indessen waren die Herren von Abdera gewohnt, so glattweg und *bona fide* bey ihrer Staatswirthschaft zu Werke zu gehen, daſs etliche Jahre verstrichen, bis man gewahr wurde, woran es liege, daſs sich alle Jahre ein Deficit von zwey tausend fünf hundert Thalern in der Hauptrechnung ergab. Wie man es endlich mit vieler Mühe heraus gebracht hatte, fanden die Häupter für nötbig, die Sache vor das gesammte Volk zu bringen, und *pro forma* auf Einziehung der Schaubühne anzutragen. Allein die Abderiten geberdeten sich zu diesem Vorschlag, als ob man ihnen Wasser und Feuer nehmen wolle. Kurz, es wurde ein Plebiscitum errichtet, daſs die jährlich abgängigen dritthalb Talente aus dem gemeinen Schatz, der im Tempel der Latona niedergelegt war, genommen werden sollten; und derjenige, der sich künftig unterfangen würde, auf Abschaffung der Schaubühne anzutragen, sollte für einen Feind der Stadt Abdera angesehen werden.

Die Abderiten glaubten nun ihre Sache recht klug gemacht zu haben, und pflegten gegen Fremde sich viel darauf zu gut zu thun, daſs ihre Schaubühne jährlich achtzig Talente (achtzig tausend Thaler) und gleichwohl der Bürgerschaft von Abdera keinen Häller koste. „Es kommt alles auf eine gute Einrichtung an, sagten sie. Aber dafür haben wir auch ein Nazionaltheater, wie kein andres in der Welt seyn muſs!" — Das ist eine grosse Wahrheit, sagte Demokrit; solche Dichter, solche Schauspieler, solche Musik, und wöchentlich viermahl, für achtzig Talente! Ich wenigstens habe das an keinem andern Orte in der Welt angetroffen.

Was man ihnen lassen mufste, war, dafs ihr Theater für eines der prächtigsten in Griechenland gelten konnte. Freylich hatten sie dem Könige von Macedonien ihr bestes Amt versetzt, um es bauen zu können. Aber da ihnen der König zugestanden, dafs der Amtmann, der Amtsschreiber und der Rentmeister allezeit Abderiten bleiben sollten, so konnte ja niemand was dagegen einzuwenden haben.

Wir bitten es den Lesern ab, wenn sie mit dieser allgemeinen Nachricht von dem Abderitischen Theaterwesen zu lange aufgehalten worden sind. Die Schauspielstunde ist inzwischen herbeygekommen, und wir versetzen uns also ohne weiters in das Amfitheater dieser preiswürdigen Republik, wo der geneigte Leser nach Gefallen, entweder bey dem kleinen dicken Rathsherrn, oder bey dem Priester Strobylus, oder bey dem Schwätzer Antistrepsiades, oder bey irgend einer von den schönen Abderitinnen, mit welchen wir sie in den vorigen Kapiteln bekannt gemacht haben, Platz zu nehmen belieben wird.

5. Kapitel.

Die Andromeda des Euripides wird aufgeführt.
Grofser Sukzefs des Nomofylax, und was die Sängerin Eukolpis dazu beygetragen. Ein paar Anmerkungen über die übrigen Schauspieler, die Köre
und die Dekorazion.

Das Stück, das diesen Abend gespielt wurde, war die Andromeda des Euripides; eines von den sechzig oder siebzig Werken dieses Dichters, wovon nur wenige kleine Späne und Splitter der Vernichtung entronnen sind. Die Abderiten trugen, ohne eben sehr zu wissen warum, grofse Ehrerbietung für den Nahmen Euripides und alles was diesen Nahmen trug. Verschiedene seiner Tragödien oder Singspiele (wie wir sie eigentlich nennen sollten) waren schon öfters aufgeführt, und allemahl sehr schön gefunden worden. Die Andromeda, eines der neuesten, wurde jetzt zum ersten Mahl auf die Abderitische Schaubühne gebracht. Der Nomofylax hatte die Musik dazu gemacht, und (wie er seinen Freunden ziemlich laut ins Ohr sagte) diefsmahl sich selbst übertroffen; das heifst, der Mann hatte sich vorgesetzt, alle seine Künste auf einmahl zu zeigen, und darüber war ihm der gute Euripides unvermerkt ganz aus den Augen gekommen. Kurz, Herr Gryllus hatte sich selbst komponiert; unbekümmert, ob seine Musik den Text, oder der Text seine Musik zu Unsinn mache — welches denn gerade der Punkt war, der auch die Abderiten am wenigsten kümmerte. Genug, sie machte grofsen Lärm, hatte (wie seine Brüder, Vettern, Schwäger, Klienten und Hausbedienten, als sämmtliche Kenner, versicherten) sehr erhabne und rührende Stellen, und wurde mit dem lautesten entschiedensten Beyfall aufgenommen. Nicht, als ob nicht sogar in Abdera noch hier und da Leute gesteckt hätten, die — weil sie vielleicht etwas dünnere Ohren auf die Welt gebracht als ihre Mitbürger, oder weil sie anderswo was besseres gehört haben mochten — einander unter vier Augen gestanden: dafs der Nomofylax, mit aller seiner Anmafsung ein Orfeus zu seyn, nur ein Leiermann, und das beste seiner Werke eine Rhapsodie ohne Geschmack und meistens auch ohne Sinn sey. Diese Wenigen hatten sich ehemahls sogar erkühnt, etwas von dieser ihrer Heterodoxie ins Publikum erschallen zu lassen: aber sie waren jedesmahl von den Verehrern der Gryllischen Muse so übel empfangen worden, daſs sie, um mit heiler Haut davon zu kommen, für gut befanden, sich in Zeiten der Majorität zu submittieren; und nun waren diese Herren immer die, die bey den elendesten Stellen am ersten und lautesten klatschten.

Das Orchester that dieſsmahl sein Äuſserstes, um sich seines Oberhauptes würdig zu zeigen. „Ich hab' ihnen aber auch alle Hände voll zu thun gegeben,‟ sagte Gryllus, und schien sich viel darauf zu gut zu thun, daſs die armen Leute schon im zweyten Akt keinen trocknen Faden mehr am Leibe hatten.

Im Vorbeygehen gesagt, das Orchester war eines von den Instituten, worin die Abderiten es mit allen Städten in der Welt aufnahmen. Das erste, was sie einem Fremden davon sagten, war: daſs es hundert und zwanzig Köpfe stark sey. „Das Athenische, pflegten sie mit bedeutendem Akzent hinzu zu setzen, soll nur achtzig haben: aber freylich mit hundert und zwanzig Mann läſst sich auch was ausrichten!‟ — Wirklich fehlte es unter so vielen nicht an geschickten Leuten, wenigstens an solchen, aus denen ein Vorsteher, wie — in Abdera keiner war noch seyn konnte, etwas hätte machen können. Aber was half das ihrem Musikwesen? Es war nun einmahl im Götterrathe beschlossen, daſs im Thracischen Athen nichts an seinem Platze, nichts seinem Zweck entsprechend, nichts recht und nichts ganz seyn sollte. Weil die Leute wenig für ihre Mühe hatten, so glaubte man auch nicht viel von ihnen fordern zu können; und weil man mit einem jeden zufrieden war, der sein Bestes that, (wie sies nannten) so that Niemand sein Bestes. Die Geschickten wurden lässig, und wer noch auf halbem Wege war, verlor den Muth und zuletzt auch das Vermögen weiter zu kommen. Wofür hätten sie sich am Ende auch Mühe um Vollkommenheit geben sollen, da sie für Abderitische Ohren arbeiteten? — Freylich hatten die leidigen Fremden auch Ohren: aber sie hatten doch keine Stimme zu geben; fandens auch nicht einmahl der Mühe werth, oder waren zu höflich oder zu politisch, gegen den Geschmack von Abdera Sturm laufen zu wollen. Der Nomofylax, so dumm er war, merkte zwar selbst so gut wie ein andrer, daſs es nicht so recht ging wie es sollte. Aber auſserdem, daſs er keinen Geschmack hatte, oder (welches auf Eins hinaus lief) dafs ihm nichts schmeckte was er nicht selbst gekocht hatte, und er also immer die rechten Mittel, wodurch es besser werden konnte, verfehlte — war er auch zu träge und zu ungeschmeidig, sich mit andern auf die gehörige Art abzugeben. Vielleicht mocht' ers auch am Ende wohl leiden, dafs er, wenn sein Leierwerk (wie wohl zuweilen geschah) sogar den Abderiten nicht recht zu Ohren gehen wollte, die Schuld aufs Orchester schieben, und die Herren und Damen, die ihm ehrenhalber ihr Kompliment defswegen machten, versichern konnte: dafs nicht eine Note, so wie er sie gedacht und geschrieben habe, vorgetragen worden sey. Allein das war doch immer nur eine Feuerthüre für den Notbfall. Denn aus dem naserümpfenden Tone, womit er von allen andern Orchestern zu sprechen pflegte, und aus den Verdiensten, die er sich um das Abderitische beylegte, mufste man schliefsen, dafs er so gut damit zufrieden war, als es — einem **patriotischen** Nomofylax von Abdera ziemte.

Wie es aber auch mit der Musik dieser Andromeda und ihrer Ausführung beschaffen seyn mochte: gewifs ist, dafs in langer Zeit kein Stück so allgemein gefallen hatte. Dem Sänger, der den **Perseus** spielte, wurde so

gewaltig zugeklatscht, daſs er mitten in der
schönsten Scene aus dem Tone kam, und in
eine Stelle aus dem Kyklops sich verirrete.
Andromeda — in der Scene, wo sie, an
den Felsen gefesselt, von allen ihren Freunden
verlassen und dem Zorn der Nereiden Preis
gegeben, angstvoll das Auftauchen des Unge-
heuers erwartet — muſste ihren Monolog
dreymahl wiederhohlen. Der Nomofylax
konnte seine Freude über einen so glänzenden
Erfolg nicht bändigen. Er ging von Reihe zu
Reihe herum, den Tribut von Lob einzusam-
meln, der ihm aus allen Lippen entgegen
schallte; und mitten unter der Versichrung
daſs ihm zu viel Ehre widerfahre, gestand er,
daſs er selbst mit keinem seiner Spielwerke
(wie er seine Opern mit vieler Bescheidenheit
zu nennen beliebte) so zufrieden sey wie mit
dieser Andromeda.

Indessen hätt' er doch, um sich selbst und
den Abderiten Gerechtigkeit zu erweisen, wenigstens die Hälfte des glücklichen Erfolgs auf
Rechnung der Sängerin Eukolpis setzen
müssen, die zwar vorher schon im Besitz zu
gefallen war, aber als Andromeda Gelegenheit fand, sich in einem so vortheilhaften
Lichte zu zeigen, daſs die jungen und alten
Herren von Abdera sich gar nicht satt an ihr —

sehen konnten. Denn da war so viel zu sehen, daſs ans Hören gar nicht zu denken war. Eukolpis war eine grofse wohl gedrehte Figur — zwar um ein nahmhaftes materieller, als man in Athen zu einer Schönheit erforderte — aber in diesem Stücke waren die Abderiten (wie in vielen andern) ausgemachte Thracier; und ein Mädchen, aus welchem ein Bildhauer in Sicyon zwey gemacht hätte, war nach ihrem angenommenen Ebenmaſs ein Wunder von einer Nymfenfigur. Da die Andromeda nur sehr dünn angezogen seyn durfte, so hatte Euklopis, die sich stark bewuſst war, worin eigentlich die Kraft ihres Zaubers liege, eine Draperie von rosenfarbnem Koischem Zeug erfunden, unter welcher, ohne daſs der Wohlstand sich allzu sehr beleidigt finden konnte, von den schönen Formen, die man an ihr bewunderte, wenig oder nichts für die Zuschauer verloren ging. Nun hatte sie gut singen. Die Komposizion hätte, wo möglich, noch abgeschmackter, und ihr Vortrag noch zehnmahl fehlerhafter seyn können; immer würde sie ihren Monolog haben wiederhohlen müssen, weil das doch immer der ehrlichste Vorwand war, sie desto länger mit lüsternen Blicken — betasten zu können. Wahrlich, beym Jupiter, ein herrliches Stück! sagte einer zum andern mit halb geschloſsnen

Augen; ein unvergleichliches Stück! — Aber finden Sie nicht auch, dafs Eukolpis heute wie eine Göttin singt? — „O über allen Ausdruck! Es ist, beym Anubis! nicht anders als ob Euripides das ganze Stück blofs um ihrentwillen gemacht hätte!" — Der junge Herr, der diefs sagte, pflegte immer beym Anubis zu schwören, um zu zeigen dafs er in Ägypten gewesen sey.

Die Damen, wie leicht zu erachten, fanden die neue Andromeda nicht ganz so wundervoll als die Mannspersonen. — „Nicht übel! Ganz artig! sagten sie. Aber wie kommts, dafs die Rollen diefsmahl so unglücklich ausgetheilt wurden? Das Stück verlor dadurch. Man hätte die Rollen vertauschen und die Mutter der dicken Eukolpis geben sollen! Zu einer Kassiopeia hätte sie sich trefflich geschickt." — Gegen ihren Anzug, Kopfputz u. s. w. war auch viel zu erinnern. — Sie war nicht zu ihrem Vortheil aufgesetzt — der Gürsel war zu hoch, und zu stark geschürzt — und besonders fand man die Ziererey ärgerlich, immer ihren Fufs zu zeigen, auf dessen unproporzionierte Kleinheit sie sich ein wenig zu viel einbilde, — sagten die Damen, die aus dem entgegen gesetzten Grunde die ihrigen zu verbergen pflegten. Indessen kamen doch Frauen und Herren sämmtlich darin überein, dafs sie überaus schön singe, und dafs nichts niedlicher seyn könne als die Arie, worin sie ihr Schicksal bejammerte. Eukolpis, wiewohl ihr Vortrag wenig taugte, hatte eine gute, klingende und biegsame Stimme; aber was sie eigentlich zur Lieblingssängerin der Abderiten gemacht hatte, war die Mühe, die sie sich mit ziemlichem Erfolge gegeben, den Nachtigallen gewisse Läufer und Tonfälle abzulernen, in welchen sie sich selbst und ihren Zuhörern so wohl gefiel, dafs sie solche überall, zu rechter Zeit und zur Unzeit, einmischte, und immer damit willkommen war. Sie mochte zu thun haben was sie wollte, zu lachen oder zu weinen, zu klagen oder zu zürnen, zu hoffen oder zu fürchten: immer fand sie Gelegenheit, ihre Nachtigallen anzubringen, und war immer gewifs beklatscht zu werden, wenn sie gleich die besten Stellen damit verdorben hatte.

Von den übrigen Personen, die den Perseus als den ersten Liebhaber, den Agenor, vormahligen Liebhaber der Andromeda, den Vater, die Mutter, und einen Priester des Neptuns vorstellten, finden wir nicht viel mehr zu sagen, als dafs man im Einzelnen zwar sehr viel an ihnen auszusetzen hatte, im Ganzen aber sehr wohl mit ihnen zufrieden war. Perseus war ein schön gewachsner Mensch, und hatte ein grofses Talent einen — Abderitischen Pickelhäring zu machen. Der vorerwähnte Kyklops, im Satirenspiele dieses Nahmens, war seine Meisterrolle. Er spielt den Perseus gar schön, sagten die Abderitinnen, nur Schade dafs ihm immer unvermerkt der Kyklops dazwischen kommt. — Kassiopeia, ein kleines zieraffiges Ding, voll angemafster Grazien, hatte keinen einzigen natürlichen Ton; aber sie galt alles bey der Gemahlin des zweyten Archon, hatte eine gar drollige Manier kleine Liedchen zu singen, und that ihr Bestes. — Der Priester des Neptuns brüllte einen ungeheuern Matrosenbafs; und Agenor — sang so elend als einem zweyten Liebhaber zusteht. Er sang zwar auch nicht besser, wenn er den ersten machte; aber weil er sehr gut tanzte, so hatte er eine Art von Freybrief erhalten, desto schlechter singen zu dürfen. Er tanzt sehr schön, war immer die Antwort der Abderiten, wenn jemand anmerkte, dafs sein Krächzen unerträglich sey; indessen tanzte Agenor nur selten und sang hingegen in allen Singspielen und Operetten.

Um die Schönheit dieser Andromeda ganz zu übersehen, muſs man sich noch zwey Köre, einen von Nereiden, und einen von den Gespielinnen der Andromeda, einbilden, beide aus verkleideten Schuljungen bestehend, die sich so ungeberdig dazu anschickten, daſs die Abderiten (zu ihrem groſsen Troste) genug und satt zu lachen bekamen. Besonders that der Kor der Nereiden, durch die Erfindungen, die der Nomofylax dabey angebracht hatte, die schnurrigste Wirkung von der Welt. Die Nereiden erschienen mit halbem Leib aus dem Wasser hervorragend, mit falschen gelben Haaren, und mit mächtigen falschen Brüsten, die von fern recht natürlich wie — ausgestopfte Bälle und also sich selbst vollkommen gleich sahen. Die Symfonie, unter welcher diese Meerwunder heran geschwommen kamen, war eine Nachahmung des berühmten *Wreckeckeck Koax Koax* in den Fröschen des Aristofanes; und, um die Illusion vollkommner zu machen, hatte Herr Gryllus verschiedene Kuhhörner angebracht, die von Zeit zu Zeit einfielen, um die auf ihren Schneckenmuscheln blasenden Tritonen nachzuahmen.

Von den Dekorazionen wollen wir, beliebter Kürze halben, weiter nichts sagen, als dafs sie — von den Abderiten sehr schön gefunden wurden. Insonderheit bewunderte man einen Sonnenuntergang, den sie vermittelst eines mit langen Schwefelhölzern besteckten Windmühlenrades zuwege brachten, welches einen guten Effekt gethan hätte, sagten sie, wenn es nur ein wenig schneller umgetrieben worden wäre. Bey der Art, wie Perseus mit seinem Merkurstiefeln aufs Theater angeflogen kam, wünschten die Abderitischen Kenner, dafs man die Stricke, in denen er hing, luftfarbig angestrichen hätte, damit sie nicht so gar deutlich in die Augen gefallen wären.

6. Kapitel

Sonderbares Nachspiel, das die Abderiten mit einem unbekannten Fremden spielten, und dessen höchst unvermuthete Entwicklung.

So bald das Stück geendigt war, und das betäubende Klatschen ein wenig nachliefs, fragte man einander, wie gewöhnlich: Nun, wie hat Ihnen das Stück gefallen? und erhielt überall die gewöhnliche Antwort: Sehr wohl! Einer von den jungen Herren, der für einen vorzüglichen Kenner galt, richtete die grofse Frage auch an einen etwas bejahrten Fremden, der in einer der mittlern Reihen safs, und dem Ansehen nach kein gemeiner Mann zu seyn schien. Der Fremde, der sich vielleicht schon gemerkt hatte was man zu Abdera auf eine solche Frage antworten mufste, war so ziemlich bald mit seinem Sehr wohl heraus: aber weil seine Miene diesen Beyfall etwas verdächtig machte, und sogar eine unfreywillige, wiewohl ganz schwache

Bewegung der Achseln, womit er ihn begleitete, für ein Achselzucken ausgedeutet werden konnte, so ließ ihn der junge Abderitische Herr nicht so wohlfeil durchwischen. — „Es scheint, sagte er, das Stück hat Ihnen nicht gefallen? Es passiert doch für eine der besten Piecen von Euripides!"

Das Stück mag nicht so übel seyn, erwiederte der Fremde.

„So haben Sie vielleicht an der Musik etwas auszusetzen?"

An der Musik? — O was die Musik betrifft, die ist eine Musik — wie man sie nur zu Abdera hört.

„Sie sind sehr höflich! In der That, unser Nomofylax ist ein großer Mann in seiner Art."

Ganz gewiß!

„So sind Sie vermuthlich mit den Schauspielern nicht zufrieden?"

Ich bin mit der ganzen Welt zufrieden.

„Ich dächte doch, die Andromeda hätte ihre Rolle scharmant gemacht?"

O sehr scharmant!

„Sie thut einen grofsen Effekt: nicht wahr?"

Das werden Sie am besten wissen; ich bin dazu nicht mehr jung genug.

„Wenigstens gestehen Sie doch, dafs Perseus ein grofser Schauspieler ist?"

In der That, ein hübscher wohl gewachsner Mensch!

„Und die Köre? das waren doch Köre, die dem Meister Ehre machten! Finden Sie zum Beyspiel den Einfall, wie die Nereiden eingeführt werden, nicht ungemein glücklich?"

Der Fremde schien des Abderiten satt zu seyn. Ich finde, versetzte er mit einiger Ungeduld, dafs die Abderiten glücklich sind, an allen diesen Dingen so viel Freude zu haben.

„Mein Herr, sagte der Gelschnabel in einem spöttelnden Tone, gestehen Sie nur, dafs das Stück die Ehre und das Glück nicht gehabt hat, Ihren Beyfall zu erhalten."

Was ist Ihnen an meinem Beyfall gelegen?
Die Majora entscheiden.

„Da haben Sie Recht. Aber ich möchte doch um Wunders willen hören, was Sie denn gegen unsre Musik oder gegen unsre Schauspieler einwenden könnten."

Könnten? sagte der Fremde etwas schnell, hielt aber gleich wieder an sich — Verzeihen Sie mir, ich mag niemand sein Vergnügen abdisputieren. Das Stück, wie es da gespielt wurde, hat zu Abdera allgemein gefallen; was wollen Sie mehr?

„Nicht so allgemein, ds es Ihnen nicht gefallen hat!"

Ich bin ein Fremder —

„Fremd oder nicht, Ihre Gründe möcht' ich hören! Hi, hi, hi! Ihre Gründe, mein Herr, Ihre Gründe! Die werden doch wenigstens keine Fremde seyn? Hi, hi, hi, hi!"

Dem Fremden fing die Geduld an auszugehen. Junger Herr, sagte er, ich habe für meinen Antheil an Ihrem Schauspiel bezahlt; denn ich habe geklatscht wie ein andrer.

Lassen Sies damit gut seyn! Ich bin im Begriff wieder abzureisen. Ich habe meine Geschäfte.

Ey, ey, sagte ein andrer Abderitischer junger Mensch der dem Gespräch zugehört hatte, Sie werden uns ja nicht schon verlassen wollen? Sie scheinen ein grofser Kenner zu seyn; Sie haben unsre Neugier, unsre Lehrbegierde (er sagte diefs mit einem dumm-naseweisen Hohnlächeln) gereitzt; wir lassen Sie wahrlich nicht gehen, bis Sie uns gesagt haben, was Sie an dem heutigen Singspiel zu tadeln finden. Ich will nichts von den Worten sagen; ich bin kein Kenner: aber die Musik, dächt' ich, war doch unvergleichlich?

Das müfsten am Ende doch wohl die Worte entscheiden, wie Sies nennen, sagte der Fremde.

„Wie meinen Sie das? Ich denke Musik ist Musik, und man braucht nur Ohren zu haben, um zu hören was schön ist."

Ich gebe Ihnen zu, wenn Sie wollen, erwiederte jener, dafs schöne Stellen in dieser Musik sind; es mag überhaupt eine gelehrte, nach allen Regeln der Kunst zugeschnittene, schulgerechte, artikelmäfsige Musik seyn: ich habe dagegen nichts; ich sage nur, dafs es keine Musik zur Andromeda des Euripides ist!

„Sie meinen, dafs die Worte besser ausgedrückt seyn sollten?

O die Worte sind zuweilen nur zu sehr ausgedrückt; aber im Ganzen, meine Herren, im Ganzen ist der Sinn und Ton des Dichters verfehlt. Der Karakter der Personen, die Wahrheit der Leidenschaften und Empfindungen, das eigene Schickliche der Situazionen — das, was die Musik seyn kann und seyn mufs, um Sprache der Natur, Sprache der Leidenschaften zu seyn — was sie seyn mufs, damit der Dichter auf ihr wie in seinem Elemente schwimme, und empor getragen, nicht ersäuft werde — das alles ist durchaus verfehlt — kurz, das Ganze taugt nichts! — Da haben Sie meine Beichte in drey Worten!

„Das Ganze, schrien die beiden Abderiten, das Ganze taugt nichts? Nun, das ist viel gesagt! Wir möchten wohl hören, wie Sie das beweisen wollten?"

Die Lebhaftigkeit, womit unsre beiden Verfechter ihres vaterländischen Geschmacks dem graubärtigen Fremden zusetzen, hatte bereits verschiedene andere Abderiten herbey gezogen; jedermann wurde aufmerksam auf einen Streit, der die Ehre ihres Nazionaltheaters zu betreffen schien. Alles drängte sich hinzu; und der Fremde, wiewohl er ein langer stattlicher Mann war, fand für nöthig sich an einen Pfeiler zurückzuziehen, um wenigstens den Rücken frey zu behalten.

Wie ich das beweisen wollte? erwiederte er ganz gelassen: ich werde es **nicht beweisen!** Wenn Sie das Stück gelesen, die Aufführung gesehen, die Musik gehört haben, und können noch verlangen, daſs ich Ihnen mein Urtheil davon beweisen soll: so würd' ich Zeit und Athem verlieren, wenn ich mich weiter mit Ihnen einließe.

Der Herr ist, wie ich höre, ein wenig schwer zu befriedigen, sagte ein Rathsherr, der sich ins Gespräch mischen wollte, und dem die beiden jungen Abderiten aus Respekt Platz machten. — Wir haben doch hier in Abdera auch Ohren! Man läſst zwar jedem seine Freyheit; aber gleichwohl —

Wie? was? was giebts da? schrie **der kurze dicke Rathsherr,** der auch herbey gewatschelt kam: hat der Herr da etwas wider das Stück einzuwenden? Das möcht' ich hören! ha, ha, ha! Eins der besten Stücke, mein Treu! die seit langem aufs Theater gekommen sind! Viel Akzion! Viel! — ä! — ä! — Was ich sage! Ein schön Stück! Und schöne Moral!

Meine Herren, sagte der Fremde, ich habe Geschäfte. Ich kam hierher, um ein wenig auszurasten; ich habe geklatscht wies der Landesgebrauch mit sich bringt, und wäre still und friedlich wieder meines Weges gegangen, wenn mich diese jungen Herren hier nicht auf die zudringlichste Art genöthigt hätten ihnen meine Meinung zu sagen.

„Sie haben auch vollkommnes Recht dazu, erwiederte der andre Rathsherr, der im Grunde kein großer Verehrer des Nomofylax war, und aus politischen Ursachen seit einiger Zeit auf Gelegenheit lauerte ihm mit guter Art weh zu thun. Sie sind ein Kenner der Musik, wie es scheint, und —"

Ich spreche nach meiner Überzeugung, sagte der Fremde.

Die Abderiten um ihn her wurden immer lauter.

Endlich kam Herr **Gryllus**, der von fern gehört hatte daſs die Rede von seiner Musik war, in eigner Person dazu. Er hatte eine ganz eigne Art die Augen zusammen zu ziehen, die Nase zu rümpfen, die Achseln zu zucken, zu grinsen und zu meckern, wenn er jemand, mit dem er sich in einen Wortstreit einließ, seine Verachtung zum voraus zu empfinden geben wollte. — „So? sagte er, hat meine Komposizion nicht das Glück dem Herrn zu gefallen? — Er ist also ein Kenner? Hä, hä, hä! — Versteht ohne Zweifel die Setzkunst? Ha?"

Es ist der Nomofylax, — sagte jemand dem Fremden ins Ohr — um ihn durch die Entdeckung des hohen Rangs des Mannes, von dessen Werke er so ungünstig geurtheilt hatte, auf einmahl zu Boden zu schlagen.

Der Fremde machte dem Nomofylax sein Kompliment, wies in Abdera Sitte war, und schwieg.

„Nun, ich möchte doch hören, was der Herr gegen die Komposizion vorzubringen hätte? Für die Fehler des Orchesters gab' ich kein gut Wort; aber hundert Drachmen für einen Fehler in der Komposizion! Hä, hä, hä! Nun! Lassen Sie hören!"

Ich weiſs nicht was Sie Fehler nennen, sagte der Fremde; meines Bedünkens hat die ganze Musik, wovon die Rede ist, nur Einen Fehler.

„Und der ist?" grinste der Nomofylax naserümpfend —

Daſs der Sinn und Geist des Dichters durchaus verfehlt ist, antwortete der Fremde.

„So? Nichts weiter? Hā, hā, hā, hā! Ich hätte also den Dichter nicht verstanden? Und das wissen Sie? Denken Sie daſs wir hier nicht auch Griechisch verstehen? Oder haben Sie dem Poeten etwa im Kopfe gesessen? hi, hi, hi!"

Ich weiſs was ich sage, versetzte der Fremde; und wenns denn seyn muſs, so erbiet' ich mich, von Vers zu Vers durchs ganze Stück mein Urtheil zu Olympia vor dem ganzen Griechenlande zu beweisen.

Das möchte zu viel Umstände machen, sagte der politische Rathsherr.

„Es brauchts auch nicht, rief der Nomofylax. Morgen geht ein Schiff nach Athen; ich schreibe an den Euripides, an den Dichter selbst! schicke ihm die ganze Musik! Der Herr wird das Stück doch wohl nicht besser verstehen wollen als der Dichter selbst? — Sie alle hier unterschreiben sich als Zeugen — Euripides soll selbst den Ausspruch thun!"

Die Mühe können Sie Sich ersparen, sagte der Fremde lächelnd; denn, um den Handel mit Einem Wort ein Ende zu machen, der Euripides, an den Sie appellieren — bin ich selbst.

Unter allen möglichen schlimmen Streichen, welche Euripides dem Nomofylax von Abdera hätte spielen können, war unstreitig der schlimmste, daſs er — in dem Augenblicke, da man an ihn als an einen Abwesenden appellierte — in eigner Person da stand. Aber wer konnte sich auch einen solchen Streich vermuthen? Was, zum Anubis! hatte er in Abdera zu thun? Und gerade in dem Augenblicke, wo man lieber den Lernäischen Drachen gesehen hätte als ihn? Wär' er, wie man doch natürlicher Weise glauben muſste, zu Athen gewesen, wo er hin gehörte — nun so wäre alles seinen ordentlichen Weg gegangen. Der Nomofylax hätte seine Musik mit einem hübschen Briefe begleitet, und seinem Nahmen alle seine Titel und Würden beygefügt. Das hätte doch wirken müssen! Euripides hätte eine urbane Attische Antwort gegeben; Gryllus hätte sie in ganz Abdera lesen lassen: und wer hätte ihm dann den Sieg über den Fremden streitig machen wollen? — Aber dafs der Fremde, der naseweise kritische Fremde, der ihm so frisch ins Gesicht gesagt hatte, was in Abdera niemand einem Nomofylax ins Gesicht sagen durfte, Euripides selbst war: das war einer von den Zufällen, auf die ein Mann wie er sich nicht gefafst gehalten hatte, und die vermögend wären, jeden andern als — einen Abderiten zu Schanden zu machen.

Der Nomofylax wufste sich zu helfen; indessen betäubte ihn doch der erste Schlag auf einen Augenblick. Euripides! rief er und prallte drey Schritte zurück; und Euripides! riefen im nehmlichen Augenblicke der politische Rathsherr, der kurze dicke Rathsherr, die beiden jungen Herren und alle Umstehende, indem sie ganz erstaunt herum guckten, als ob sie sehen wollten, aus welcher Wolke Euripides so auf einmahl mitten unter sie herab gefallen sey.

Der Mensch ist nie ungeneigter zu glauben, als wenn er von einer Begebenheit überrascht wird, an die er gar nicht als eine mögliche Sache gedacht hatte. — Wie? Das sollte Euripides seyn? Der nehmliche Euripides, von dem die Rede war? der die Andromeda gemacht? an den der Nomofylax zu schreiben drohte? — Wie konnte das zugehen?

Der politische Rathsherr war der erste, der sich aus dem allgemeinen Erstaunen erhohlte. — Ein glücklicher Zufall, wahrhaftig, rief er, beym Kastor! ein glücklicher Zufall, Herr Nomofylax! So brauchen Sie Ihre Musik nicht abschreiben zu lassen, und ersparen einen Brief.

Der Nomofylax fühlte die ganze Wichtigkeit des Moments: und wenn der ein grofser Mann ist, der in einem solchen entscheidenden Augenblick auf der Stelle die einzige Partey ergreift, die ihn aus der Schwierigkeit ziehen kann; so mufs man gestehen, dafs Gryllus eine starke Anlage hatte, ein grofser Mann zu seyn. — Euripides! rief er — Wie? Der Herr sollte so auf einmahl Euripides geworden seyn? Hä, hä, hä! Der Einfall ist gut! Aber wir lassen uns hier in Abdera nicht so leicht Schwarz für Weifs geben. —

: Das wäre lustig, sagte der Fremde, wenn ich mir in Abdera das Recht an meinen Nahmen streitig machen lassen müfste.

„Verzeihen Sie, mein Herr, fiel der Sykofant des Thrasyllus ein, nicht das Recht an Ihren Nahmen, sondern das Recht, Sich für den Euripides auszugeben auf den der Nomofylax provocierte. Sie können Euripides heifsen; ob Sie aber Euripides sind, das ist eine andre Frage."

Meine Herren, sagte der Fremde, ich will alles seyn was Ihnen beliebt, wenn Sie mich nur gehen lassen wollen. Ich verspreche Ihnen, mit diesem Schritte gehe ich den gradesten Weg, den ich finden werde, zu Ihrem Thore hinaus, und der Nomofylax soll mich — komponieren, wenn ich in meinem Leben wieder komme!

„Nä, nä, nä, rief der Nomofylax, das geht so hurtig nicht! Der Herr hat sich für den Euripides ausgegeben, und nun da er sieht dafs es Ernst gilt, tritt er auf die Hinterbeine — Nä! so haben wir nicht gewettet! Er soll nun beweisen dafs er Euripides ist, oder — so wahr ich Gryllus heifse —"

Erhitzen Sie Sich nicht, Herr Kollege, sagte der politische Rathsherr... Ich bin zwar kein Fysiognomist: aber der Fremde sieht mir doch völlig darnach aus dafs er Euripides seyn könnte; und ich wollte unmafsgeblich rathen, piano zu gehen.

„Mich wundert, fing einer von den Umstehenden an, dafs man hier so viel Worte verlieren mag, da der ganze Handel in Ja und Nein entschieden seyn könnte. Da, oben über dem Portal, steht ja die Büste des Euripides leibhaftig. Es braucht ja nichts weiter, als zu sehen ob der Fremde der Büste gleich sieht."

„Bravo, bravo! schrie der kleine dicke Rathsherr; das ist doch ein Wort von einem gescheuten Manne! Ha, ha, ha! Die Büste! das ist gar keine Frage, die Büste mufs den Ausspruch thun — wiewohl sie nicht reden kann, ha, ha, ha, ha, ha!"

Die umstehenden Abderiten lachten alle aus vollem Halse über den witzigen Einfall des kurzen runden Männchens, und nun lief alles was Füfse hatte dem Portale zu. Der Fremde ergab sich mit guter Art in sein Schicksal, liefs sich von vorn und hinten betrachten, und

Stück für Stück mit seiner Büste vergleichen so lange sie wollten. Aber leider! die Vergleichung konnte unmöglich zu seinem Vortheil ausfallen; denn besagte Büste sah jedem andern Menschen oder Thier ähnlicher als ihm.

„Nun, schrie der Nomofylax triumfierend — was kann der Herr nun zu seinem Vorstand sagen?"

Ich kann etwas sagen, (versetzte der Fremde, den die Komödie nach gerade zu belustigen anfing) woran von Ihnen allen keiner zu denken scheint: wiewohl es eben so wahr ist, als daſs Sie — Abderiten und ich Euripides bin.

„Sagen, sagen! grinste der Nomofylax; man kann freylich viel sagen wenn der Tag lang ist, hä, hä, hä! — Und was kann der Herr sagen?"

Ich sage, daſs diese Büste dem Euripides ganz und gar nicht ähnlich sieht.

„Nein, mein Herr, rief der dicke Rathsherr, das müssen Sie nicht sagen! Die Büste ist eine schöne Büste; sie ist von weiſsem Marmor wie Sie sehen, Marmor von Paros, straf' mich Jupiter! und kostet uns hundert bare

Dariken Species, das können Sie mir nachsagen! — Es ist ein schönes Stück von unserm Stadtbildbauer — Ein geschickter berühmter Mann! — nennt sich Moschion — werden von ihm gehört haben? — ein berühmter Mann! — Und, wie gesagt, alle Fremden, die noch zu uns gekommen sind, haben die Büste bewundert! Sie ist ächt, das können Sie mir nachsagen! Sie sehen ja selbst, es steht mit grofsen goldnen Buchstaben drunter *ΕΤΡΙΠΙΔΗΣ*."

Meine Herren, sagte der Fremde, der alle seine angeborne Ernsthaftigkeit zusammen nehmen mufste um nicht auszubersten: darf ich nur eine einzige Frage thun?

„Von Herzen gern," riefen die Abderiten.

Gesetzt, fuhr jener fort, es entstände zwischen mir und meiner Büste ein Streit darüber, wer mir am ähnlichsten sehe — wem wollen Sie glauben, der Büste oder mir?

„Das ist eine kuriose Frage," sagte der Abderiten einer, sich hinter den Ohren kratzend. — „Eine kapziose Frage, beym Jupiter! rief ein andrer: nehmen Sie Sich in Acht, was Sie antworten, Hochgeachter Herr Rathsherr!"

Ist der dicke Herr ein Rathsherr dieser berühmten Republik? — fragte der Fremde mit einer Verbeugung — so bitte ich sehr um Verzeihung! Ich gestehe, die Büste ist ein schönes glattes Werk, von schönem Parischen Marmor; und wenn sie mir nicht ähnlich sieht, so kommt es wohl bloſs daher, weil Ihr berühmter Stadtbildhauer die Büste schöner gemacht hat (als die Natur — mich. Es ist immer ein Beweis seines guten Willens, und das verdient alle meine Dankbarkeit.

Dieses Kompliment that eine groſse Wirkung; denn die Abderiten hattens gar zu gern, wenn man fein höflich mit ihnen sprach. — Es muſs doch wohl Euripides selber seyn, murmelte einer dem andern ins Ohr; und der dicke Rathsher selbst bemerkte, bey nochmahliger Vergleichung der Büste mit dem Fremden, daſs die Bärte einander vollkommen ähnlich wären.

Zu gutem Glücke kam der Archon Onolaus und sein Neffe Onobulus dazu, der den Euripides zu Athen hundertmahl gesehen und öfters gesprochen hatte. Die Freude des jungen Onobulus über eine so unverhoffte Zusammenkunft, und seine positive Bejahung, daſs der Fremde wirklich der berühmte Euripides sey, hieb den Knoten auf einmahl durch; die Abderiten versicherten nun einer den andern: sie hättens ihm gleich beym ersten Blick angesehen.

Der Nomofylax, wie er sah, daſs Euripides gegen seine Büste Recht behielt, machte sich seitwärts davon. — Ein verdammter Streich! brummte er zwischen den Zähnen vor sich her: wozu brauchte er aber auch so hinterm Berge zu halten? Wenn er wuſste daſs er Euripides war, warum ließ er sich mir nicht präsentieren? Da hätte alles einen ganz andern Schwung genommen!

Der Archon Onolaus, der in solchen Fällen gemeiniglich die Honneurs der Stadt Abdera zu machen pflegte, lud den Dichter mit groſser Höflichkeit ein das Gastrecht bey ihm zu nehmen, und bat sich zugleich von dem politischen und dicken Rathsherrn die Ehre auf den Abend aus; welches beide mit vielem Vergnügen annahmen.

„Dacht' ichs nicht gleich? (sagte der dicke Rathsherr zu einem der Umstehenden) Der leibhafte Euripides! Bart, Nase, Stirn, Ohrenläppchen, Augenbrauen, alles auf ein Haar! Man kann nichts gleichers sehen! Wo doch wohl der Nomofylax seine Sinne hatte? Aber, — ja, ja, er mochte wohl ein Bischen zu tief — Hm! Sie verstehen mich? — *Cantores amant humores* — Ha, ha, ha, ha! — Basta! Desto besser, dafs wir den Euripides bey uns haben! Was ich sage, ein feiner Mann, beym Jupiter! und der uns viel Spafs machen soll! Ha, ha, ha!"

7. Kapitel.

Was den Euripides nach Abdera geführt hatte, nebst einigen Geheimnachrichten von dem Hofe zu Pella.

So möglich es an sich selbst war, dafs sich Euripides zu Abdera befinden konnte, und eben so gut in dem Augenblicke, wo der Nomofylax Gryllus auf ihn provocierte als in jedem andern — und so gewohnt man dergleichen unvermutheter Erscheinungen auf dem Theater ist: so begreifen wir doch wohl, dafs es eine andre Bewandtnifs hat, wenn sich eine solche Erscheinung im Parterre ereignet; und es ist solchen Falls der Majestät der Geschichte *) gemäſs, den Leser zu verständigen, wie es damit zugegangen sey. Wir wollen alles was wir davon wissen getreulich berichten: und sollte dem scharfsinnigen Leser dem ungeachtet noch einiger Zweifel übrig bleiben; so müſste es nur die allgemeine Frage betreffen, die sich bey jeder Begebenheit unter und über dem Monde aufwerfen läſst; nehmlich, warum zum Beyspiel just von einer Mücke, und just von dieser individuellen Mücke, just in dieser Sekunde — dieser zehnten Minute — dieser sechsten Nachmittagsstunde, dieses 10ten Augusts — dieses 1778sten Jahres gemeiner Zeitrechnung, just diese nehmliche Frau oder Fräulein von *** nicht ins Gesicht, nicht in den Nacken, Ellnbogen, Busen, nicht auf die Hand, noch in die Ferse, u. s. w. sondern gerade vier Daumen hoch über der linken Kniescheibe gestochen worden, u. s. w. — und

―――――

2) Ein Ausdruck, der vor kurzem von einem Französischen Schriftsteller bey einer Gelegenheit gebraucht worden ist, daſs er nun für unwiderbringlich ruiniert angesehen werden kann, und allein noch in einem Possenspiele auszustehen ist.

da bekennen wir ohne Scheu, dafs wir auf dieses Warum nichts zu antworten wissen. — Fragt die Götter! könnten wir allenfalls mit einem grofsen Manne sagen: aber weil dieses offenbar eine heroische Antwort wäre, so halten wirs für anständiger, die Sache lediglich auf sich beruhen zu lassen.

Also — was wir wissen. Der König Archelaus in Macedonien, ein grofser Liebhaber der schönen Künste und der schönen Geister, (wie man damahls gewisse verzärtelte Kinder der Natur nicht nannte, und wie man heutiges Tages einen jeden nennt, von dem man nicht sagen kann was er ist) — dieser König Archelaus war auf den Einfall gekommen ein eignes Hofschauspiel zu haben; und vermöge einer Zusammenkettung von Umständen, Ursachen, Mitteln und Zwecken, woran niemanden viel mehr gelegen seyn kann, hatte er den Euripides unter sehr vortheilhaften Bedingungen vermocht, mit einer Gesellschaft ausgesuchter Schauspieler, Virtuosen, Baumeister, Mahler und Maschinisten, kurz mit allem, was zu einem vollständigen Theaterwesen gehört, nach Pella an sein Hoflager zu kommen, und die Aufsicht über die neue Hofschaubühne zu übernehmen.

Auf dieser Reise war jetzt Euripides mit seiner ganzen Gesellschaft begriffen; und wiewohl der Weg über Abdera weder der einzige noch der kürzeste war, so hatte er ihn doch genommen, weil er Lust hatte, eine wegen des Witzes ihrer Einwohner so berühmte Republik mit eignen Augen zu sehen. Wie es aber gekommen, daſs er just an dem nehmlichen Tage eingetroffen, da der Nomofylax seine Andromeda zum ersten Mahle gab, davon können wir, wie gesagt, keine Rechenschaft geben. Dergleichen Apropo's tragen sich häufiger zu als man denkt: und es ist wenigstens kein gröſseres Mirakel, als daſs, zum Beyspiel, der junge Herr von ** eben im Begriff war seine Beinkleider hinauf zu ziehen, als unvermutbet seine Näbterin ins Zimmer trat, die seidnen Strümpfe, die er ihr zu stopfen geschickt hatte, zu überbringen —, welches, wie Sie wissen, die Veranlassung zu einer zufälligen Begebenheit war, die in seiner hohen Familie wenigstens eben so grofse Bewegungen verursachte, als die unvorbereitete Erscheinung des Euripides in dem Abderitischen Parterre. Wer sich über so was wundern kann, muſs sich nicht viel auf die ΔΑΙΜΟΝΙΑ verstehen, wie eben dieser Euripides sagt.

Übrigens, wenn wir sagten, daſs der König Archelaus ein groſser Liebhaber der schönen Künste und schönen Geister gewesen sey, so muſs das eben nicht so genau und im strengsten Sinne der Worte genommen werden; denn es ist eigentlich nur so eine Art zu reden, und dieser Herr war im Grunde nichts weniger als ein Liebhaber der schönen Künste und schönen Geister. Das Wahre davon war: daſs besagter König Archelaus seit einiger Zeit öfters lange Weile hatte — weil ihn alle seine vormahligen Belustigungen, als da sind — F**, G**, H**, I**, K**, L**, M**, u. s. w. nicht länger belustigen wollten. Überdem war er ein Herr von groſser Ambizion, der sich von seinem Oberkammerherrn hatte sagen lassen, daſs es schlechterdings unter die Zuständigkeiten eines groſsen Fürsten gehöre, Künste und Wissenschaften in seinen Schutz zu nehmen. Denn, sagte der Oberkammerherr, Ihre Majestät werden bemerkt haben, daſs man niemahls eine Statue, oder ein Brustbild eines groſsen Herrn auf einer Medaille u. s. w. sieht, an dessen rechter Hand nicht eine Minerva stände, neben einem Trofee von Panzern, Fahnen, Spieſsen und Morgensternen — zur Linken knieen immer etliche geflügelte Jungen oder halb nackte Mädchen, mit Pinsel und Palet, Winkelmaſs, Flöte, Leier und einer Rolle Papier in den Händen, die Künste vorstellend, die sich dem groſsen

Herrn gleichsam zur Protekzion empfehlen; oben darüber aber schwebt eine Fama mit der Trompete am Mund, anzudeuten, dafs Könige und Fürsten sich durch den Schutz, den sie den Künsten angedeihen lassen, einen unsterblichen Ruhm erwerben, u. s. w.

Der König Archelaus hatte also die Künste in seinen Schutz genommen: und dem zu Folge wissen uns die Geschichtschreiber ein Langes und Breites davon zu erzählen, wie viel er gebaut habe, und wie viel er auf Mahlerey und Bildhauerey, auf schöne Tapeten und andre schöne Möbeln verwandt; und wie alles bis auf die Kommodität, bey ihm habe Hetrurisch seyn müssen; und wie er berühmte Künstler, Virtuosen und schöne Geister an seinen Hof berufen habe, u. s. w. welches alles, (sagen sie) er um so mehr that, weil ihm daran gelegen war, das Andenken der Übelthaten auszulöschen, durch die er sich den Weg zum Throne, zu dem er nicht geboren war, gebahnt hatte — wie Euer Edeln aus Ihrem Bayle mit mehrerm ersehen können.

Nach dieser kleinen Abschweifung kehren wir zu unserm Attischen Dichter zurück, den wir unter einem schimmernden Zirkel von

Abderiten und Abderitinnen vom ersten Range, unter einem grünen Pavillon im Garten des Archon Onolaus antreffen werden

---

8. Kapitel.

Wie sich Euripides mit den Abderiten benimmt. Sie machen einen Anschlag auf ihn, wobey sich ihre politische Betriebsamkeit in einem starken Lichte zeigt, und der ihnen um so gewisser gelingen muſs, weil alle Schwierigkeiten, die sie dabey sehen, bloſs eingebildet sind.

Es ist oben schon bemerkt worden, daſs Euripides schon lange, wiewohl unbekannter Weise, bey den Abderiten in groſsem Ansehen stand. Jetzt, so bald es erschollen war, daſs er in Person zugegen sey, war die ganze Stadt in Bewegung. Man sprach von nichts als von Euripides. — „Haben Sie den Euripides schon gesehen? — Wie sieht er aus? — Hat er eine groſse Nase? Wie trägt er den Kopf? Was hat er für Augen? Er spricht wohl in lauter Versen? Ist er stolz?" — und hundert solche Fragen machte man einander schneller als es möglich war auf Eine zu antworten. Die Neugier, den Euripides zu sehen, zog noch aufser denen, die der Archon hatte bitten lassen, verschiedene herbey die nicht geladen waren. Alles drängte sich um den guten klatzköpfigen Dichter her, um zu beaugenscheinigen ob er auch so aussehe, wie sie sich vorgestellt hatten, dafs er aussehen müsse. Verschiedne, insonderheit unter den Damen, schienen sich zu wundern, dafs er am Ende doch gerade so aussah wie ein andrer Mensch. Andre bemerkten, dafs er viel Feuer in den Augen habe; und die schöne Thryallis raunte ihrer Nachbarin ins Ohr, man seh' es ihm stark an dafs er ein ausgemachter Weiberfeind [5]) sey. Sie machte diese Bemerkung mit einem Ausdruck von anticipiertem Vergnügen über den Triumf, den sie sich davon versprach, wenn ein so erklärter Feind ihres Geschlechts die Macht ihrer Reitzungen würde bekennen müssen.

Die Dummheit hat ihr Sublimes so gut als der Verstand, und wer darin bis zum

---

5) Es ist bekannt, dafs dieses häfsliche Laster dem Euripides, wiewohl unverdienter Weise Schuld gegeben wurde.

Absurden geben kann, hat das Erhabne in dieser Art erreicht, welches für gescheute Leute immer eine Quelle von Vergnügen ist. Die Abderiten hatten das Glück im Besitz dieser Vollkommenheit zu seyn. Ihre Ungereimtheit machte einen Fremden Anfangs wohl zuweilen ungeduldig; aber so bald man sah, daſs sie so ganz aus Einem Stücke war, und (eben darum) so viel Zuversicht und Gutmüthigkeit in sich hatte: so versöhnte man sich gleich wieder mit ihnen, und belustigte sich oft besser an ihrer Albernheit als an andrer Leute Witz.

Euripides war in seinem Leben nie bey so guter Laune gewesen, als bey diesem Abderitenschmause. Er antwortete mit der gröſsten Gefälligkeit auf alle ihre Fragen, lachte über alle ihre platten Einfälle, lieſs jeden so hoch gelten als er sich selbst würdigte, und erklärte sich sogar über ihr Theater und Musikwesen so billig, daſs jedermann vollkommen mit ihm zufrieden war. — „Ein feiner Gast! raunte der politische Rathsherr der Dame Salabanda, die über ihm saſs, ins Ohr; der tritt leise auf!" — „Und so höflich, so bescheiden, als ob er kein groſser Kopf wäre!" erwiederte Salabanda. — „Der drolligste Mann von der Welt, beym Jupiter! sagte der kurze dicke Rathsherr, beym Aufstehen von Tische; ein recht kurzweiliger Mann! Hätt's ihm nicht zugetraut, mein Seel!" — Die Damen, die er schön gefunden hatte, waren dafür so höflich, und thaten, als ob sie ihn um zwanzig Jahre jünger fänden als er war: kurz, man war ganz von ihm bezaubert, und bedauerte nur, dafs man die Ehre und das Vergnügen, ihn in Abdera zu sehen, nicht länger haben sollte. Denn Euripides blieb dabey, dafs er sich nicht aufhalten könne.

Endlich nahm Frau Salabanda den politischen Rathsherrn und den jungen Onobulus auf die Seite. "Was meinen Sie, sagte sie, wenn wir ihn dahin bringen könnten, dafs er uns seine Andromeda gäbe? Er hat seine eigne Truppe bey sich. Es sollen ganz aufserordentliche Virtuosen seyn." — Onobulus fand den Einfall göttlich. — Ich hatte ihn eben selbst gehabt, sagte der politische Rathsherr, und war im Begriff es Ihnen vorzutragen. Aber es wird Schwierigkeiten absetzen. Der Nomofylax — "O, dafür lassen Sie mich sorgen, fiel Salabanda ein; ich will ihm schon warm machen!"

Für meinen Oheim steh' ich, sagte Onobulus; und noch in dieser Nacht will ich unter unsern jungen Leuten eine Partey zusammen trommeln, die Lärms genug in der Stadt machen soll.

„Nur nicht zu hitzig, munkelte der politische Rathsherr mit dem Kopfe wakkelnd! wir wollen uns nichts merken lassen! Erst das Terrain sondiert, und fein leise aufgetreten! Das ist was ich immer sage."

„Aber, wir haben keine Zeit zu verlieren, Herr Froschpfleger! 4) Euripides geht fort —"

Wir wollen ihn schon aufhalten, erwiederte Salabanda; er soll morgen bey mir seyn! — Eine Gartenparthie, und alle unsre hübschen Leute dazu eingeladen — Lassen Sie nur mich machen; es soll gewiſs geben.

Frau Salabanda passierte in Abdera für eine gar weise Frau. Sie war stark *in Po-*

---

4) Der Rathsherr war einer von den Fürsorgern des geheiligten Froschgrabens, welches in Abdera eine sehr ansehnliche Stelle war. Man nannte sie die Batrachotrofen, welches zu Deutsch sehr füglich durch Froschpfleger gegeben werden kann.

liticis und hatte grofsen Einflufs auf den Archon Onolaus. Der Oberpriester war ihr Oheim, und fünf oder sechs Rathsherren, die sie in ihrer Freundschaft zählte, gaben selten eine andre Meinung im Rathe von sich, als die sie ihnen des Abends zuvor eingetrichtert hatte. Überdiefs standen ihr die Liebhaber der schönen Thryallis, mit der sie im engsten Vertrauen lebte, gänzlich zu Gebote; nichts von ihren eignen zu sagen, deren sie immer einige hatte die auf Hoffnung dienten, und also so geschmeidig waren wie Handschuhe. Ihr Haus, das unter die besten in der Stadt gehörte, war der Ort, wo alle Geschäfte vorbereitet, alle Händel geschlichtet, und alle Wahlen ins Reine gebracht wurden: mit Einem Worte, Frau Salabanda machte in Abdera was sie wollte.

Euripides, ohne die mindeste Absicht, Gebrauch von der Wichtigkeit dieser Frau zu machen, hatte sich diesen Abend so gut bey ihr insinuirt, als ob er zum wenigsten eine Froschpflegerstelle auf dem Korn gehabt hätte. Brachte sie ein politisches Weidsprüchlein als einen Gedanken vor, so fand er, dafs es eine sehr scharfsinnige Bemerkung sey; citierte sie den Simonides oder Homer, so bewunderte er ihr Talent Verse zu deklamieren. Sie hatte ihn mit einigen Stellen seiner Werke aufgezogen, die ihn zu Athen in den bösen Ruf eines Weiberfeindes gesetzt; und er hatte, indem er sich gegen sie und die schöne Thryallis verbeugte, versichert, dafs es sein Unglück sey nicht eher nach Abdera gekommen zu seyn. Kurz, er hatte sich so aufgeführt, dafs Frau Salabanda bereit war einen Aufstand zu erregen, falls ihr mit dem politischen Rathsherrn eingefädeltes Projekt durch kein gelinderes Mittel hätte durchgesetzt werden können.

Man säumte nicht, sich vor allen Dingen des Archons zu versichern, der gewöhnlich bald gewonnen war, wenn man ihm sagte, dafs eine Sache der Republik Abdera zu grofsem Ruhm gereichen und dem Volke sehr angenehm seyn werde. Aber, weil er ein Herr war der seine Ruhe liebte, so erklärte er sich: er überlasse es ihnen, alles in die gehörigen Wege einzuleiten; er seines Orts möchte sich mit niemand defswegen überwerfen, am wenigsten mit dem Nomofylax, der ein Grobian sey und unter dem Volke einen starken Anhang habe. — ,,Wegen des Volkes machen Sich Eure Herrlichkeit keine Sorge, flüsterte ihm der Rathsherr zu; das will ich durch die dritte Hand schon stimmen lassen wie wirs nur wünschen können." — Und ich, sagte Salabanda, nehme die Rathsherren auf mich. — Wir wollen sehen, sprach der Archon, indem er zur Gesellschaft zurückkehrte.

Seyn Sie ruhig, sprach die Dame zum politischen Rathsherrn, indem sie ihm auf die Seite nahm: ich kenne den Archon. Wenn man ihn haben will, so muſs man ihm nur des Abends von einer Sache sprechen, und wenn er Nein gesagt hat, des Morgens wieder kommen und, ohne den Mund zu verkrümmen, so reden als ob er Ja gesagt habe, und ihm dabey zeigen daſs man des Erfolgs gewiſs ist: so kann man sich auf ihn verlassen wie auf Gold. Es ist nicht das erste Mahl, daſs ich ihn auf diese Art drán gekriegt habe.

„Sie sind eine schlaue Frau, versetzte der Herr Froschpfleger, indem er sie sachte auf den runden Arm klopfte. — Was Sie leise auftreten! — Aber man wird merken daſs wir etwas vorhaben — und das könnte nachtheilig seyn. — Wir müssen piano gehen!"

In diesem Augenblick trippelten ein paar Abderitinnen herbey, denen bald alle übrigen von der Gesellschaft folgten, um zu hören wovon die Rede sey. Der politische Rathsherr schlich sich weg.

„Nun, wie gefällt euch Euripides? sagte Frau Salabanda: nicht wahr, das ist ein Mann?"

O ein scharmanter Mann! riefen die Abderitinnen.

Nur Schade daſs er so kahl ist — setzte eine hinzu; und daſs ihm ein paar Zähne fehlen, sagte die andre.

Närrchen, desto weniger kann er dich beiſsen, sagte die dritte, und weil dieſs ein witziger Einfall war, so lachten sie alle herzlich darüber.

Ist er schon verheirathet? fragte ein junges Ding, das so aussah, als ob es, wie ein Pilz, in einer einzigen Nacht aus dem Boden aufgeschossen wäre.

Möchtest Du ihn etwa haben? antwortete ein andres Fräulein spöttisch; ich denke, er hat schon Urenkel zu verheirathen.

O die will ich Dir überlassen, sagte jene schnippisch; und der Stich war desto wespenartiger, weil das besagte Fräulein, wiewohl sie so jung that als ein Mädchen von achtzehn, wenigstens ihre vollen fünf und dreyſsig auf dem Nacken trug.

„Kinder, unterbrach sie Frau Salabanda, von dem allen ist jetzt die Rede nicht. Es ist was ganz andres auf dem Tapete. — Wie gefiel' es euch, wenn ich den fremden Herrn beredete etliche Tage hier zu bleiben, und uns mit der Truppe, die er bey sich hat, eine seiner Komödien zu geben?"

O das ist herrlich! riefen die Abderitinnen alle vor Freude aufhüpfend; o ja, wenn Sie das machen könnten!

„Das will ich schon machen können, versetzte Salabanda; aber ihr müſst alle dazu helfen!"

O ja, o ja! schnatterten die Abderitinnen; und nun liefen sie in hellem Haufen auf den Euripides zu, und schrien alle auf einmahl: O ja, Herr Euripides, Sie müssen uns eine Komödie spielen! Wir lassen Sie nicht gehen, bis Sie uns eine Komödie gespielt haben. Nicht wahr? Sie versprechens uns?

Der arme Mann, dem diese Zumuthung auf den Hals kam wie ein Kübel Wassers auf den Kopf, trat ein paar Schritte zurück, und versicherte sie, es sey ihm nie in den Sinn gekommen in Abdera Komödie zu spielen, er müsse seine Reise beschleunigen, u. s. w. Aber das half alles nichts — O Sie müssen, schrien die Abderitinnen; wir lassen Ihnen keine Ruhe; Sie sind viel zu artig, als daſs Sie uns was abschlagen sollten. Wir wollen Sie so schön bitten —

„Im Ernst, sagte Frau Salabanda, wir haben einen Anschlag auf Sie gemacht —" Und der nicht zu Wasser werden soll, fiel Onobulus ein, oder ich will nicht Onobulus heiſsen.

Was giebts? Was giebts? fragte der politische Rathsherr, der den Unwissenden machte, indem er langsam und mit unstetem Blick hinzu schlich; was haben Sie mit dem Herrn vor? — Der kurze dicke Rathsherr kam auch herbey gewatschelt. „Ich glaube gar, straf' mich! sie wollen alle auf einmahl sein Herz mit Arrest beschlagen, ha, ha, ha!" — schrie er und lachte, daſs er sich die Seiten halten muſste. Man verständigte ihm, wovon die Rede sey. — „Ha, ha, ha, ha! Ein schöner Gedanke! straf' mich Jupiter! Da komm' ich gewiſs auch, das versprech' ich Ihnen! Der Meister selbst! das muſs der Mühe werth seyn! Wird recht viel Ehre für Abdera seyn, Herr Euripides, groſse Ehre! Haben uns glücklich zu schätzen, daſs unsre Leute von so einem geschickten Manne profitieren sollen!" — Noch ein paar Herren von Bedeutung machten ihm ungefähr das nehmliche Kompliment.

Euripides, wiewohl er den Einfall nicht so übel fand sich diese Lust mit den Abderiten zu machen, spielte noch immer den Erstaunten, und entschuldigte sich damit, daſs er dem König Archelaus versprochen habe seine Reise zu beschleunigen.

„Ey, was! sagte Onobulus, Sie sind ein Republikaner, und eine Republik hat ein näheres Recht an Sie."

„Sagen Sie dem Könige nur, schnarrte die schöne Myris, daſs wir Sie so gar schön gebeten haben. Er soll ein galanter Herr seyn. Er wird Ihnen nicht übel nehmen, daſs Sie sechs Frauenzimmern auf einmahl nichts abschlagen konnten."

O du, Tyrann der Götter und der Menschen, Amor! rief Euripides im Ton der Tragödie, indem er zugleich die schöne Thryallis ansah.

„Wenn das Ihr Ernst ist, sagte Thryallis, mit der Miene einer Person, die nicht gewohnt ist weder abzuweisen noch abgewiesen zu werden; wenn das Ihr Ernst ist, so beweisen Sie es dadurch dafs Sie Sich von mir erbitten lassen."

Diefs von mir verdrofs die andern Abderitinnen. Wir wollen nicht unbescheiden seyn, sagte eine, indem sie die Lippen einzog, und auf die Seite sah. — Man mufs dem Herren nichts zumuthen was ihm unmöglich ist, sagte eine andre.

Um Ihnen Vergnügen zu machen, meine schönen Damen, sprach der Dichter, könnte mir das Unmögliche möglich werden.

Weil diefs Unsinn war, so gefiel es allgemein. Onobulus war hurtig mit seiner Schreibtafel heraus, um sich den Gedanken aufzunotieren. Die Weiber und Mädchen warfen einen Blick auf Thryallis, als ob sie sagen wollten: Ätsch! Er hat uns auch schön geheifsen! Madam braucht sich eben nicht so viel auf ihre Atalantenfigur einzubilden; er bleibt so gut um unsertwillen hier als um ihretwillen.

Salabanda machte endlich dem Handel ein Ende, indem sie sich bloſs die Gefälligkeit ausbat, daſs er ihr und ihren Freunden, die alle seine groſsen Verehrer seyen, nur noch den morgenden Tag schenken möchte. Weil Euripides im Grunde nicht zu eilen hatte und sich in Abdera sehr gut amüsierte, so lieſs er sich nicht lange bitten, eine Einladung anzunehmen, die ihm hübsche Beyträge zu — Possenspielen für den Hof zu Pella versprach. Und so ging dann die Gesellschaft, auf die Ehre sich morgen bey Frau Salabanda wieder zu sehen, gegen Mitternacht in allerseitigem Vergnügen aus einander.

9. Kapitel.

Euripides besieht die Stadt, wird mit dem Priester Strobylus bekannt, und vernimmt von ihm die Geschichte der Latonenfrösche. Merkwürdiges Gespräch, welches bey dieser Gelegenheit zwischen Demokrit, dem Priester und dem Dichter vorfällt.

Inzwischen führte Onobulus, in Begleitung etlicher junger Herren seines Schlages, seinen Gast in der Stadt herum, um ihm alles was darin sehenswürdig wäre zu zeigen. Unterwegs begegnete ihnen Demokrit, mit welchem Euripides schon von langem her bekannt war. Sie gingen also miteinander; und da die Stadt Abdera ziemlich weitläufig war, so hatten die beiden Alten Gelegenheit genug, von den jungen Herren zu profitieren, die immer den Mund offen hatten, über alles entschieden, alles wußten, und sich gar nicht zu Sinne kommen liefsen, dafs es ihres Gleichen in Gegenwart von Männern anständiger sey zu hören als sich hören zu lassen.

Euripides hatte also diesen Morgen genug zu hören und zu sehen. Die jungen Abderiten, die nie weiter als bis an die äufsersten Schlagbäume ihrer Vaterstadt gekommen waren, sprachen von allem, was sie ihm zeigten, als von Wundern die gar nicht ihres gleichen in der Welt hätten. Onobulus hingegen, der die grofse Reise gemacht hatte, verglich alles mit dem, was er in eben dieser Art zu Athen, Korinth und Syrakus gesehen, und brachte in einem albernen Tone von Entschuldigung eine Menge lächerlicher Ursachen hervor, warum diese Dinge in Athen, Korinth und Syrakus schöner und prächtiger wären als in Abdera.

Junger Herr, sagte Demokrit, es ist hübsch dafs Sie Ihre Vater - und Mutterstadt in Ehren haben; aber wenn Sie uns einen Beweis davon geben wollen, so lassen Sie Athen, Korinth und Syrakus aus dem Spiele. Nehmen wir jedes Ding wie es ist, und keine Vergleichung, so brauchts auch keine Entschuldigung.

Euripides fand alles, was man ihm zeigte, sehr merkwürdig; und das war es auch. Denn man zeigte ihm eine Bibliothek, worin viele unnütze und ungelesene Bücher, ein Münzkabinet, worin viel abgegriffene Münzen, ein reiches Spital, worin viel übelverpflegte Arme, ein Arsenal, worin wenig Waffen, und einen Brunnen, worin noch weniger Wasser war. Man zeigte ihm auch das Rathhaus, wo die gute Stadt Abdera so wohl berathen wurde, den Tempel des Jasons, und ein vergoldetes Widderfell, welches sie, wiewohl wenig Gold mehr daran zu sehen war, für das berühmte goldne Vlies ausgaben. Sie nahmen auch den alten rauchigen Tempel der Latona in Augenschein, und das Grabmahl des Abderus, der die Stadt zuerst erbaut haben sollte, und die Gallerie, wo alle Archonten von Abdera in Lebensgröfse gemahlt standen, und einander alle so ähnlich sahen, als ob der folgende immer die Kopie von dem vorhergehenden gewesen wäre. Endlich, da sie alles gesehen hatten, führte man sie auch an den geheiligten Teich, worin auf Unkosten gemeiner Stadt die gröfsten und fettesten Frösche gefüttert wurden die man je gesehen hat, und die, wie der Oberpriester Strobylus sehr ernsthaft versicherte, in gerader Linie von den Lycischen Bauern abstammten, die der umher irrenden, nirgends Ruhe findenden, und vor Durst verschmachtenden Latona nicht gestatten wollten aus einem Teiche, der ihnen zugehörte, zu trinken, und dafür von Jupiter zur Strafe ihrer Ungeschlachtheit in Frösche verwandelt wurden.

O Herr Oberpriester, sagte Demokrit, erzählen Sie doch dem fremden Herrn die Geschichte dieser Frösche, und wie es zugegangen, daſs der geheiligte Teich aus Lycien über das Ionische Meer herüber bis nach Abdera versetzt worden ist; welches, wie Sie wissen, eine ziemliche Strecke Wegs über Länder und Meere ausmacht, und (wenn man so sagen darf) beynahe ein noch gröſseres Wunder ist, als die Froschwerdung der Lycischen Bauern selbst.

Strobylus sah Demokriten und dem Fremden mit einem bedenklichen Blick unter die Augen. Weil er aber nichts darin sehen konnte, das ihn berechtigt hätte sie für Spötter zu erklären, welche nicht verdienten zu so ehrwürdigen Mysterien zugelassen zu werden: so bat er sie, sich unter einen grofsen wilden Feigenbaum zu setzen, der eine Seite des kleinen Latonentempels beschattete, und erzählte ihnen hierauf mit eben der Treuherzigkeit, womit man die alltäglichste Begebenheit erzählen kann, alles was er von der Sache zu wissen glaubte.

„Die Geschichte des Latonendienstes in Abdera, sagte er, verliert sich im Nebel des grauesten Alterthums. Unsre Vorfahren, die Tejer, die sich vor ungefähr hundert und vierzig Jahren von Abdera Meister machten, fanden ihn bereits seit undenklichen Zeiten eingeführt; und dieser Tempel hier ist vielleicht einer der ältesten in der Welt, wie Sie schon aus seiner Bauart und andern Zeichen eines hohen Alterthums schliefsen können. Es ist, wie Sie wissen, nicht erlaubt, mit strafbarem Vorwitz den heiligen Schleier aufzuheben, den die Zeit um den Ursprung der Götter und ihres Dienstes geworfen hat. Alles verliert sich in Zeiten, wo die Kunst zu schreiben noch nicht erfunden war. Allein die mündliche Überlieferung, die von Vater zu Sohn durch so viele Jahrhunderte fortgepflanzt wurde, ersetzt den Abgang schriftlicher Urkunden mehr als hinlänglich, und macht, so zu sagen, eine lebendige Urkunde aus, die dem todten Buchstaben billig noch vorzuziehen ist. Diese Tradizion sagt: als die vorerwähnte Verwandlung der Lycischen Bauern vorgegangen, hätten die benachbarten Einwohner und einige von den besagten Bauern selbst, welche an dem Frevel der übrigen keinen Theil genommen, als Zeugen des vorgegangenen Wunders, Latonen mit ihren noch an der Brust liegenden Zwillingen, Apollo und Diana, für Gottheiten erkannt, ihnen an dem Teiche, wo die Verwandlung geschehen, einen Altar errichtet, auch die Gegend um das Gebüsche, das den Teich umgab, zu einem Hain geheiligt. Das Land hiefs damahls noch Milia, und die in Frösche verwandelten Bauern waren also, eigentlich zu reden, Milier; als aber lange Zeit hernach Lycus, Pandions des Zweyten Sohn, sich mit einer Attischen Kolonie des Landes bemächtigte, bekam es von ihm den Nahmen Lycia, und der ältere Nahme verlor sich gänzlich. Bey dieser Gelegenheit verliefsen die Einwohner der Gegend, wo der Altar und Hain der Latona stand, weil sie sich der Herrschaft des besagten Lycus nicht unterwerfen wollten, ihr Vaterland, setzten sich zu Schiffe, irrten eine Zeit lang auf dem Ägeischen Meere herum, und liefsen sich endlich zu Abdera nieder, welches kurz zuvor durch die Pest beynahe gänzlich entvölkert worden war. Bey ihrem Abzuge schmerzte sie, wie die Tradizion sagt, nichts so sehr, als dafs sie den geheiligten Hain und Teich der Latona zurück lassen mufsten. Sie sannen hin und her, und fanden endlich, das Beste wäre, einige junge Bäume aus dem besagten Haine mit Wurzeln und Erde, und eine Anzahl von Fröschen aus dem besagten Teich in einer Tonne voll geheiligten Wassers mitzunehmen. So bald sie zu Abdera anlangten, war ihre erste Sorge einen neuen Teich zu graben, welches eben dieser ist den Sie hier vor sich sehen.

„Sie leiteten einen Arm des Flusses Nestus in denselben, und besetzten ihn mit den Abkömmlingen der in Frösche verwandelten Lycier oder Milier, die sie in dem geweihten Wasser mit sich gebracht hatten. Um den neuen Teich her, dem sie sorgfältig die völlige Gestalt und Gröfse des alten gaben, pflanzten sie die mitgebrachten heiligen Bäume, weiheten sie aufs neue der Latona zum Hain, bauten ihr diesen Tempel, und verordneten einen Priester, der den Dienst derselben versehen, und des Hains und Teiches warten sollte, welche sich auf diese Weise, ohne ein so grofses Wunder als Herr Demokrit für nöthig hielt, aus Lycien nach Abdera versetzt fanden. Dieser Tempel, Hain und Teich erhielt sich, vermöge der Ehrfurcht welche sogar die benachbarten wilden Thracier für denselben hegten, durch alle Veränderungen und Unfälle, denen Abdera in der Folge unterworfen war, bis die Stadt endlich von den Tejern, unsern Vorfahren, zu den Zeiten des grofsen Cyrus wieder hergestellt, und (wie man ohne Ruhmredigkeit sagen kann) zu einem Glanz erhoben

wurde, daſs sie keine Ursache hat irgend eine
andre in der Welt zu beneiden."

Sie reden wie ein wahrer Patriot, Herr
Oberpriester, sagte Euripides. Aber wenn
es erlaubt wäre, eine bescheidene Frage zu
thun —

„Fragen Sie was Sie wollen, fiel ihm Strobylus ein; ich werde Gott Lob! nie verlegen
seyn Antwort zu geben."

Mit Euer Ehrwürden Erlaubniſs also, fuhr
Euripides fort; die ganze Welt kennt die edle
Denkart und die Liebe zur Pracht und zu den
schönen Künsten, die den Tejischen Abderiten
eigen ist, und wovon ihre Stadt überall die
merkwürdigsten Beweise darstellt. Wie kommt
es also, da zumahl die Tejer schon von alten
Zeiten her im Ruf einer besondern Ehrfurcht
für Latonen stehen, daſs die Abderiten nicht
auf den Gedanken gekommen sind, ihr einen
ansehnlichern Tempel aufzubauen?

„Ich vermuthete mir diesen Einwurf,"
sagte Strobylus mit einem Lächeln, wobey er die Augenbrauen in die Höhe zog und
mächtig weise aussehen wollte.

Es soll kein Einwurf seyn, versetzte Euripides, sondern eine bescheidene Frage.

„Ich will sie Ihnen beantworten, sagte der Priester. Ohne Zweifel wäre es der Republik leicht gewesen, der Latona als einer Göttin vom ersten Rang einen so prächtigen Tempel aufzubauen, wie sie dem Jason, der doch nur ein Heros ist, gebaut hat. Aber sie hat mit Recht geglaubt, daſs es der Ehrfurcht, die wir der Mutter des Apollo und der Diana schuldig sind, gemäſser sey, ihren uralten Tempel zu lassen wie sie ihn gefunden; und er ist und bleibt dem ungeachtet der oberste und heiligste Tempel von Abdera, was auch immer der Priester Jasons dagegen einwenden mag."

Strobylus sagte dieses letzte mit einem Eifer und einem *Crescendo il Forte*, daſs Demokrit für nöthig fand ihn zu versichern, daſs dieſs wenigstens bey allen gesund denkenden eine ausgemachte Sache sey.

„Indessen, fuhr der Oberpriester fort, hat die Republik gleichwohl solche Beweise ihrer besondern Devozion für den Tempel der Latona und dessen Zubehörden gegeben, daſs gegen die Lauterkeit ihrer Absichten nicht der geringste Zweifel übrig seyn kann. Sie hat zu Versehung des Dienstes nicht nur ein Kollegium von sechs Priestern, deren Vorsteher zu seyn ich unwürdiger Weise die Ehre habe, sondern auch aus dem Mittel des Senats drey Pfleger des geheiligten Teichs angeordnet, von welchen der erste allezeit eines von den Häuptern der Stadt ist. Ja, sie hat, aus Beweggründen, deren Richtigkeit streitig zu machen nicht länger erlaubt ist, die Unverletzlichkeit der Frösche des Latonenteichs auf alle Thiere dieser Gattung in ihrem ganzen Gebiet ausgedehnt, und zu diesem Ende das ganze Geschlecht der Störche, Kraniche und aller andern Froschfeinde aus ihren Grenzen verbannt."

Wenn die Versicherung, daſs es nicht länger erlaubt ist an der Richtigkeit dieses Verfahrens zu zweifeln, mir nicht die Zunge bände, sagte Demokrit, so würde ich mir die Freyheit nehmen zu erinnern, daſs selbiges mehr in einer zwar an sich selbst löblichen, aber doch aufs äuſserste getriebenen Deisidämonie, 5) als

---

5) Der Apostel Paul bedient sich des von diesem Worte abgeleiteten Beywortes, da er die Athener, ironischer oder wenigstens zweydeutiger Weise, wegen ihrer unbegrenzten Religiosität zu

in der Natur der Sache, oder der Ehrfurcht, die wir der Latona schuldig sind, gegründet zu seyn scheint. Denn in der That ist nichts gewisser, als dafs die Frösche zu Abdera und in der Gegend umher, die den Einwohnern bereits sehr beschwerlich sind, mit der Zeit sich unter einem solchen Schutze so überschwenglich vermehren werden, dafs ich nicht begreife, wie unsre Nachkommen sich mit ihnen werden vergleichen können. Ich rede hier blofs menschlicher Weise, und unterwerfe meine Meinung dem Urtheil der Obern, wie einem recht gesinnten Abderiten zukommt.

Daran thun Sie wohl, sagte Strobylus, es mag nun Ihr Ernst seyn oder nicht; und Sie würden, nehmen Sie mirs nicht übel, noch besser thun, wenn Sie dergleichen Meinungen gar nicht laut werden liefsen. Übrigens kann nichts lächerlicher seyn als sich vor Fröschen zu fürchten; und unter dem Schutz der Latona können wir, denke ich, gefährlichere Feinde verachten, als diese guten unschuldigen Thierchen jemahls seyn könnten, wenn sie auch unsre Feinde würden.

loben scheint. Apostelgeschichte, XVII, 22. Man könnte es Götterfurcht oder Dämonenfurcht übersetzen.

Das sollt' ich auch denken, sagte Euripides. Mich wundert, wie einem so grofsen Naturforscher als Demokrit unbekannt seyn kann, dafs die Frösche, die sich von Insekten und kleinen Schnecken nähren, dem Menschen vielmehr nützlich als schädlich sind.

Der Priester Strobylus nahm diese Anmerkung so wohl auf, dafs er von diesem Augenblick an ein hoher Gönner und Beförderer unsers Dichters wurde. Die Herren hatten sich kaum von ihm beurlaubt, so ging er in einige der besten Häuser, und versicherte, Euripides sey ein Mann von grofsen Verdiensten. Ich habe sehr wohl bemerkt, sagte er, dafs er mit Demokriten nicht zum besten steht; er gab ihm ein- oder zweymahl tüchtig auf die Kolbe. Er ist wirklich ein hübscher verständiger Mann — für einen Poeten.

10. Kapitel.

Der Senat zu Abdera giebt dem Euripides, ohne dafs er darum ansucht Erlaubnifs, eines seiner Stücke auf dem Abderitischen Theater aufzuführen. Kunstgriff, wodurch sich die Abderitische Kanzley in solchen Fällen zu helfen pflegte. Schlaues Betragen des Nomofylax. Merkwürdige Art der Abderiten, einem, der ihnen im Wege stand, allen Vorschub zu thun.

Nachdem Euripides die Wahrzeichen von Abdera sämmtlich in Augenschein genommen hatte, führte man ihn nach dem Garten der Salabanda, wo er den Rathsherrn ihren Gemahl, (einen Mann, der blofs wegen seiner Gemahlin bemerkt wurde) und eine grofse Gesellschaft von Abderitischem *Beau-Monde* fand, alle sehr begierig zu sehen, wie man es machte, um Euripides zu seyn.

Euripides sah nur Ein Mittel sich mit Ehren aus der Sache zu ziehen; und das war — in so guter Abderitischer Gesellschaft nicht

Euripides — sondern so sehr **Abderit** zu seyn als ihm nur immer möglich war. Die wackern Leute wunderten sich, ihn so gleichartig mit ihnen selbst zu finden. Es ist ein scharmanter Mann, sagten sie; man dächte, er wäre sein Leben lang in Abdera gewesen.

Die Kabale der Dame Salabanda ging inzwischen tapfer ihren Gang, und des folgenden Morgens war schon die ganze Stadt des Gerüchtes voll, der fremde Dichter würde mit seinen Leuten eine Komödie aufführen, wie man in Abdera noch keine gesehen habe.

Es war ein Rathstag. Die Herren versammelten sich, und einer fragte den andern, wenn Euripides sein Stück geben würde? Keiner wollte was davon wissen, wiewohl jeder positiv versicherte, daſs bereits die Zurüstungen dazu gemacht würden.

Als der Archon die Sache in Vortrag brachte, formalisierten sich die Freunde des Nomofylax nicht wenig darüber. „Wozu, sagten sie, brauchts uns noch zu fragen, ob wir erlauben wollen was schon beschlossen ist, und wovon jedermann als von einer ausgemachten Sache spricht?"

Einer der hitzigsten behauptete, daſs der Senat eben deſswegen Nein dazu sagen, und dadurch zeigen sollte daſs Er Meister sey.

„Das wäre mir ein sauberes *Participium*, rief der Zunftmeister Pfriem; weil die ganze Stadt für die Sache bordiert ist, und die fremden Komödianten zu hören wünscht, so soll der Senat Nein dazu sagen? Ich behaupte gerade das Gegentheil. Eben weil das Volk sie zu hören wünscht, so sollen sie aufspielen! *Fox populus, Fox Deus!* Das ist immer mein Simplum gewesen, und soll es bleiben, so lange ich Zunftmeister Pfriem heiſsen werde!"

Die meisten traten auf des Zunftmeisters Seite. Der politische Rathsherr zuckte die Achseln, sprach dafür und dawider, und beschloſs endlich: Wenn der Nomofylax nichts dabey zu erinnern hätte, so glaubte er, man könnte für dieſsmahl *connivendo* geschehen lassen, daſs die Fremden auf dem Stadttheater spielten.

Der Nomofylax hatte bisher bloſs die Nase gerümpft, gegrinst, seinen Knebelbart gestrichen, und einige abgebrochne Worte mit untermischtem Hä, hä, hä, gemeckert. Er mochte nicht gern dafür angesehen werden, als ob ihm daran gelegen sey die Sache zu hintertreiben. Allein, je mehr ers verbergen wollte, desto stärker fiels in die Augen. Er schwoll zusehens auf, wie ein Truthahn dem man ein rothes Tuch vorhält; und endlich, da er entweder bersten oder reden mufste, sagte er: „Die Herren mögen nun glauben was sie wollen — aber ich bin wirklich der erste, der das neue Stück zu hören wünscht. Ohne Zweifel hat der Poet den Text und die Musik selbst gemacht, und da mufs es ja wohl ein ganzes Wunderding seyn. Indessen, weil er sich nicht aufhalten kann, wie man sagt, so seh' ich nicht, wie man mit den Dekorazionen wird fertig werden können. Und wenn wir zu den Kören unsre Leute hergeben sollen, wie zu vermuthen ist: so bedaur' ich, dafs ich sagen mufs, vor vierzehn Tagen wird nicht daran zu denken seyn."

Dafür lassen wir den Euripides sorgen, sagte einer von den Vätern, aus deren Sprachröhren die Stimme der Dame Salabanda sprach; man wird ihm ohnehin Ehren halber die ganze Direkzion seines Schauspiels überlassen müssen. — Den Rechten eines zeitigen Nomofylax und der Theaterkommission in alle Wege unpräjudicierlich, setzte der Archon hinzu.

„Ich bin alles zufrieden, sagte Gryllus: die Herren wollen was neues — Gut! wünsche dafs es wohl bekomme! Bin selbst begierig das Ding zu hören, wie gesagt. Es kommt freylich alles blofs darauf an, ob man Glauben an die Leute hat — verstehen Sie mich? — Indessen wird Recht Recht, und Musik Musik bleiben; und ich wette was die Herren wollen, die Terzen und Quinten und Oktaven der Herren Athener werden gerade so klingen wie die unsrigen, hä, hä, hä, hä!"

Es ging also mit einem grofsen Mehr durch: „Dafs den fremden Komödianten, ein-für allemahl, und ohne dafs dieser Fall zu einiger Konsequenz sollte gezogen werden können, erlaubt seyn sollte, eine Tragödie auf der Nazional-Schaubühne aufzuführen, und dafs ihnen hierzu von Seiten der Theater-Deputazion aller Vorschub gethan, und die Kosten von der Kassa bestritten werden sollten." — Allein, weil der Ausdruck „erlaubt seyn sollte" dem Euripides, der nichts verlangt hatte, sondern sich blofs erbitten lassen, hätte anstöfsig seyn können: so veranstaltete Frau Salabanda, dafs der Rathsschreiber (der ihr besonderer Freund und Diener war) im Bescheid die Worte erlaubt seyn sollte in ersucht werden sollte, und die fremden Komödianten in den berühmten Euripides verwandelte — Alles übrigens dem Rathsschluſs und der Kanzley unpräjudicierlich und *citra consequentiam*.

- So wie der Senat auseinander ging, begab sich der Nomofylax zum Euripides, überschüttete ihn mit Komplimenten, bot ihm seine Dienste an, und versicherte ihn, daſs ihm aller möglicher Vorschub gethan werden sollte um sein Stück recht bald aufführen zu können. Die Wirkung dieser Versicherung war, daſs ihm, ohne daſs jemand Schuld daran haben wollte, alle mögliche Hindernisse in den Weg gelegt wurden, und daſs es immer an allem fehlte was er nöthig hatte. Beschwerte er sich, so wies ihm immer einer an den andern, und jeder betheuerte seine Unschuld und seinen guten Willen, indem er ganz deutlich zu verstehen gab, daſs der Fehler bloſs an diesem oder jenem liege, der eine Viertelstunde zuvor seinen guten Willen eben so stark betheuert hatte.

Euripides fand die Abderitische Art, allen möglichen Vorschub zu thun, so beschwerlich, daſs er sich nicht entbrechen konnte, der Dame Salabanda am Morgen des dritten Tages zu erklären: seine Meinung sey, sich mit dem ersten Winde, woher er auch blasen möchte, wieder einzuschiffen, wofern sie nicht einen Rathsschlufs auswirkte, der den Herrn von der Kommission anbeföhle ihm **keinem Vorschub zu thun**. Da der Archon, wiewohl eigentlich alle exekutive Gewalt von ihm abhing, kein Mann von Exekuzion war, so war das einzige Mittel in dieser Noth, den Zunftmeister Pfriem und den Priester Strobylus, welche sehr viel beym Volke vermochten, in Bewegung zu setzen. Salabanda übernahm beides mit so guter Wirkung, dafs binnen Tag und Nacht alles, was von Seiten der Theaterkommission besorgt werden mufste, fertig und bereit war; welches um so leichter geschehen konnte, da Euripides seine eignen Dekorazionen bey sich hatte, und also beynahe nichts weiter zu thun war, als sie dem Abderitischen Theater anzupassen.

11. Kapitel.

Die Andromeda des Euripides wird endlich trotz aller Hindernisse von seinen eignen Schauspielern aufgeführt. Aufserordentliche Empfindsamkeit der Abderiten, mit einer Digression, welche unter die lehrreichsten in diesem ganzen Werke gehört, und folglich von gar keinem Nutzen seyn wird.

Die Abderiten hatten ein neues Stück erwartet, und waren daher übel zufrieden, da sie hörten, dafs es eben die Andromeda war, die sie vor wenig Tagen schon gesehen zu haben glaubten. Noch weniger wollten ihnen Anfangs die fremden Schauspieler einleuchten, deren Ton und Akzion so natürlich war, dafs die guten Leute — gewohnt ihre Helden und Heldinnen wie Besessene herum fahren zu sehen, und schreyen zu hören wie der verwundete Mars in der Iliade — gar nicht wufsten was sie daraus machen sollten. Das ist eine wunderliche Art zu agieren, flüsterten sie einander zu; man merkt gar nicht dafs man in der Komödie ist; es klingt ja ordentlich als ob die Leute ihre eignen Rollen spielten. Indessen bezeigten sie doch ihr Erstaunen über die Dekorazionen, die zu Athen von einem berühmten Meister in der Theaterperspektiv gemahlt waren; und da die meisten in ihrem Leben nichts gutes in dieser Art gesehen hatten, so glaubten sie bezaubert zu seyn, wie sie das Ufer des Meers, den Felsen wo Andromeda angefesselt war, und den Hain der Nereiden an einer kleinen Bucht auf der einen Seite, und den Palast des Königs Cefeus in der Ferne auf der andern, so natürlich vor sich sahen, dafs sie geschworen hätten, es sey alles wirklich und wahrhaftig so wie es sich darstellte. Da nun überdiefs die Musik vollkommen nach dem Sinne des Dichters, und also das alles war, was die Musik des Nomofylax Gryllus — nicht war; da sie immer gerad aufs Herz wirkte, und ungeachtet der gröfsten Einfalt und Singbarkeit doch immer neu und überraschend war: so brachte alles diefs, mit der Lebhaftigkeit und Wahrheit der Deklamazion und Pantomime und mit der Schönheit der Stimme und des Vortrags vereinigt, einen Grad von Täuschung bey den guten Abderiten hervor, wie sie noch in keinem Schauspiel erfahren hatten. Sie vergafsen gänzlich, dafs sie in ihrem Nazionaltheater safsen, glaubten unvermerkt mitten in der wirklichen Scene der Handlung zu seyn, nahmen Antheil an dem Glück und Unglück der handelnden Personen, als ob es ihre nächsten Blutsfreunde gewesen wären, betrübten und ängstigten sich, hofften und fürchteten, liebten und hafsten, weinten und lachten, wie es dem Zauberer, unter dessen Gewalt sie waren, gefiel; — kurz, Andromeda wirkte so aufserordentlich auf sie, dafs Euripides selbst gestand, noch niemahls des Schauspiels einer so vollkommnen Empfindsamkeit genossen zu haben.

Wir bitten — in Parenthesi — die empfindsamen Frauenzimmerchen und Jüngelchen unser vor lauter Empfindsamkeit höchst unempfindsamen Zeit 6) sehr um Verzeihung! — Aber es war in der That unsre Meinung nicht, durch diesen Zug der aufserordentlichen Empfindsamkeit der Abderiten — Ihnen einen Stich zu geben — und gleichsam dadurch einigen Zweifel gegen ihren guten Verstand bey ihnen selbst oder bey andern Leuten zu erwecken. — In ganzem Ernst, wir erzählen die Sache blofs wie sie sich zutrug; und wem eine so grofse Empfindsamkeit

---

6) Man vergesse nicht dafs diefs im Jahre 1777 geschrieben worden.

an Abderiten befremdlich vorkommt, den
ersuchen wir höflichst — zu bedenken, daſs
sie, bey aller ihrer Abderitheit, am Ende
doch Menschen waren wie andre; ja, in gewissem Sinne, nur desto mehr Menschen — je mehr Abderiten sie waren. Denn gerade ihre Abderitheit machte,
daſs es eben so leicht war sie zu betrügen,
als die Vögel, die in die gemahlten
Trauben des Zeuxis hinein pickten;
indem sie sich jedem Eindruck, besonders den
Täuschungen der Kunst, viel ungewahrsamer
und treuherziger überlieſsen, als feinere und
kältere, folglich auch gescheutere Leute zu
thun pflegen, welche man so leicht nicht verhindern kann, durch den Zauberdunst, den
man um sie her macht, durchzusehen.

Übrigens macht der Verfasser dieser Geschichte hier die Anmerkung: „Die groſse Disposizion der Abderiten, sich von den Künsten
der Einbildungskraft und der Nachahmung täuschen zu lassen, sey eben nicht das, was er
am wenigsten an ihnen liebe." Er mag aber
wohl dazu seine besondern Ursachen gehabt
haben.

In der That haben Dichter, Tonkünstler,
Mahler, einem aufgeklärten und verfeinerten

Publikum gegen über, schlimmes Spiel; und
gerade die eingebildeten Kenner, die
unter einem solchen Publikum immer den gröfsten Haufen ausmachen, sind am schwersten zu
befriedigen. Anstatt der Einwirkung still zu
halten, thut man alles was man kann um sie zu
verhindern. Anstatt zu geniefsen was da ist,
räsoniert man darüber was da seyn könnte.
Anstatt sich zur Illusion zu bequemen, 7) wo
die Vernichtung des Zaubers zu nichts dienen
kann als uns eines Vergnügens zu berauben,
setzt man ich weifs nicht welche kindische
Ehre darein, den Filosofen zur Unzeit zu machen; zwingt sich zu lachen, wo Leute, die
sich ihrem natürlichen Gefühl überlassen, Thränen im Auge haben, und, wo diese lachen,
die Nase zu rümpfen, um sich das Ansehen
zu geben als ob man zu stark oder zu fein
oder zu gelehrt sey, um sich von so
was aus seinem Gleichgewicht setzen zu
lassen.

7) Es versteht sich von selbst, dafs der Dichter
das Seinige gethan haben mufs, um die Illusion zu
bewirken und zu unterhalten: denn sonst hat er
freylich kein Recht, von uns zu verlangen, dafs
wir, ihm zu Gefallen, thun sollen als ob wir
sähen, was er uns nicht zeigt, fühlten, was er uns
nicht fühlen macht, u. s. w.

Aber auch die wirklichen Kenner verkümmern sich selbst den Genuſs, den sie von tausend Dingen, die in ihrer Art gut sind, haben könnten, durch Vergleichungen derselben mit Dingen anderer Art; Vergleichungen, die meistens ungerecht und immer wider unsern eignen Vortheil sind. Denn das was unsre Eitelkeit dabey gewinnt, ein Vergnügen zu verachten, ist doch immer nur ein Schatten, nach welchem wir schnappen indem uns das Wirkliche entgeht.

Wir finden daher, daſs es allezeit unter noch rohen Menschen war, wo die Söhne des Musengottes jene groſsen Wunder thaten, wovon man noch immer spricht ohne recht zu wissen was man sagt. Die Wälder in Thracien tanzten zur Leier des Orfeus, und die wilden Thiere schmiegten sich zu seinen Füſsen, nicht weil Er — ein Halbgott war, sondern weil die Thracier — Bären, waren; nicht, weil Er übermenschlich sang, sondern weil seine Zuhörer wie bloſse Naturmenschen hörten; kurz, aus eben dem Grunde, warum (nach Forsters Bericht) eine Schottische Sackpfeife die guten Seelen von Tahiti in Entzücken setzte.

Die Anwendung dieser nicht sehr neuen, aber sehr praktischen Bemerkung, die man so oft gehört hat und doch fast immer aus der Acht läfst, wird der geneigte Leser selbst machen, wenns ihm beliebt. Unser eignes Gewissen mag uns sagen, ob und in wie fern wir in andern Dingen mehr oder weniger Thracier und Abderiten sind: aber wenn wirs in diesem einzigen Punkte wären, so möcht' es nur desto besser für uns — und freylich auch für den gröfsten Theil unsrer poetischen Sackpfeifer, seyn.

12. Kapitel.

Wie ganz Abdera vor Bewunderung und Entzükken über die Andromeda des Euripides zu Narren wurde. Filosofisch-kritischer Versuch über diese seltsame Art von Frenesie, welche bey den Alten insgemein die Abderitische Krankheit genannt wird. — den Geschichtschreibern ergebenst zugeeignet.

Als der Vorhang gefallen war, sahen die Abderiten noch immer mit offnem Aug' und Munde nach dem Schauplatze hin; und so grofs war ihre Verzückung, dafs sie nicht nur ihrer gewöhnlichen Frage: Wie hat Ihnen das Stück gefallen? vergafsen; sondern sogar des Klatschens vergessen haben würden, wenn Salabanda und Onolaus (die bey der allgemeinen Stille am ersten wieder zu sich selbst kamen) nicht eilends diesem Mangel abgeholfen, und dadurch ihren Mitbürgern die Beschämung erspart hätten, gerade zum ersten Mahle, wo sie wirklich Ursache dazu hatten, nicht geklatscht zu haben. Aber dafür brachten sie auch das Versäumte mit Wucher ein. Denn so bald der Anfang gemacht war, wurde so laut und so lange geklatscht, bis kein Mensch mehr seine Hände fühlte. Diejenigen, die nicht mehr konnten, pausierten einen Augenblick, und fingen dann wieder desto stärker an, bis sie von andern, die inzwischen ausgeruht hatten, wieder abgelöst wurden.

Es blieb nicht bey diesem lärmenden Ausbruch ihres Beyfalls. Die guten Abderiten waren so voll von dem, was sie gehört und gesehen hatten, dafs sie sich genöthigt fanden, ihrer Überfüllung noch auf andere Weise Luft zu machen. Verschiedene blieben im nach Hause gehen auf öffentlicher Strafse stehen, und deklamierten überlaut die Stellen des Stücks, wovon sie am stärksten gerührt worden waren. Andre, bey denen die Leidenschaft so hoch gestiegen war dafs sie singen mufsten, fingen zu singen an, und wiederhohlten, wohl oder übel, was sie von den schönsten Arien im Gedächtnifs behalten hatten. Unvermerkt wurde (wie es bey solchen Gelegenheiten zu gehen pflegt) der Paroxysmus allgemein; eine Fee schien ihren Stab über Abdera ausgestreckt, und alle seine Einwohner in Komödianten und Sänger verwandelt zu haben. Alles was Odem hatte sprach, sang, trallerte, leierte und pfiff, wachend und schlafend, viele Tage lang nichts als Stellen aus der Andromeda des Euripides. Wo man hin kam, hörte man die grofse Arie — O du, der Götter und der Menschen Herrscher, Amor u. s. w. und sie wurde so lange gesungen, bis von der ursprünglichen Melodie gar nichts mehr übrig war, und die Handwerksbursche, zu denen sie endlich herab sank, sie bey Nacht auf der Strafse nach eigner Melodie brüllten.

Wenn der Rath nicht (wie so viele andre die uns von den Weisen gegeben werden) den einzigen Fehler hätte — dafs er nicht praktikabel ist, so würden wir eilen was wir könnten, allen Menschen den Rath zu geben: „niemahls von irgend einer Begebenheit, die ihnen erzählt wird, ein Wort zu glauben." Denn unzählige Erfahrungen, die wir hierüber seit mehr als dreyfsig Jahren gemacht, haben uns überzeugt, dafs an solchen Erzählungen ordentlicher Weise kein Wort wahr ist; und wir wissen uns im ganzen Ernste nicht eines einzigen Falles zu besinnen, wo eine Sache, wiewohl sie sich erst vor wenigen Stunden zugetragen, nicht von jedem, der sie erzählte, anders, und also (weil doch ein Ding nur auf eine Art wahr ist) von jedem falsch erzählt worden wäre.

Da es diese Bewandtniſs mit Dingen hat, die zu unsrer Zeit, an dem Orte unsers Aufenthalts, und beynahe vor unsern sichtlichen Augen geschehen sind: so kann man leicht ermessen, wie es um die historische Treue und Zuverlässigkeit solcher Begebenheiten stehen müsse, die sich vor langer Zeit zugetragen, und für die wir keine andre Gewähr haben, als was uns davon in geschriebenen oder gedruckten Büchern vorgespiegelt wird. Weiſs der liebe Gott, wie sie da der armen ehrlichen Wahrheit mitspielen, und was von ihr übrig bleiben kann, wenn sie ein paar tausend Jahre lang durch alle die verfälschenden Fortpflanzungsmittel von Tradizionen, Kroniken, Jahrbüchern, pragmatischen Geschichten, kurzen Inbegriffen, historischen Wörterbüchern, Anekdotensammlungen u. s. w. und durch so manche gewaschne oder ungewaschne Hände von Schreibern und Abschreibern, Setzern und Übersetzern, Censoren und Korrektoren u. s. w. durchgebeutelt, geseigt und gepreſst worden ist! Ich meines Orts bin durch die genauere Betrachtung dieser Umstände schon lange bewogen worden ein Gelübde zu thun, keine andre Geschichte zu schreiben, als von Personen, an deren Existenz — und von Begebenheiten, an deren Zuverlässigkeit — keinem Menschen in der Welt etwas gelegen seyn kann.

Was mich zu dieser kleinen Expektorazion veranlaſst, ist gerade die Begebenheit die wir vor uns haben, und die von den verschiedenen Schriftstellern, welche ihrer Erwähnung thun, so seltsam behandelt und miſshandelt worden ist, als ein gutherziger nichts arges wähnender Leser sich vorstellen kann.

Da ist nun zum Beyspiel, dieser Yorick, dieser Erfinder, Vater, Protoplastus und Prototypus aller empfindsamen Reisen und empfindelnden Wandersleute, die ohne Beutel und Tasche, ja ohne nur ein Paar Schuhsohlen darüber abgenutzt zu haben, empfindsame Reisen, wer weiſs wohin? bloſs in der Absicht gethan haben, um mit deren Beschreibung ihre Bier- und Tabaksrechnung zu saldieren — ich sage, da ist nun dieser Yorick, der, um ein hübsches Kapitelchen in sein berühmtes *Sentimental Journey* daraus zu machen, diese nehmliche Begebenheit so zubereitet hat, daſs sie zwar so wunderbar und abenteuerlich als ein Feenmährchen geworden ist, aber auch darüber alle ihre individuelle Wahrheit, und sogar alle Abderitische Familienähnlichkeit verloren hat.

Man höre nur an! — „Die Stadt Abdera (sagt er) war die schändlichste und gottloseste Stadt in ganz Thracien — wimmelte und brudelte von Giftmischerey, Verschwörungen, Meuchelmord, Schmähschriften, Pasquillen und Tumult. Bey hellem Tage war man seines Lebens nicht sicher; bey Nacht wars noch ärger. Nun begab sichs, (fährt er fort) als der Gräuel aufs höchste gestiegen war, dafs man zu Abdera die Andromeda des Euripides vorstellte. Sie gefiel allen Zuschauern; aber von allen Stellen, die dem Volke gefielen, wirkte keine stärker auf seine Imaginazion als die zärtlichen Naturzüge, die der Dichter in die rührende Rede des Perseus verwebt hatte —

O du, der Götter und der Menschen Herrscher,
Amor!

Alle Welt sprach den folgenden Tag in Jamben, und von nichts als der rührenden Anrede des Perseus: O Amor, du der Götter und der Menschen Herrscher! 8) — In jeder Gasse von Abdera, in jedem Hause: O Amor, o Amor! — In jedem Munde u. s. w, nichts als: O du, der Götttr und der Menschen, Herrscher, Amor! Das Feuer griff um sich, und die ganze Stadt, gleich dem Herzen eines einzigen Mannes, öffnete sich der Liebe. Kein Drogist konnte einen Skrupel Niesewurz los werden — kein Waffenschmidt hatte das Herz, ein einziges Werkzeug des Todes zu schmieden — Freundschaft und Tugend begegneten sich auf den Gassen — das goldne Alter kehrte zurück, und schwebte über der Stadt Abdera. Jeder Abderit nahm sein Haberrohr, und jede Abderitin verließ ihr Purpurgewebe, und setzte sich keusch und horchte auf den Gesang.

8) Aufrichtig zu reden, dieser Vers ist der einzige rührende in dem ganzen Fragment der Rede des Perseus, das zufälliger Weise noch vorhanden ist, wie unsre des Griechischen kundige Leser selbst urtheilen mögen — denn so lauten die Worte:

Αλλ' ω τυραννε Θεων τε κἀνϑρωπων, Ερως.
Η μη διδασκε τα κακα φαινεσϑαι καλα,
Η τοις ερωσιν, ὡν συ δημιουργος ει,
Μοχϑουσι μοχϑους ευτυχως συνεκπονει, κ.τ.λ.

In der That ein sehr schönes Kapitelchen!
Alle junge Knaben und Mädchen fanden es de-
liciös — „O Amor, Amor! der Götter
und der Menschen Herrscher, Amor!"
— Und daſs ein einziger Vers aus dem Euripides — ein Vers, wie wahrlich, bey beiden
Ohren des Königs Midas! der geringste unter
euern Haberrohrsängern sich alle Augenblicke
zwanzig auf Einem Beine stehend zu machen
getrauen kann — ein Wunder gewirkt haben
soll, das alle Priester, Profeten und Weisen
der ganzen Welt mit gesammter Hand nicht im
Stande gewesen sind nur ein einziges Mahl zu
bewirken — das Wunder, eine so schändliche,
heillose und gottesvergessene Stadt und Republik, wie Abdera gewesen seyn soll, auf einmahl in ein unschuldiges, liebevolles Arkadien
zu verwandeln — das gefällt freylich den
gauchhaarigen, empfindsamen, gelschnäbli-
gen Turteltäubchen und Turteltaubern! Nur
Schade, wie gesagt, daſs am ganzen Histör-
chen, so wie es Bruder Yorick erzählt, kein
wahres Wort ist.

Das ganze Geheimniſs ist: der wunderliche
Mensch war verliebt als er sich das alles
einbildete; und so schrieb er (wie es jedem ehrlichen Amoroso und Virtuoso,
Steckenpferdler und Mondritter zu geben

pflegt) alles was er sich einbildete für Wahrheit hin. Nur ists nicht hübsch an ihm, dafs er — um seinem Leibgötzen und Fetisch, Amor, ein desto gröfseres Kompliment zu machen — den armen Abderiten das ärgste nachsagt, was sich von Menschen denken und sagen läfst. Aber das ganze Griechische und Römische Aterthum soll auftreten und zeugen, ob jemahls so etwas auf die guten Leute gebracht worden sey! Sie hatten freylich, wie man weifs, ihre Launen und Mucken, und, was man im eigentlichen Verstande Klugheit und Weisheit nennt, war nie ihre Sache gewesen: aber ihre Stadt defswegen zu einer **Mördergrube** zu machen, das geht ein wenig über die Grenzen der berüchtigten Dichterfreyheit, die (so einen grofsen Tummelplatz man ihr auch immer zugestehen will) doch am Ende, wie alle andere Dinge in der Welt, ihre Grenzen haben mufs.

Lucian von Samosata, im Eingang seines berühmten Büchleins, **wie man die Geschichte schreiben müfste — wenn man könnte**, erzählt die Sache ganz anders, wiewohl, mit seiner Erlaubnifs, nicht viel richtiger als Yorick. Er mufs wie es scheint, etwas vom König Archelaus und von der Andromeda des Euripides und von der seltsamen Schwärmerey,

die sich der Abderiten bemächtigte, gehört haben; und dafs man zuletzt genöthigt war, den Hippokrates zu Hülfe zu rufen, damit er alles zu Abdera wieder ins alte Geleis setzen möchte — Und nun sehe man einmahl, wie der Mann das alles durch einander wirft! —
„Der Komödiant Archelaus (der damahls so viel war, als wenn man bey uns Brockmann, oder Schröter, oder der deutsche Garrick sagt) — dieser Archelaus kam in den Tagen des Königs Lysimachus nach Abdera, und gab die Andromeda des Euripides. Es war gerade ein aufserordentlich heifser Sommertag. Die Sonne brannte den Abderiten auf ihre Köpfe, die wahrlich ohnehin schon warm genug waren. Die ganze Stadt brachte ein starkes Fieber aus der Komödie nach Hause. Am siebenten Tage brach sich bey den meisten die Krankheit entweder durch heftiges Nasenbluten oder einen starken Schweifs; hingegen blieb ihnen eine seltsame Art von Zufall davon zurück. Denn wie das Fieber vorbey war, überfiel sie allesammt ein unwiderstehlicher Drang, tragische Verse zu deklamieren. Sie sprachen in lauter Jamben, schrieen wo sie standen und gingen, aus vollem Halse ganze Tiraden aus der Andromeda daher, sangen den Monolog des Perseus" u. s. w.

DRITTES BUCH. 12. Kapitel.

Lucian, nach seiner spöttischen Art, machte sich sehr lustig mit der Vorstellung, wie närrisch es ausgesehen haben müsse, alle Strafsen in Abdera von bleichen, entbauchten, und vom siebentägigen Fieber ausgemergelten Tragikern wimmeln zu sehen, die aus allen ihren Leibeskräften, **Du aber, der Götter und der Menschen Herrscher, Amor!** u. s. w. gesungen, und er versichert, diese Epidemie habe so lange gedauert, bis der Winter und eine grofse eingefallne Kälte dem Unwesen endlich ein Ende gemacht.

Man mufs gestehen, Lucians Art den Hergang zu erzählen, hat vor der Yorickschen vieles voraus. Denn so seltsam dieses Abderitische Fieber scheinen mag, so werden doch alle Ärzte gestehen, dafs es wenigstens möglich, und alle Dichter, dafs es karaktermäfsig ist. Es gilt also davon, was die Italiäner zu sagen pflegen: *Se non è vero, è ben trovato.* Aber wahr ist freylich nicht, wie schon aus dem einzigen Umstand erhellt, dafs um die Zeit, da sich diese Begebenheit in Abdera zugetragen haben soll, eigentlich kein Abdera mehr war, weil die Abderiten schon einige Jahre zuvor ausgezogen waren, und ihre Stadt den Fröschen und Ratten überlassen hatten.

Kurz, die Sache begab sich — wie wir sie erzählt haben: und wenn man den Paroxysmus, der die Abderiten nach der Andromeda des Euripides überfiel, ein Fieber nennen will; so war es wenigstens von keiner andern Art als das **Schauspielfieber**, womit wir bis auf diesen Tag manche Städte unsers werthen Deutschen Vaterlandes behaftet sehen. Das Übel lag nicht sowohl im Blute, als in der **Abderitheit** der guten Leute überhaupt.

Indessen ist nicht zu läugnen, daſs es bey einigen, bey denen es mehr Zunder und Nahrung als bey andern finden mochte, ernsthaft genug wurde um des Arztes zu bedürfen; woraus denn vermuthlich in der Folge der Irrthum Lucians entstanden seyn mag, die ganze Sache für eine Art von hitzigem Fieber zu halten. Zum Glück befand sich Hippokrates noch in der Nähe: und da er die Natur der Abderiten schon ziemlich kennen gelernt hatte; so setzten etliche Zentner Niesewurz alles in kurzem wieder in den alten Stand — das ist, die Abderiten hörten auf: **O du, der Götter und der Menschen Herrscher, Amor!** zu singen, und waren nun sammt und sonders wieder — so weise als zuvor.

ENDE DES ERSTEN THEILS.

www.ingramcontent.com/pod-product-compliance
Lightning Source LLC
Chambersburg PA
CBHW021337300426
44114CB00012B/980